意思決定支援
実践ハンドブック

「意思決定支援のためのツール」活用 と
「本人情報シート」作成

公益社団法人　日本社会福祉士会　編

発行 ⊕ 民事法研究会

は し が き

　日本社会福祉士会は、「意思決定支援・身上保護の重視」という方向性について、福祉的ニーズを有する本人等の後見活動において、社会福祉専門職としての相談援助技術を活かし、身上監護面を重視した後見活動を推進してきました。

　「意思決定支援」というテーマについて、本会は2014年度に厚生労働省老人保健健康増進等事業「認知症高齢者に対する意思決定支援としての成年後見制度の利用促進の政策的課題と活用手法に関する実証的研究」を行い、そこで整理された内容に基づいて2015年度に実施した厚生労働省老人保健健康増進等事業「権利擁護人材育成・活用のための都道府県の役割と事業化に関する調査研究」の第2部「意思決定支援に配慮した成年後見制度活用のための手引き策定に関する研究」では、ソーシャルワーク手法の活用という視点に立って、意思決定支援に配慮した後見活動のためのツールを開発しています。

　国では2017年3月に成年後見制度利用促進基本計画が閣議決定され、それを受けて日本社会福祉士会では2018年3月に「地域における成年後見制度利用促進に向けた体制整備のための手引き」を、そして2019年3月に「地域における成年後見制度利用促進に向けた実務のための手引き」を事務局としてとりまとめました。特に「地域における成年後見制度利用促進に向けた実務のための手引き」では、自治体職員や中核機関の機能を果たす専門機関の職員が本人中心という視点をもち、本人の意思決定支援を担保していくことの重要性が盛り込まれています。

　本『意思決定支援実践ハンドブック』は、これらの調査研究事業を根底としつつ、上記中核機関をはじめとする実践現場や実践者の研修において活用いただけるよう、本会権利擁護センターぱあとなあ意思決定支援プロジェクトチームが新たに書き下ろしたものです。本書では、成年後見制度利用促進の一環として2019年4月より新たに裁判所において導入され、福祉関係者が本人の状況について作成する「本人情報シート」の例示も新たに含めています。

　本書が福祉や医療の関係者および法律系の専門職後見人や市民後見人等、本人の意思決定支援にかかわる多くの方に共有され、本人を中心とした、本人の意思が反映される支援の広がりの一助となることを願っています。

　　2019年6月

公益社団法人　日本社会福祉士会　会長　西　島　善　久

第2章 「意思決定支援のためのツール」活用ガイドライン ……24

終章　これからの意思決定支援の発展に向けて

資料　意思決定支援をめぐる動向

《略語》

障害者権利条約	障害者の権利に関する条約
障害者総合支援法	障害者の日常生活及び社会生活を総合的に支援するための法律
成年後見制度利用促進法	成年後見制度の利用の促進に関する法律

序　章　意思決定支援にかかわる日本社会福祉士会の取組み

1　ツール開発の経緯

(1)　意思決定支援の3つの段階

　公益社団法人日本社会福祉士会では、2013年度に、意思決定支援にかかわるプロジェクトを立ち上げ、社会福祉士が受任している補助、保佐の事案における権限行使のあり方についての調査を行いました。調査では、実際に権限（特に取消権）を行使した事案は割合として多くはなく、権限行使ではない形で支援関係者とネットワークを構築し、本人とともにその課題に対応した姿が示されました。この調査結果を踏まえ、2014年度に厚生労働省老人保健事業推進費等補助金事業として、「認知症高齢者に対する意思決定支援としての成年後見制度の利用促進の政策的課題と活用手法に関する実証的研究」を行いました。

　この調査研究は、成年後見制度を利用している補助類型・保佐類型の方を対象とし、補助人・保佐人だけではなく、本人および支援関係者へのヒアリングも一部実施しました。補助人・保佐人が安易に権限を行使するのではなく、本人や支援関係者と協議を重ね、丁寧に対応している実践がまとめられました。

　本人や支援関係者からのヒアリングにおいては、補助人・保佐人とチームを構成し、それぞれが役割を担い、対応することの重要さが指摘されました。本人の気持ちの引き出しや、発言した言葉どおりにとらえるのではなく、何度も場面や対応する人を変える試み、関係者からの働きかけによって、本人が主体的に決定することを支援したというプロセスを経たことで、制度の活用が自分自身の生活の特定の場面にとって必要だったと言語化される対象者が存在しました。

　このような対応は成年後見制度の利用者だけではなく、意思決定支援が必要であるすべての人々を対象としたものであること、社会福祉士だけではなく、本人にかかわるすべての支援関係者に求められるものであることをまとめました。

　そして、この研究においては、意思決定支援には3つの段階があると考えました。

①　個別ニーズや地域課題の発見と支援へのつなぎの段階
②　本人意思の引き出しの段階
③　表明された意思の実現の段階

　この3つの段階には、個人への支援として対応が求められるものと、地域の中で体制整備として求められるものがあると整理されました（次頁〈図序－1〉参照）。

(2)　2つのツールの開発

　2014年度の調査研究事業を経て、2015年度の厚生労働省老人保健事業推進費等補助金事業「権利擁護人材育成・活用のための都道府県の役割と事業化に関する調査研究」において、「意思決定支援に配慮した成年後見制度活用のための手引き策定に関する研究」とし

〈図序－1〉「認知症高齢者に対する意思決定支援としての成年後見制度の利用促進の
政策的課題と活用手法に関する実証的研究」における意思決定支援の枠組み

| 支援の目的と内容、支援者の役割 | 求められる地域の支援システム |

◎住民自身が、判断能力低下後の自身の生き方、安心して暮らせる地域のあり方について学び、関心をもち、行動する。
◎支援関係者は、申立てが予定される前から、後見制度利用を意識した関わり、ネットワークを地域として活かす。

本研究で想定する意思決定支援の3段階

個別ニーズや地域課題の発見と支援へのつなぎ

- ●住民一人ひとりが自身の問題として認識し相談する
- ●相談を受けた様々な人、機関が制度活用を自らの意思で行えるよう、つなぐべき機関を知っている
- ●成年後見制度担当機関は、制度説明に留まらず、本人が自らの意思で申立てができる支援体制を整える。必要に応じてインフォーマルな適切な支援ネットワークも活用する
- ●特に、消費者被害や虐待対応など、緊急かつ専門的な対応を要するものについては、速やかに、適切な部署につなぐ
- ●これらの潜在的なニーズが、集団として起こりうるような一定の地域（集合住宅、エリア等）については、地域全体として予防策を講じておく

- ←認知症等判断能力の有無や状況に関わらず「本人意思を尊重する」ことの重要性について、専門職や支援関係者はもとより、住民一人ひとりが理解を深められるような実践的な啓発・教育（含専門職団体の連携共有）
- ←地域のなかで、ゆるやかな見守りや気軽に相談できる仕組みづくり
- ←市民の理解協力者拡大、市民後見人の育成と周知啓発
- ←補助類型・保佐類型の段階で制度利用が可能となるような支援関係者への横断的な教育（制度の理解、本人申立ての支援の仕組みづくり（スキルアップを含め）
- ←情報源情報の共有などを含め、地域のネットワークづくりでは、地域ケア会議、担当者会議等を活用。（適切なアセスメント）

◎日常生活上の嗜好、選好から法的な手続き、契約まで、全ての意思に関して、支援にかかわる全ての人が、チームとして役割分担しながら、本人意思を引き出す。そのための環境を整備する。

本人意思の引き出し

- ●支援者側の支援のしやすさではなく、どのようにすれば本人のスタイルを継続できるかを一緒に考えていく支援により、本人が自己決定を支えられたという体験をすることが重要
- ●虐待やその他の事情でパワーレスな状態にある人の場合は、本人が「自分の意思を出してよい」と思えるように、エンパワメントしていく必要
- ●本人の自己決定よりも保護が優先される場合のチームによる緊急かつ適切な判断の必要
- ●制度利用や医療対応、転居等の場合、本人が意思決定するまでの間、本人に寄り添いながら、本人の自己決定を支援する役割を担うチームが必要となる
- ●専門職（特にソーシャルワーク）の役割として、支援者への関与を通じて、本人の意思決定を間接的に支援することも有効

- ←支援者、成年後見人等（市民後見人を含む）の、生活の各局面における本人意思の引き出しの重要性に対する理解促進と具体的アプローチ手法の浸透
- ←意思の引き出し段階から、支援チームとして役割分担をしながら、段階に応じて各人濃淡をつけながら関われるようにチーム編成ができる体制づくり
- ←被虐待者などパワーレスになっている人に対しては、適切な専門職の関与
- ←成年後見制度利用促進に向けた、自治体各種支援制度の充実
- ←各地域において、市民後見人を含む成年後見人等、関係する支援者が、適切な制度や資源を利用できるような情報源情報の共有

◎本人意思の実現に向けて、社会資源の開発を含め、チームとして適切な役割分担をしながら支援計画を練る。
◎特に法律行為を行う・行わないの判断根拠を本人を含むチームとして明確にし、共有する。

表明された意思の実現

| 実現に向けて契約等の法律行為が必要なもの
⇒成年後見人等の固有役割
⇒示された本人の意思を代理権等を適切に行使することで実現する（手続き代理を含む） | 実現に向けて法律行為を伴わないもの
⇒成年後見人等を含む支援者チームで役割分担
⇒示された本人の意思を日々の日常生活のなかで実現 |

（成年後見人等の活動環境整備、支援）
- ←本人意思実現のための適切な代理権行使のあり方等に関する、市民後見人を含む後見人等への研鑽機会の確保
- ←成年後見人等の活動支援に向けた、自治体権利擁護センター、家庭裁判所等のバックアップ体制の強化（情報共有機会の確保、相談・連携体制強化、研鑽機会の確保）
（成年後見人等を含む支援者支援）
- ←本人の安全・安心はもとより、本人のQOLを高めるための支援の重要性（趣味や社会参加の機会、有効なお金の使い方、ネットワーク形成等）に対する理解促進

意思決定支援のプロセス（全ての段階に共通して）

☆わかりやすい情報を受けられる環境の整備
☆アセスメントにおけるニーズ判定への利用者参加
☆苦情を申し立てる権利の尊重と環境整備

☆意思の表出が困難な場合のコミュニケーションの支援
☆サービス決定過程における利用者の同意と選択の尊重
☆苦情に対する説明と具体的な対応

て、2つのツールを開発しました。

　2014年度の研究成果と課題を踏まえ、2015年度の研究では、意思決定支援に配慮した成年後見制度の活用を地域で進めるために、専門職後見人・市民後見人の活動上の手引きとして有効なものは何かを検討し、意思決定支援にはどのような人がかかわったのか、どのようなプロセスを経たのか、成年後見人等が権限行使に至る根拠が何かを可視化でき、専門職でも市民でも活用できるツールを開発することを目的としました。

　意思決定のレベルは日常的事項から法律行為に至るまで多様であり、成年後見制度を利用している人に成年後見人等だけではなく、さまざまな支援関係者がかかわることによって、本人の意思決定支援が実現することになります。地域の中でこの仕組みが機能するためには、システムの整備とともにノウハウの構築も重要です。しかし、ツールはノウハウを具体的に示すことで、本人や支援関係者が共有することができる一方で、誰のための何のためのツールなのかという視点がずれていく危険性が常にあります。本書の発行にあたり、ツールの一部の改訂を試みていますが、今後もツールは見直しが必要となると考えます。

　これまでの調査研究事業は、本人の意思決定支援という視点から、成年後見制度を利用している対象者に対して、成年後見人等にたとえ権限が付与されていたとしても、いきなり権限行使をするのではなく、自己決定のための意思決定支援のプロセスを踏んできちんと行う必要性を示したものといえます。これらの法的整理は第1章に詳細に述べられています。

　この「プロセスを踏む」ということは、成年後見制度を利用している人々だけではなく、また、成年後見制度の利用対象と考えられる判断能力が不十分な人々に対してだけでもなく、生活をしていくときに家族も含めた他者からの何らかの支援やかかわりが必要となる私たち誰にとっても必要なプロセスであり、支援関係者という位置づけにいる者にとってもあらためて気づきを促すことにつながるものと考えます。

2　ツール改善の経緯

　2015年度の調査研究事業で開発された2つのツールを使用した研修が、全国各地で実施されました。実際にツールを活用してみると改善すべき点がいくつも発見されました。本書を発刊するにあたって整理された点は以下のとおりです。

　①　2つのツールを意思決定支援のステップとして位置づけたこと

　②　2つのツールをつなぐ「意思決定支援のための話し合い」の準備ポイントを記載したこと

　③　「意思決定支援のためのツール」を活用した意思決定支援の基本原則を示しツールの目的を明確化したこと

　④　「成年後見活動における意思決定支援のためのアセスメントシート」を「意思決定支援プロセス見える化シート」に改称したこと

　⑤　検討、確認すべき内容をより明確に示すためシートを一部見直したこと

　⑥　Q&Aで意思決定支援に資するツール活用のポイントを解説したこと

　⑦　ツールの活用方法に重点をおいた事例を提示したこと

3 ツールのコンセプト

　前述のように、このツールは意思決定支援のプロセスの可視化を目的として開発されたものです。実践の場面において、各種ガイドラインで示されている意思決定支援を具体的に行うための１つの方法といえます。

　日常的な意思決定の場面（何を食べる、何を着る、誰とどこで余暇をどのように過ごす等）といったことや、非日常的な社会生活上の意思決定の場面（どこに住む、どのようなサービスを利用する、大きな買い物をする等）、あるいは終末期やそれ以外の医療の場面においても使用することができます。

　２つのツールは、支援の場面でそれぞれの関係者が頭の中で多かれ少なかれ考えていることです。しかし、それを頭の中から取り出して本人や関係者と共有することは、なかなかできなかったのではないでしょうか。あるいは、話し合いという場面はあったとしても、それぞれの理解が異なる中で、本人へのかかわりがなされていたのではないでしょうか。

　ツールの活用のポイントについては第２章のQ&Aに詳細に解説されていますので、ご参照ください。

4 最高裁判所が新たに導入した「本人情報シート」との関係

　2019年度から運用が始まった「本人情報シート」は、成年後見制度利用促進基本計画において、「医師が診断書等を作成するに当たって、福祉関係者等が有している本人の置かれた家庭的・社会的状況等に関する情報も考慮できるよう、（中略）本人の状況等を医師に的確に伝えることができるようにするための検討を進める」こととされたことを受けて、診断書様式の改訂とともに新たに作成されたものです（巻末【資料10】【資料17】参照）。

　成年後見制度が開始された当初から、多くの社会福祉士がそれぞれの立場から「ソーシャルレポート」[1]の必要性を発言してきました。前述のように基本計画に盛り込まれ、最高裁判所において、当事者団体や福祉関係者からの意見聴取を経て導入が決定し、その後日本社会福祉士会や日本精神保健福祉士協会の意見も反映されて、本人情報シートが完成し、その運用が開始されることとなりました。

　この「本人情報シート」は、現状では申立て時に必須のものとはされていませんが、申立てにおける医師の診断書の補助資料として以外に、以下の３つの場面で活用できるとされています。

　①　申立て前の成年後見制度の利用の適否に関する検討資料として

　②　家庭裁判所における成年後見人等の選任のための検討資料として

　③　成年後見人等選任後の後見事務の検証と今後の事務方針の策定のための資料として

本人情報シートに記載される本人の状況には、当然ながら本人の意思決定支援にどのような配慮がなされ、本人の意向や希望はどのようなものかが書かれることになります。医

1　諸外国において、本人の生活状況を踏まえて生活上のニーズを主にソーシャルワーカーの視点からまとめた報告書、という意味で使用している（ドイツにつき、大輪典子「〈パネル4〉法的能力の行使における支援の必要性の評価（第４回成年後見法世界会議報告２）」実践成年後見68号90頁参照）。

師の診断書という「医学的モデル」に偏重せず、「社会的モデル」としての本人の状態をとらえるシートであることを鑑みれば、本人の課題のとらえ方もおのずと変わってこなければなりません。これまであったような関係者の課題を本人の課題と置き換えることなく、本人の強み（ストレングス）や変化の可能性に着目し、また、支援を活用する力を評価し、本人の能力をとらえていくためには、本人に対してどのような意思決定支援がなされているかが大変重要になってきます。

　そのように考えると、この本人情報シートを適切に記載していくためには何らかの根拠（エビデンス）が求められ、この場面においても本書で紹介する2つのツールが活用されることが期待されます。

　本人情報シートが上記の目的にかなって活用されるためには、社会福祉士等ソーシャルワーカーが本人情報シートの目的を正しく理解し、専門的視点から記載できることが求められており、その責任が重大であることをあらためて認識することが必要です。

> **コラム** 「本人情報シート」が開発された経緯
>
> 　成年後見制度の利用の促進に関する法律（平成28年4月15日公布）により、成年後見制度利用促進基本計画案の作成にあたっての意見具申や、成年後見制度の利用の促進に関する基本的な政策に関する重要事項に関する調査審議等を行うための機関として、内閣府に「成年後見制度利用促進委員会」が設置されました（同委員会は平成30年4月1日に廃止されて、新たに設置された「成年後見制度利用促進専門家会議」へ継承され、厚生労働省が担当しています）。
>
> 　平成28年9月に第1回の委員会が開催された以降、平成29年12月までに全9回の委員会が開かれました。その中で平成29年9月の第7回委員会では最高裁判所より「成年後見制度における診断書の在り方検討に向けたヒアリングの実施について」の報告がなされました。
>
> 　診断書等のあり方を検討するにあたって、まずは、認知症高齢者や障害者の関係団体および医師や福祉関係団体から意見を聞くことが必要であるため、平成29年8月に各団体から意見を聞いたというもので、ヒアリングの内容では、「現在の診断書の書式は財産管理能力の確認に偏りすぎている」、「医師には、本人の生活状況・支援状況等も踏まえて診断してほしい」、「診断書を作成する医師の負担にも配慮が必要」というような意見が出されました（〈https://www.cao.go.jp/seinenkouken/iinkai/7_20170911/pdf/siryo_2.pdf〉）。
>
> 　こののち、平成29年11月より最高裁判所から「日本におけるソーシャルレポートの必要性について検討したい」の声掛けがあり、日本社会福祉士会との（のちに日本精神保健福祉士協会も加わり）協議が重ねられました。同時期に、「地域における成年後見制度利用促進に向けた体制整備のための手引き」作成の調査研究事業での検討も行われました。日本社会福祉士会では、当初予定されていた診断書の補助的資料としての「本人情報シート」から、権利擁護支援を検討するときや後見制度利用後の見直しの際に活用できる「本人情報シート」へと大きくとらえ方が広がったと認識しています。

第1章　意思決定支援と成年後見制度

1　意思決定支援の概要[1]

(1)　意思決定支援の多義性

　誰かが何かを決めようとしているときに、その後押しをしてあげること。意思決定支援という言葉から多くの人が抱くイメージは、おそらくこのようなところでしょうか。こうした理解が一概に間違いというわけではありません。しかし、本章が対象とする「成年後見人等による意思決定支援」の内容を明らかにするためには、もう少し正確に言葉の定義を考えてみる必要がありそうです。

　というのも、現在、意思決定支援という言葉は、専門的な領域だけに限ってみても、複数の文脈で用いられているからです。たとえば、経営学の領域では、企業や組織の意思決定に対するコンピュータを利用した支援を意思決定支援(decision support)と呼んでいます。ここでの意思決定では、主に決定の内容の客観的合理性や効率性が追求されることになるでしょう。

　これに対して、医療の分野では、主に看護師による患者の意思決定支援が論じられてきました[2]。インフォームド・コンセントの理念が浸透した現代の医療現場においては、治療に関する最終的な決定は原則的に患者本人が行うべきことになります。しかし、この決定のためには専門性の高い医学的知識を噛みくだいて患者に伝えることが必要です。また、治療によっては、患者本人のその後の人生やあるいは生命そのものを左右する場合もあります。たとえば、乳がん手術の術式（乳房温存か全摘か）や出生前診断に基づく選択的中絶の決定にあたっては、どれほど知的能力の高い人であっても、生身の人間としての弱さ（vulnerability）から、一人きりで簡単に即断できる人のほうがむしろ珍しいでしょう。したがって、この文脈での支援[3]の対象者は、主観的な難易度の高い医療に関する意思決定に直面している患者一般です。さらにいえば、この分野での従来の議論は治療について同意能力がある患者への支援を主に想定しており、判断能力が低いために同意能力がない患者については、患者本人ではなく、むしろ家族等の代行決定者（代諾者）に対する意思決定支援を問題とすること[4]が多かったようです[5]。

1　本章のテーマに関する私見の詳細については、上山泰「意思決定支援と成年後見制度」実践成年後見64号45〜52頁（2016）、同「意思決定支援の意義と課題」実践成年後見75号46〜55頁（2018）を参照してください。

2　中山和弘＝岩本貴編『患者中心の意思決定支援』（中央法規、2012）、川崎優子『看護者が行う意思決定支援の技法30』（医学書院、2017）等。

3　この領域の支援ツールである "Ottawa Personal Decision Guide" は、ときに「オタワ意思決定支援ガイド」と意訳されています（中山＝岩本編・前掲（注2）87頁以下〔倉岡（野田）有美子〕および127頁以下〔有森直子〕、北山修吾「医療契約法の再構築(6)」成蹊法学83号97頁以下（2015）等）。しかし、先の経営学の用語と同様、その英語での表現は "supported decision-making" ではありません。

これらに対して、本章で論じる「意思決定支援」は、知的障害や精神障害のある人、認知症のある人といった判断能力不十分者の権利擁護のための仕組みである「支援を得た意思決定（supported decision-making）」です。従来の法律学では、判断能力不十分者は主に法定後見制度による保護の「客体」として位置づけられ、支援者である法定後見人が本人のために代理・代行決定（substituted decision-making）を行うことで、その権利擁護を図ろうとしてきました。

これに対して、障害者権利条約はどんな人にも法的能力があるという原則に立って、判断能力不十分者を権利行使の「主体」として位置づけ直すことで、本人自身による意思決定をサポートする意思決定支援が権利擁護の基本的な手法となるべきことを明らかにしたわけです。こうした国際的な流れも受けつつ、近年では法律学の分野でも、特に成年後見制度との関係を中心に、法的な意味における意思決定支援の意義に関する研究が始まっています[6]。さらに、後述するように、すでに障害福祉関係の法律の中で「意思決定（の）支援」という表現が明文化される状況に至っています。

(2)　3つの次元の意思決定支援

ところが、こうした法律の中で意思決定支援の具体的な内容が明確に定義されているわけではありません。上述のように、意思決定支援という日本語の表現が、もともと多様な文脈で用いられてきたこととも相まって、法的な意味における意思決定支援とは、「いつ・どこで・誰が・誰に対して・どのようなことを行うものなのか？」は、実はまだ不透明な状況にあるのです。

そこで、従来から筆者は、概念の混乱を防ぐために、法的な視点からの意思決定支援概念の分析にあたっては、さしあたり、①「理念としての意思決定支援」、②「支援手法としての意思決定支援」、③「法制度としての意思決定支援」の3つの次元に区分して分析することを提唱してきました。

(A)　理念としての意思決定支援

まず①「理念としての意思決定支援」は、広く社会一般の人々が判断能力不十分者と何らかの形でかかわりをもつ場合の、あるべき基本的なスタンスを指し示すものです。もう少し具体的にいえば、障害者権利条約3条が示す「障害者の尊厳と自律」「無差別」「社会

4　中山＝岩本編・前掲（注2）83〜97頁〔倉岡（野田）有美子〕、同99〜110頁〔小泉麗〕参照。

5　ただし、最近では、認知症のある患者への意思決定支援を主題とする研究が複数現れるなど、従来からの医療系の議論と障害者権利条約の影響を受けた成年後見法・障害福祉系の議論とがリンクする動きも現れています（成元迅編『認知症の人の医療選択と意思決定支援』（クリエイツかもがわ、2016）、看護管理27巻6号（2017）特集「認知症を持つ患者の意思決定支援」所収の諸論文、中京大学「日常生活や社会生活等において認知症の人の意思が適切に反映された生活が送れるようにするための意思決定支援のあり方に関する研究事業報告書」（2018）等）。

6　パイオニア的な業績として、菅富美枝『イギリス成年後見制度にみる自律支援の法理』（ミネルヴァ書房、2010）があります。また、後見実務からも、意思決定支援の理念を踏まえた後見人等の行動指針を示す成年後見センター・リーガルサポート編『これからの後見人の行動指針』（日本加除出版、2015）、意思決定支援法の立法提言を行う「日本弁護士連合会第58回人権擁護大会シンポジウム第2分科会基調報告書『成年後見制度』から『意思決定支援制度』へ」（2015）、意思決定支援に配慮した成年後見活動の手引きを示した日本社会福祉士会編「権利擁護人材育成・活用のための都道府県の役割と事業化に関する調査研究報告書（第II部 意思決定支援に配慮した成年後見活動のための手引きの策定）」（2016）等の動きがみられます。

的包摂」等の一般原則を踏まえて行われるべき、判断能力不十分者に対する権利擁護の場面における基本理念や基本姿勢を指すと考えればよいでしょう。詳細は後述しますが、代行決定［他者決定］型の仕組みである伝統的な法定後見制度では、ⓐ本人には能力が「ない」と推定したうえで、ⓑ「保護の客体」として扱い、ⓒその社会の一般的な（支配的な）価値観を基準として、ⓓ支援者が代わりに決定するという手法によって、本人を（客観的に）保護することが主目的となっており、その正当化はⓔパターナリズムによって図られることになります。これに対して、①「理念としての意思決定支援」の視点からは、ⓐ本人には能力が「ある」と推定したうえで、ⓑ「権利行使の主体」として扱い、ⓒ本人の主観的な価値観を基準として、ⓓ本人の自己決定を支援者が支えることが主目的となっており、その正当化はⓔ自己決定権によって図られることになるわけです。

(B) 支援手法としての意思決定支援

次に②「支援手法としての意思決定支援」は、①「理念としての意思決定支援」を受けて、これを具現化するための実現手段、つまり本人自身による意思決定を保障するための「具体的な支援の手法」を指すものです。伝統的な法定後見制度が採用する法定代理権や取消権に代表される代行決定型の支援手法（支援者による他者決定型の支援手法）と対をなすものと考えればよいでしょう。現行法が規定する「意思決定（の）支援」や各種のガイドライン（「障害福祉サービス等の提供に係る意思決定支援ガイドライン」等）が想定する「意思決定支援」は、主として、この②「支援手法としての意思決定支援」の意味で用いられているように思われます。そこで、本章での記述も②「支援手法としての意思決定支援」の観点に焦点を当てて行います。ここで留意すべきは、意思決定支援については、現行法上、まだ明確な法的枠組みが構築されているわけではないということです（これが③「法制度としての意思決定支援」の問題です）。たとえば、「法制度としての代行決定」の仕組みである法定後見制度の場合は、法的な意味での支援権限（法定代理権等）や支援［権限］者（成年後見人等）、支援対象行為（財産管理に関する法律行為等）等の要素が民法によって明確に決まっています。これに対して、意思決定支援については、こうした要素が法律によって限定されているわけではありません[7]。

したがって、②「支援手法としての意思決定支援」の意味での意思決定支援の対象行為は、いわゆる事実行為（食事、入浴、排せつ等）に関するものを含めた本人の生活上のあらゆる意思決定行為に及ぶことになりますし、支援のための特別な法的権限も不要ですので、施設職員やケアマネジャー、看護師等の医療従事者、さらには親族・知人等、本人の意思決定の場面に現に立ち会うすべての人が支援者になり得るわけです。もちろん、公式の権利擁護者として特別な法的権限を付与されている成年後見人等が意思決定支援者として活動できることはいうまでもないでしょう。それどころか、①「理念としての意思決定支援」の観点からすれば、成年後見人等も、自分に与えられている代行決定型の法的権限

7　このため、現状では、②「支援手法としての意思決定支援」の意味での意思決定支援はある種の社会福祉援助技術（権利擁護のための技法の1つ）としてとらえるのが適切かもしれません。そして、仮にそうとらえるならば、ここでの法学的な分析の意義は、ⓐ意思決定支援による本人の意思形成に対する介入の法的正当化（違法性阻却の範囲とその理由づけ）、ⓑ成年後見人に対する意思決定支援の義務づけと法定代理権等の権限行使に対する意思決定支援の優先性の法的正当化の2点が中心となるように思われます。

（法定代理権、取消権）の行使に先立って、まずは優先的に意思決定支援の手法による権利擁護の可能性を追求すべきことになるはずです。この点は、本章の重要なテーマですので、のちほどあらためて詳述してみたいと思います。

(C)　法制度としての意思決定支援

最後に③「法制度としての意思決定支援」は、法定後見制度のような具体的な法制度を想定したものです。たとえば、国際連合の障害者権利委員会は、代行決定制度から意思決定支援制度への全面的なパラダイム転換を目指して、伝統的な法定後見制度の全廃を締約国に求めていますが（障害者権利条約に関する「一般的意見第１号」[8]）、これを実現するためには、現在の法定後見制度に完全に代替できるような意思決定支援の仕組み[9]を法制度化することが必要になるでしょう。たとえば、近時ペルーでは民法改正によって、障害を直接の理由とする法定後見制度を全廃したうえで、これに代わる仕組みとして「支援（apoyo）」を新設しました[10]。これが③「法制度としての意思決定支援」の具体例といえるでしょう。

2　現行法における意思決定支援

(1)　法律上の規定

「意思決定の支援（に配慮）」という表現は、すでに複数の障害福祉関連の法律の中で使われていますが、その用例は大きく２つに分けられます。

１つは、「国及び地方公共団体を名宛人とする障害者施策に関する基本指針」（障害者基本法23条１項、知的障害者福祉法15条の３）を示すものです。これは、障害者福祉政策の立案・実施に際して、意思決定支援に配慮すべきことを行政に求めるものであり、行政が具体的な意思決定支援行為をすることを想定しているわけではありません。

もう１つは、「障害福祉サービス事業者等を名宛人とする障害福祉サービスの提供に関する基本指針」（障害者総合支援法42条１項、51条の22第１項）を示すものです。こちらは、障害福祉サービスの具体的な内容の１つとして障害福祉サービス事業者および相談支援事業者に意思決定支援行為の実行を求める規定ですから、先述の「支援手法としての意思決定支援」に直接かかわるものですが、残念ながらこの法律の中に意思決定支援の定義はな

8　一般的意見第１号の内容については、上山・前掲（注１）「意思決定支援と成年後見制度」45〜49頁を参照してください。また、障害者権利条約の成立過程をめぐる議論については、上山泰「現行成年後見制度と障がいのある人の権利に関する条約12条の整合性」法政大学社会問題研究所＝菅富美枝編著『成年後見制度の新たなグランド・デザイン』39〜116頁（法政大学出版局、2013。以下、「グランド・デザイン」という）を参照してください。

9　権利擁護の水準を逆に後退させてしまわないために、現在の法定後見制度によって法的に救済できる範囲を全面的にカバーできる仕組みとすることが必要です。ただし、意思決定支援制度単独でこれをカバーさせる必要はなく、本人に対する制約が法定後見制度よりも少ない他の法制度による救済と併せた形（典型的には、消費者保護法制の拡張など）で、全体として権利擁護の水準が保たれていればよいことに注意する必要があります。

10　ペルーの民法改正の概要については、上山泰「法的能力」長瀬修＝川島聡編『障害者権利条約の実施』195頁（信山社、2018）を参照してください。

く、支援の具体的な内容への言及もありません。したがって、意思決定支援という文言がすでに法律の明文として規定されている一方で、その具体的な内容はまだはっきりと明らかにされているわけではないというのが、実情といえるでしょう。

(2) ガイドライン

現在、意思決定支援に関する国の公的な指針として、①障害福祉サービス等の提供に係る意思決定支援ガイドライン（厚生労働省、平成29年3月31日。巻末【資料11】参照）、②認知症の人の日常生活・社会生活における意思決定支援ガイドライン（厚生労働省、平成30年6月。巻末【資料16】参照）、③人生の最終段階における医療・ケアの決定プロセスに関するガイドライン（厚生労働省、最終改訂平成30年3月。巻末【資料13】参照）、④身寄りがない人の入院及び医療に係る意思決定が困難な人への支援に関するガイドライン（厚生労働省、令和元年5月。巻末【資料19】参照）の4つが公表されています。本章では、このうち①②の内容を簡単に紹介しておきましょう。

(A) 障害福祉サービス等の提供に係る意思決定支援ガイドライン

社会保障審議会障害者部会による障害者総合支援法3年後の見直しの一環として、意思決定支援ガイドラインの策定と普及が提言されました。これを踏まえて公表されたのが、「障害福祉サービス等の提供に係る意思決定支援ガイドライン」です。ここで意思決定支援は、「①自ら意思を決定することに困難を抱える障害者が、日常生活や社会生活に関して自らの意思が反映された生活を送ることができるように、可能な限り本人が自ら意思決定できるよう支援し、本人の意思の確認や②意思及び選好を推定し、③支援を尽くしても本人の意思及び選好の推定が困難な場合には、最後の手段として本人の最善の利益を検討するために事業者の職員が行う支援の行為及び仕組みをいう」（丸数字は筆者が加筆）と定義されています。

しかし、この定義には実は3つの異質な要素が混在しているように思われます。①の部分が意思決定支援にあたるのはよいでしょう。しかし、②で本人の意思と選好を「推定」するのは支援者です。本人の意思それ自体と支援者が推定した（＝他人からみた）「本人の意思」は厳密には別物ですから、私としては、このような推定された「本人の意思」に基づく支援者の活動はむしろ代行決定型の支援の要素が強いと考えています。そして、「本人の意思」等の推定すら困難な場合を対象とした③が代行決定型の支援であることは明らかでしょう[11]。したがって、この定義の全体が意思決定支援の手法を示していると考えると、従来からの代行決定型の支援との線引きが非常にあいまいになってしまうおそれがあると思います。

(B) 認知症の人の日常生活・社会生活における意思決定支援ガイドライン

このガイドラインでは、意思決定支援を「認知症の人であっても、その能力を最大限活かして、日常生活や社会生活に関して自らの意思に基づいた生活を送ることができるようにするために行う、意思決定支援者による本人支援」であり、「認知症の人の意思決定をプロセスとして支援するもので、通常、そのプロセスは、本人が意思を形成することの支

---

11 同ガイドラインは、①メリット・デメリットの検討、②相反する選択肢の両立可能性の検討、③自由の制限の最小化の諸点に留意して、関係者の協議により、本人の最善の利益を判断するとしています。

援と、本人が意思を表明することの支援を中心とし、本人が意思を実現するための支援を含む」と定義しています。

　意思決定支援を、①意思形成支援、②意思表明支援、③意思実現支援という、一連の時系列的なプロセスとして理解している点がこの定義の特徴です。しかし、こうした枠組みをあまり教条主義的にとらえないほうがよいでしょう。なぜなら、実際の支援に際しては、こうした要素が同時並行的に行われることも珍しくないと思われるからです[12]。

　なお、本ガイドラインでは代行決定を意思決定支援と概念的に峻別していますが、本人の推定的意思に基づく支援（障害福祉サービス等の提供に係る意思決定支援ガイドラインの②にあたる支援）は代行決定ではなく意思決定支援に位置づけられています。

3　意思決定支援と代行決定

(1)　代行決定の特徴

　意思決定支援と対比される考え方が、伝統的な法定後見制度の基盤とされる代行決定の仕組みです。わが国の場合、成年後見人の権限である法定代理権と取消権がこれに当たります。

　もっとも、意思決定支援と代行決定の線引きは必ずしも明瞭なものではありません。たとえば、既述のように、「本人の推定的意思に基づく支援」をどちらと考えるかは意見が分かれています。この点について、私見は、最終的な意思決定者（法学的な表現を使えば「意思表示の主体」）が、本人と支援者のいずれであるかによって区分すべきではないかと考えています。言葉を換えれば、意思決定支援は本人による「自己決定」である場合、代行決定は支援者による「他者決定」である場合を指すととらえています。

　この関係性は、成年後見人による取消権行使の場面をイメージするとわかりやすいでしょう。取消権の行使の前には、必ず本人自身による契約の締結が先行しています。つまり、その内容の当否はともかくとして、本人自身がある契約をするという自己決定をまずは行っているわけです。そして、これをひっくり返してしまうのが成年後見人による取消しなのです。したがって、ここでは「契約をする」という本人の自己決定よりも、「契約を取り消す」という成年後見人の他者決定のほうが優先されていることになります。要するに、この契約に関する最終的な決定権者は他者である成年後見人となるわけです。

(2)　意思決定支援と代行決定との比較

　こうした私見の理解を前提としたうえで、両者の特徴を5つの観点から比較してみましょう。

　第1に、本人の判断能力（意思決定能力）や法的能力の存否について、どちらを原則と考えるかの違いです。代行決定の仕組みは、本人に能力が「ない」ことを前提とします。

12　詳しくは、日本福祉大学権利擁護研究センター監修『権利擁護がわかる意思決定支援』156〜157頁〔佐藤彰一〕（ミネルヴァ書房、2018）の指摘のほか、上山・前掲（注1）「意思決定支援と成年後見制度」53〜54頁を参照してください。

つまり、本人にはこうした能力が「ない」ので、支援者が代わりに決定を行う必要があると考えるわけです。これに対して、意思決定支援の仕組みは、本人に能力が「ある」ことを前提にするので、支援者は本人自身による決定をサポートすれば足りると考えることになります（自己決定できる人に対して、本人の同意なしに介入すれば、むしろ自己決定権の侵害になってしまうことに注意する必要があります）。

第2に、本人の法的な位置づけの違いです。先ほど見たように代行決定の発想では、本人を自己決定できない人とみるため、本人は法的な「保護の客体（対象）」として位置づけられることになります。これに対して、意思決定支援の場合は、本人自身が自己決定し、自分の権利を行使していく「権利行使の主体」として位置づけられます。

第3に、支援（決定内容）の基本指針の違いです。伝統的な代行決定の発想[13]では、本人の価値観を差し置いて、社会の客観的な価値観、つまりその社会の標準的な価値観が重視されがちです。これに対して、意思決定支援では、本人の主観的な価値観、平たくいえば「本人らしさ」という視点が基準となります。いわゆる愚行権（愚行の自由）も基本的には保障されるので、たとえ支援者や社会一般の価値観からみると不合理にみえる意思決定であっても、本人の価値観からすれば一貫したものである限り、原則的には本人の意思決定を尊重すべきことになるわけです。

第4に、それぞれの仕組みを動かすにあたって重視される能力の主体の違いです。結論からいえば、代行決定では本人の能力が、意思決定支援では支援者の能力に焦点があてられることになります。この点は少しわかりづらいところなので補足が必要でしょう。既述のように代行決定の場合、本人に「意思決定する能力がない」ことが代行決定をするための条件となっています。これに対して、意思決定支援の発想では、本人に「意思決定する能力がない」からではなく、むしろ支援者に「意思決定を支援できる能力がない」ために、意思決定支援ができなかったと考えるのが原則となります。たとえば、自閉傾向の強い本人に対する支援を考えてみるとイメージしやすいでしょう。スキルを持たない初対面の支援者ではまったく本人とコミュニケーションをとることができないとしても、長年にわたり本人に寄り添ってきた人であれば、本人の意向を的確に引き出して、意思決定支援ができる蓋然性が高いでしょう。つまり、意思決定支援という手法が成立するかしないかは、まさに支援者側の能力によるところが大きいといえるわけです。

第5に、正当化原理の違いです。基本的には、代行決定はパターナリズムによって、意思決定支援は自己決定権によって、それぞれ正当化されることになります。ただし、後述するように、私見によれば、意思決定支援における誘導的要素を考慮した場合、意思決定支援の中にもある程度はパターナリズムの色彩が含まれることになると思います。

(3) 法学者の見解

意思決定支援と代行決定の定義や両者の比較検討については、法律学や社会福祉学の中

13　ただし、私見の「小さな成年後見」の発想も含めて、近時の成年後見法学では、代行決定の場面においても、本人の主観的価値観（本人の漠然とした意向等も含む）を基準に置く考え方（たとえば、菅富美枝の唱える「主観的ベスト・インタレスト」概念等）が有力になっています。なお、「小さな成年後見」の詳細については、上山泰＝菅富美枝「成年後見制度の理念的再検討」グランド・デザイン3〜38頁を参照してください。

で近年大きな進展がみられます。先の私見による整理もこうした先行研究に大きな示唆を受けたものです。そこで以下では、法律学の分野における特に重要な2つの見解を簡単に紹介しておきましょう。

(A) 菅富美枝の見解[14]

まずは、2005年イギリス意思決定能力法の詳細な分析を基盤とした菅富美枝の見解です。菅は、同法の基本原則として、次の5つを指摘しています。

① 「人は、意思決定能力を有していないという確固たる証拠がない限り、意思決定能力があると推定されなければならない（意思決定能力存在の推定の原則：同法1条2項）」

② 「人は、自ら意思決定を行うべく可能な限りの支援を受けた上で、それらが功を奏しなかった場合のみ、意思決定ができないと判断される（エンパワーメントの原則：1条3項）」

③ 「客観的には不合理に見える賢明でない意思決定を行ったということだけで、本人には意思決定能力がないと判断されることはない（1条4項）」

④ 「意思決定能力がないと法的に評価された本人に代わって行為をし、あるいは、代行決定するにあたっては、本人のベスト・インタレストに適うように行われなければならない（ベスト・インタレストの原則：1条5項）」

⑤ 「代行行為や代行決定をなすにあたっては、本人の権利や行動の自由を制限する程度がより少なくてすむような選択肢が他にないかが考慮されなければならない（必要最小限の介入の原則：1条6項）」

そして、そのうえで、このうちの①②③が意思決定支援の原則であるのに対して、④⑤は意思決定支援の現実的可能性が尽きた場面で例外的に許される代行決定を規制する原則であると整理しています。ここで重要なことは、「本人中心主義」という同法全体を貫く最高原理に基づいて、同法が意思決定支援と代行決定とを一貫した視点のもとに統合的に結び付けているという分析です。

たとえば、本人中心主義の発想から、代行決定の基準は、社会一般の価値観に依拠した客観的な意味でのベスト・インタレスト（最善の利益）にではなく、本人らしさの反映を極限まで追求した「主観的ベスト・インタレスト」に置かれることになります。そして、こうした「主観的ベスト・インタレスト」を探り出すための手法として、本人をよく知る人々を代行決定のプロセスの中にできる限り巻き込んでいくという「インクルーシヴ・アプローチ」の手法が採用されることになるわけです。

さらにもう一つの重要な指摘が、常に原則である意思決定支援に戻る可能性が保障されていなければならないという点です[15]。代行決定の支援はあくまでも例外ですので、たとえ、ある時点であることについて代行決定が行われたとしても、次の意思決定の場面では、再び意思決定支援の可能性が追求されなければならないというわけです。

---

14 その詳細については、菅・前掲（注6）のほか、菅富美枝「『意思決定支援』の観点からみた成年後見制度の再考」グランド・デザイン217〜261頁、同「支援付き意思決定と成年後見制度」成年後見法研究12号177〜189頁（2015）等を参照してください。

15 イギリス意思決定能力法4条のチェックリスト第3項目（本人が意思決定能力を回復する可能性を考慮しなければならない）・第4項目（本人が自ら意思決定に参加し主体的に関与できるような環境を、できる限り整えなければならない）等が参照されています。

こうした精緻なイギリス法の分析を通じて、菅は意思決定支援を「①懇切丁寧な情報提供、特に、本人が得意とする意思疎通方法を用いるといった支援者の努力によって、②契約を締結するかしないか、締結するとすればどのような内容の契約にするか、あるいはいずれの契約条件を選択するかについて、本人自身が吟味、取捨選択することを手助けし、その結果、③最終的に自ら決定できるよう、支援すること」[16]と定義しています。意思決定支援の名のもとに支援者が行うのは、本人自身が意思決定するためのいわば土俵づくりに限られ、最後に決定するのはほかならぬ本人でなければならないというわけです。

さらに、わが国で意思決定支援の手法を用いるときには、①「意思決定支援の外形を装った脱法的な代行決定の出現リスクを直視し、本人による意思決定過程への積極的な関与・実践の有無の確認を徹底することで、これを抑止すること」、②「意思決定支援の原則化後も、正当性のある代行決定が残りうる可能性を認めること」、③「意思決定支援の実行主体から本人と法的に利害相反関係にある者を排除すること」、④「支援者の法的責任を合理的な範囲に抑制するなど、支援者を支援するという『二重の支援構造』を構築することで、要支援者の自律の確保と併せて、支援者に対する過度の萎縮効果を抑止すること」等に留意しなければならないと主張しています。

こうした菅の見解は、意思決定支援に関する法学系の議論におけるオピニオン・リーダーとしての地位を占めており、既述の公的なガイドラインにも大きな影響を与えています。

(B) 佐藤彰一の見解[17]

次に、成年後見人としての豊富な実践経験や社会福祉の知見を踏まえた佐藤彰一の見解をみてみましょう。佐藤はまず、意思決定支援を考えるうえで重要なポイントとして、①「判断能力不十分者の見方に関する能力不存在推定から能力存在推定への原則転換」、②「意思決定の理解に関するプロセスモデル（意思決定支援の継続性モデル）の導入」、③「支援者・被支援者の社会関係の相互依存性」等をあげています。そして、そのうえで、意思決定支援の本質とするエンパワーメントを「ご本人が決定プロセスに主体的に係ることを支援すること」と定義しています。

さらに、意思決定支援を実施するうえで留意すべき点として、①「意思決定支援は自己決定を強制するものではない」、②「意思決定支援は、決定の結果が失敗に終わった場合の自己責任を追及するものではない」、③「支援者が望ましいと思う決定とは異なる決定を被支援者が行っても支援を打ち切る理由にならない」、④「代行決定は、意思決定支援ができない場合の Last Resort である」を列挙しています。

このほかにも、⑤「意思形成支援、意思確認・疎通支援、意思実現支援等は時系列的に順次生起するものではなく、現実には各種の支援が同時並行で行われること」、⑥「意思形成、意思確認、意思実現をワンセットで説明することは、誤解と誘導の危険を隠蔽する問題の多い言説であること」、⑦「代行決定から意思決定支援への段階の移行は、本人の判断能力の不足ではなく、支援者側の支援能力の不足のために生じること」等の指摘が重要です。

16　菅富美枝『新消費者法研究』18頁（成文堂、2018）。

17　詳細については、日本福祉大学権利擁護研究センター監修・前掲（注12）〔佐藤〕のほか、佐藤彰一「『意思決定支援』は可能か」法哲学年報2016・57〜71頁（2017）を参照してください。

(C)　私見による整理

　こうした菅や佐藤の見解、さらには上述のガイドラインの内容をあわせてみていくと、少なくとも法学系の論者が想定する意思決定支援の姿には、いくつかの共通点が生まれ始めているように思います。そこで、ここでは私見も交えて、現状における最大公約数的な意思決定支援の要素を示してみましょう。

　第 1 は、「本人の能力存在推定原則」を前提として、本人に潜在する意思決定能力が発揮できるための環境整備が重視されていることです。その手法の中核は、意思決定のために必要な各種の情報を本人が理解できるような形でわかりやすく伝えることと考えればよいでしょう。さらに、本人が自分の意思を伝えやすい環境を整えることも大切です。たとえば、まだら認知症のように判断能力に時間的な揺らぎがある場合、本人の判断能力が最もしっかりしている時間帯を待って、意思の確認を行うべきでしょう。また、現実に実現可能な選択肢をいくつか提示するという手法も、意思決定の手がかりを与えることで、本人の意思決定を手助けすることになるので、原則的には意思決定支援の範囲に含まれると思われます。ただし、この点については、パターナリズムに基づく意思誘導要素を意思決定支援の中にどのように位置づけるべきかという重要な課題につながりますので、のちほどあらためて詳しく論じます。

　第 2 は、本人自身の主観的な考え方や価値観、趣味や嗜好などの要素（要するに「自分らしさ」）が支援を得た意思決定の中にきちんと反映されていることです。こうした意思決定の内容が支援者からは不合理なものであったとしても、それが本人らしい決定である限り、原則的には尊重されなければなりません（愚行権の容認）。佐藤が指摘しているように、意思決定支援の結果、支援者の思惑とは違った決定を本人が行ったからといって、意思決定支援を打ち切って、すぐに代行決定の手法に切り替えてしまうことも許されないというべきでしょう。

　逆にいえば、支援者の個人的な価値観や社会一般の価値観（その社会の支配的な価値観）を押し付けることは基本的に許されないわけです。しかし、そうはいっても、支援者が自分の考え方を完全に排除して、まったく中立的な立場から支援を行うことは実際には不可能に近いでしょう。そこで、支援者の価値観を相対化するための手段として、常に複数の支援者が意思決定支援のプロセスに参加することが求められるわけです。これが第 3 のポイントです。ここでは、先のインクルーシヴ・アプローチが示唆するように、親族・知人といった本人をよく知っている人にできるだけ多くかかわってもらう姿勢が必要でしょう。また、専門家についても、法律・福祉・医療など、専門領域が異なる複数の人が同時に関与することで、各自の職業的な価値観を相対化しながら、協働体制を構築していくことが大切だと思います。

　第 4 は、本人と支援者の関係性に対する配慮が必要なことです。まず一般論として、本人と支援者が二人だけの閉じた関係性に陥ってしまうと共依存や虐待の温床になりがちですし、悪い意味での誘導的な意思決定支援に陥りやすくなるおそれがあります。この意味でも、常に複数の支援者がかかわれる環境を確保しておくことが大切です。

　さらに重要な問題が、意思決定支援が構造的な利益相反関係のある当事者のもとで行わ

れる場合のリスクです[18]。施設入所者の意思決定支援をその施設の運営事業者や職員らが行う場合がこの典型です。そもそも一般論として、契約の当事者はお互いに利益が相反する関係にあるので、当事者の一方が他方の意思決定支援をするときには、悪い意味での意思の誘導が行われる危険が高まります。特に、施設や病院のように本人の生活の場を支援者側が管理している場面では、支援者の行動に本人が異議を唱えることが難しいことも多く、支援者の利益を図る悪い誘導の温床になりがちです。したがって、本来であれば、こうした場面における意思決定支援は、利益相反的な相手方（ここでは施設の運営事業者や職員）から完全に独立した地位にある第三者によって担われるべきなのです。

第5は、最後の手段としての代行決定の余地を認めることです。障害者権利条約12条の公的な解釈指針である「一般的意見第1号」をみる限り、国際連合の障害者権利委員会は、意思決定支援と代行決定とを完全に両立し得ない仕組みととらえて、同条が代行決定を一切許さないものと理解しているようです。しかし、例外的な最後の手段としては代行決定の仕組みを残しておくべきでしょう。

まず、植物状態にある患者のように、そもそも本人が自ら意思決定すること（本人の意思を外部から確認すること）ができない場面が存在します。また、緊急手術の事案のように、時間的な制約から意思決定支援の手順を踏むことができない場合もあるでしょう。少なくとも、こうした場合には本人を適正に保護するために何らかの代行決定の余地を残しておく必要があるはずです。

さらに、代行決定を完全に禁止してしまうと、結果的に本人が周囲から自己決定を強制される場面が増えかねません。意思決定支援の皮をかぶった潜脱的な代行決定が頻発するおそれもあります。つまり、支援者にとって都合のよい意思決定となるように支援者が本人の意思を不当に誘導することで、実質的には支援者による代行決定にすぎない偽物の自己決定が行われる蓋然性も高まるわけです。こうした潜脱的な代行決定は、本来であれば支援者側が負うべき決定に対する責任を不当に本人に転嫁してしまうという点でも大きな問題があります。

最後に、代行決定との関係について、押さえておくべきポイントが2つあります。それは、2つの支援手法の「連続性」と「峻別」についてです。本人の客観的保護の視点に偏重していた伝統的な代行決定（法定後見）の理解とは異なって、私見がいう「小さな成年後見」（支援型後見）の発想を含めて、最近の成年後見法学では、代行決定の内容にできる限り本人の主観を反映させるべきだと考えられています。平たくいえば、「本人らしさのある代行決定」の追求が課題とされているわけです。ここからは、支援の基本指針の面での「意思決定支援と代行決定の連続性」という要素が浮かび上がってきます。つまり、意思決定支援の手法であれ、代行決定の手法であれ、常に中心に置かれるべきは本人だということです（菅のいう「本人中心主義」）。この限りでは、意思決定支援と代行決定を単なる二項対立的な関係としてとらえるべきではないでしょう。たとえば、菅は、代行決定のあり方を意思決定支援の趣旨を全面的に反映し、本人中心主義を徹底させる方向に再構築することを通じて、「自己決定支援（意思決定支援）体制に統合された、必要最小限の範囲で

18　この問題については、菅・前掲（注14）「支援付き意思決定と成年後見制度」188〜189頁の分析が参考になります。

の代行決定」[19]という両者の連動的な仕組みを構想しています。

しかし、この一方で、意思決定の責任主体の面では、逆に両者を峻別しておくことが必要です。先ほども触れたように、実質的には支援者による代行決定にすぎないものを適正な意思決定支援に基づく本人の自己決定と混同することは許されません[20]。代行決定はあくまでも支援者の名のもとにその責任において行われるものであることを忘れてはならないのです。

4　意思決定支援における意思誘導要素

意思決定支援の手法は、本人の自己決定を保障するための仕組みですから、基本的には自己決定権の観点から正当化されることになります。しかし、それでは意思決定支援の手法の中にパターナリズムの要素は皆無だといえるのでしょうか。本節では、意思決定支援の中に潜在している意思誘導要素の検討を通じて、この問題を考えてみたいと思います。

まず考えてみるべきは、支援者個人の価値観からも社会一般の価値観からも完全に価値中立的な形での意思決定支援（「裸の意思決定支援」）は、現実的には実現不可能なのではないかということです。たとえば、前述のように私見は、実現可能な複数の選択肢を示すという方法を意思決定支援の1つとして認めてよいと考えています。

このとき単純に考えると提示される選択肢の数が多いほど、本人の意思決定の自由度が増して、本人の自己決定権がより広く保障されるかにみえます。しかし、一般に人間は選択肢の数が多すぎると逆に選択＝決定が困難になる傾向があるので、提示する選択肢の増加と常に比例する形で本人の利益が増すわけではありません[21]。特に、判断能力不十分者に対する意思決定支援としての選択肢の提示は、本人の決定を手助けするための情報提供の一環として行うものですから、本人が処理しきれないほど多い情報を一度に提示することになっては、理論的にも本末転倒です。また、その時点で理論上成立しうるあらゆる選択肢を提示することは、そもそも現実的なやり方ではないでしょう。したがって、多くの場合において支援者側による選択肢の事前の絞り込みが前提となるわけです。ところが、この絞り込みの過程には、それが意図的か否かにかかわらず、常に何らかの形で支援者による誘導要素（＝パターナリズム要素）が潜在していることになるはずです。

こうしてみると、ここで問われるべきは、誘導それ自体の是非ではなく、誘導の恣意性の有無と誘導の方向性の是非であると考えるべきではないでしょうか。つまり、誘導の要素を完全に否定してしまうのではなく、「許されうる誘導」と「許されない誘導（悪い誘導）」を区別して、後者を排除していけばよいのではないかということです。

まず留意すべきは、選択肢の内容が、「本人の利益というよりも、むしろ支援者側の利益となってはいないか？」という点です。平たくいえば、支援者側だけが得をしたり、楽

19　菅・前掲（注14）「支援付き意思決定と成年後見制度」185頁。

20　たとえば、菅・前掲（注14）「支援付き意思決定と成年後見制度」185～186頁は、「自己決定（意思決定）支援の外形をとることによって、判断能力の不十分な人々に「自己責任」を押し付け、代行決定を隠ぺいするものであってはならない」と指摘しています。

21　この事実を示すジャムの法則（多すぎる選択肢の問題）に関する有名な実験については、シーナ・アイエンガー（櫻井祐子訳）『選択の科学〔文庫版〕』259～311頁（文藝春秋、2014）を参照ください。

をしたいがためだけの選択肢となってはいないかということです。特に、支援の当事者間に構造的な利益相反関係がある場合（「障害福祉サービス等の提供に係る意思決定支援ガイドライン」が想定する施設関係者による入所者への支援がこの典型です）には、この点を慎重に検討する必要があります。

それでは逆に、許されうる誘導の方向性とはどういうものでしょうか。この点は、意思決定支援の目的から導かれることになると思います。私見は、意思決定支援とは、自己決定権を含む本人の基本的人権を擁護するための仕組みであると考えています。したがって、もし何らかの誘導が許されるとすれば、それは、「本人の基本的人権を守り、その生活の質の向上を目的とする、より良い意思決定の形成を手助けする」という方向に向けられるべきでしょう。ただし、ここでいう生活の質の向上については、もちろん本人の主観的な価値に基づいて判断されるべきです。

これに対して、本人の基本的人権を守るという観点から、例外的に次の場合に限っては、本人のその場の表面的な意向に反する形での誘導的な介入も許されるべきだと考えます。具体的には、意思決定支援の目的からして、本人の基本的人権の侵害につながるような本人の意向を尊重することはできないというべきです。たとえば、自傷行為やセルフ・ネグレクト等を本人の希望を理由に単に放置することは、意思決定支援の理念にはそぐわないと思います。

また、意思決定支援が基本的には本人の自己決定権から正当化されることを考えれば、意思決定支援の基盤である自己決定権を将来にわたって失ったり、大きく制約してしまったりするような「取り返しのつかない一回的な意思決定」は回避されるべきでしょう。たとえば極例ですが、自殺や全財産の放棄に向けた意思決定支援は許されないというべきです。

さて、ここで本節の冒頭の問題に立ち返るなら、意思決定支援の基本的な正当化原理が本人の自己決定権の保障であることは間違いないとしても、少なくとも補充的な形ではパターナリズムを援用せざるを得ないのではないかと思います。なぜなら、私見のように一定の範囲で誘導の可能性を認めた場合、たとえそれが許される範囲のものであったとしても、それが本人の自己決定に対する外部からの干渉であることに変わりはないからです。

さらにいえば、意思決定支援の中に潜在している誘導の要素（あるいは誘導の可能性）は、短絡的な自己決定＝自己責任論の枠組みを意思決定支援の領域から排除することにもつながります。なぜなら、意思決定支援によって成立した本人の意思決定の中に、支援者による何らかの誘導の痕跡が認められる限り、その意思決定をすべて本人の自己責任としてかたづけてしまうことは不当だからです[22]。

5　成年後見人等による意思決定支援

次に、成年後見人等（ここでは特に法定後見人）が行う意思決定支援の課題について検討しておきます。

22　この点については、民法96条が詐欺や強迫といった不当な意思誘導に基づく意思決定を瑕疵ある意思表示として取り消すことを認めていること（自己責任に基づく契約の拘束力からの離脱を認めていること）が示唆的でしょう。

　まずここで注意すべきは、少なくとも現行法上では、意思決定支援は、何らかの特別な法的権限（たとえば、法定後見人に与えられた特別な権限である法定代理権や取消権等）に基づいて行われる性質のものではないということです。つまり、意思決定支援は誰でも行うことができるわけです。もちろん、成年後見人等も当然に意思決定支援者たり得るわけです。

　ただし、成年後見人等が行う意思決定支援には特別な要素が含まれています。なぜなら、成年後見人等は、①民法858条に基づく本人意思尊重義務を負っているとともに、②本人の自己決定に干渉できる法的な代行決定権限（法定代理権、取消権等）を持っているからです。

　まず①の観点から、成年後見人等には意思決定支援を行うことが法的に義務づけられていると考えることができます[23]。また②の観点から、成年後見人等には、本人の権利擁護活動にあたって、意思決定支援の手法と成年後見人等の権限である代行決定の手法を適切に使い分けることが求められます。私見は、この使い分けを原則である「支援の第1ステージ（自己決定支援型の権利擁護）」と例外である「支援の第2ステージ（他者決定型の権利擁護）」という表現で説明しています。

　成年後見人等の場合、民法858条の本人意思尊重義務の要請から、まずは意思決定支援の手法による権利擁護の可能性を限界まで追求すべきことになります。これが「支援の第1ステージ」です。しかし、ときには本人の判断能力の状況や時間的な制約等の事情から、意思決定支援の手法では、本人の保護を十全に図れない場面が生じるでしょう。こうした場合にのみ、最後の手段としての代行決定（法定代理権や取消権の行使）を行うことになります。これが「支援の第2ステージ」です。

　ただし、すでに触れたように、第2ステージにおいても、代行決定の原則的な指針は本人の主観的な価値観ですから、成年後見人等が完全に自由な裁量によって意思決定できるわけではありません（この場面でも、民法858条の本人意思尊重義務が働くことの当然の結果でもあります）。

　このステージの切り替えという考え方について注意すべきは、第2ステージへの移行は一方通行ではないということです。たとえば、本人の判断能力が一定程度以上に低下したら、そこから先の決定はすべて第2ステージの代行決定の話になるというわけではないのです。むしろ、第2ステージというのは、原則である第1ステージでの支援の流れの中で、特定の時点における特定の項目についてのみ、単発的な例外として認められるにすぎないと考えるべきだからです。したがって、第2ステージの代行決定によって重要な法律関係にいったん「区切り」[24]をつけたあとは、常にふたたび原則である第1ステージに立ち戻って、継続的な意思決定支援行為を続けなければなりません。

　たとえば、本人の保護のために、やむを得ず在宅生活を切り上げて、法定代理権を使って特別養護老人ホームに入所してもらったとします。この入所の意思決定は、最後の手段としての第2ステージの支援である代行決定ですが、入所後の生活面での種々の支援は従

---

[23]　これに対して、意思決定支援を義務づけられていない人が行う場合は、民法697条以下の事務管理の規定によって、本人への介入が法的に正当化されることになります。

[24]　この点については、佐藤・前掲（注17）60頁の「決定のイベントモデル」と「意思決定のプロセスモデル」という発想が参考になります。

来通りの第1ステージに立ち戻って続けられることになるわけです。

　代行決定という手法は、まさに権利擁護のための切り札であって、本人の法律関係（さらにはこれに基づく生活環境）を一気に180度転換することができるというメリットがあります。また、基本的に単発的な対応になるので、（意思決定支援と比べれば）時間的なコストが軽いといえます[25]。したがって、特に、期限が切迫している中で重要な決断をしなければならない場面で効力を発揮します。しかし、これは本人の自己決定権を侵害するという重大な副作用のある劇薬ですから、あくまでも最後の手段として認められるにすぎないわけです。

　他方、意思決定支援では、本人の気持ちの揺れに気長に寄り添いながら、継続的な支援をたゆまなく行っていくことが求められますので、古典的な代行決定よりもはるかに大きな社会的コストがかかることになるでしょう。つまり、障害者権利条約の成立をはじめとする近年の国際社会は、こうしたコスト増を踏まえたとしても、あらゆる人の自己決定を可能な限り追求する社会的包摂の理念を実現していくほうがより豊かな社会が実現できるという考え方に舵を切ったというわけです。

6　意思決定支援のためのツール

(1)　成年後見人等にとってのツールの意義

　さて本書では、以上の理論的な分析を踏まえたうえで、適切な意思決定支援を実践していくための具体的なツールとして、①「ソーシャルサポート・ネットワーク分析マップ」と、②「意思決定支援プロセス見える化シート」の2つを紹介しています。ツールの詳細な内容やツール活用の一般的な意義については、次章以降で具体的な活用例を示しながら詳述されますので、ここでは、特に成年後見人等にとってのツールの意義について簡単にまとめておきましょう。そのポイントは、先述した「支援の第1ステージ（［意思決定支援を通じた］自己決定支援型の権利擁護）」と「第2ステージ（［法定代理権や取消権の行使を通じた］他者決定型の権利擁護）」の切り替えを可視化し、その判断根拠を客観的に明示できることにあります。

　5でも触れたように、これからの成年後見実務の当面の課題は、現行制度の運用を通じて、障害者権利条約が示す「支援手法としての意思決定支援の原則性と代理・代行決定に対する優先性」という基本的な考え方をうまく具体化していくことにあります。もっとも、意思決定支援の原則性については、すでに抽象的な理念としては専門職後見人の間にもある程度浸透してきている[26]ので、むしろ問題となるのは意思決定支援の実践のための具体的な手法をわかりやすい形で提案していくことでしょう。私見によれば、こうした「支援手法としての意思決定支援」の場面は、社会福祉援助技術による支援との親和性が高いた

25　ただし、代行決定の中に本人の主観的価値をできる限り反映させるべきであるという私見の理解からすれば、成年後見人等の裁量で客観的な保護を図れば足りるとする古典的な代行決定のモデルと比べて、ずっと手間暇がかかるものとはなります。

26　前掲（注6）参照。

め、社会福祉系の専門職後見人の専門知識とスキルがツールの開発に大きく寄与するのではないかと考えてきました。そこで本書では、社会福祉士が従来から専門的に用いてきたソーシャルワークの手法を活用するという視点に立って、第1ステージの意思決定支援と第2ステージの代行決定支援のプロセス（最も重要な両ステージの切り替えのタイミングと切り替えの根拠の提示も含む）を可視化するためのツールを開発し、その活用を提案しています。

(2)　2種類のツール

まず、「ソーシャルサポート・ネットワーク分析マップ」は、本人の意思決定支援に関与しうる各関係者の連携に基づく支援体制を「ソーシャルサポート・ネットワーク」としてとらえたうえで、支援の面での本人との関係性（支援の頻度・濃淡・ニーズ等）を三重の同心円上に配置する形式で図示するものです。法定代理権等の法的権限を持つ成年後見人等は、通常、こうしたソーシャルサポート・ネットワークの司令塔的な役割を求められることが多いと思われます（この場合、本人に最も近い「常時的・継続的支援」の同心円に位置づけられることになるでしょう）。このとき、もし成年後見人等がマップをうまく活用すれば、ある特定の時点における支援関係者の布置関係をマップ上で一望できるために、適正な支援体制の再構築等の青写真を描くことが容易になるはずです（共時的分析機能）。この一方で、意思決定支援が支援の中心的な手法となっていくことで、状況しだいでは、ある特定の事項について成年後見人等は一歩身を引く形をとって（たとえば、関係者への間接的な働きかけにとどめる等）、現実の支援については、その場面における意思決定支援者の役割に最適な人物に委ねるという場面も出てくるでしょう。このような個別具体的な支援の場面において、成年後見人等が自分の負うべき役割を客観的に判断するための資料としても、マップが有効に活用できると思われます。さらに、自分がとった具体的なアプローチ（本人への直接的な意思決定支援の働きかけ、関係者への働きかけ、法定代理権行使等）の前後のマップを比較することで、そのアプローチの成果をあとから客観的に検証できることも重要な機能です（通時的分析機能）。成年後見人等には法定代理権等の強力な法的代行決定権限が与えられていますので、自分の権限の行使もしくは不行使の正当性を、本人に対してはもちろん、裁判所等の第三者に対しても客観的な根拠を示して説明できることが必要だからです。マップにはこの根拠資料としての役割も期待できるでしょう（対外的説明責任のエビデンス機能）。

「意思決定支援プロセス見える化シート」は、本人を中心とした多数の関係者がある特定の課題を共に検討するという協働的な意思決定のプロセス（本人を中心とした関係者の話し合いのプロセス）を可視化する機能を持っています。「支援の第1ステージ」における意思決定支援の場面であれ、「支援の第2ステージ」における法定代理権行使等の場面であれ、そこで行われた具体的な意思決定の内容が真に本人らしいものとなることを保障するためには、意思決定のための適切な環境が準備されていることが大切です。そのためには、まずは本人とかかわりのある人をできる限り多く支援の輪の中に巻き込んでいくという姿勢が必要です。そして、このうえで、具体的な意思決定の場面に本人を含めた多くの関係者が参加することで、特定の支援者個人による恣意的な意思の誘導や独善的な代行決定のリスクを排除するように努めるべきでしょう。見える化シートには、こうした意思決定支

援の一環として行われる関係者の話し合いの全体像（関係者間の意見の対立状況を含む話し合いの流れやこれに対する本人の反応などの一連のプロセス）が記載されることになります。見える化シートに記録され、可視化された内容は、支援者が自分の行為の妥当性をあとから自己検証することに役立つだけではなく、先のマップと同様、裁判所等の第三者に対する説明のための客観的な根拠資料としても大きな価値を持つはずです。

　見える化シートのもう一つの特徴は、本人の意思を自然と丁寧に確認できる書式となっていることです。個別課題に関する「本人の思い」（シート１−⑤）の記載欄があることはもちろん、その回の話し合いの流れに沿って、そのポイントごとに本人の思いや反応を記録する欄（シート２−②、２−③）が設けられています。特にその回の話し合いについての結論（今日決まったこととその実行方法）について、本人への説明と同意の状況を具体的に記載する欄（シート３−②、３−③）があることは大切です。これらの記載を通じて、意思決定支援行為としての話し合いへの本人の意思の積極的な関与を保障できることになるうえ、本人の思いが、実際の結論（支援を得た本人の意思決定 or 最後の手段としての成年後見人等の代行決定）にどこまで反映されていたのかをあとから検証できるからです。

　さて、これらの２種類のツールによって支援者の行為の妥当性をあとから客観的に検証できる可能性を担保しておくことは、支援の常時継続性を本質とする意思決定支援にとっては特に重要な意味を持つといえるでしょう。すでに触れたとおり、意思決定支援に際しては、本人に意思決定を強制することは許されませんし、本人の意思の揺らぎに寄り添うことも必要です。したがって、たとえば、一度の話し合い（個別課題に関する具体的な意思決定支援行為の一手法）によって、無理に確定的な結論（本人による個別課題に対する具体的な意思決定）を導こうとするべきではありません。むしろ状況によっては、特定の答えを出すことを先送りにするべき場合もあるでしょう（ただし、緊急的な介入の必要性が高い場合には、第２ステージに移行して、成年後見人等の責任において法定代理権等の権限を行使するべきです）。また、こうした個別課題に関する具体的な意思決定支援行為の成果として、本人が具体的な意思決定を行った場合でも、これで意思決定支援が完全に終結するわけではありません。なぜなら、意思決定支援という手法の意義は、こうした個別具体的な意思決定支援行為のプロセスが常時継続的に繰り返されることにあるからです。図式的にいえば、個別課題に関する具体的な意思決定支援行為のプロセス（事案に応じて、本人を中心とした話し合い等を含む）が、必要に応じ繰り返されて、その課題に一定の結論（支援を得た本人の意思決定 or 最後の手段としての成年後見人等の代行決定）が出たとして、今度はこれを踏まえて、次の個別課題に対する具体的な意思決定支援行為のプロセスが始まることになるわけです。こうして常時継続的に繰り返されていく個別具体的な意思決定支援行為の連なりの全体（個別具体的な意思決定支援行為の小プロセスを要素とする一連の全体的プロセス）が、意思決定支援であるというべきでしょう。

（3）　波及効果

　本書が提案する２種類のツールは、ソーシャルワークの技法からヒントを得たものですので、法律系の専門職後見人やソーシャルワークに関する専門知識の少ない親族後見人、市民後見人等には、なじみが薄い書式であるかもしれません。しかし、どちらのツールの記入にも特別な専門知識はいらないので、次章以降の記載例を参考にすれば、比較的簡単

に作成できるはずです。また、どちらのツールも一覧性を重視した書式となっていますので、自分がかかわった意思決定支援行為に対する後日の自己検証や第三者による客観的検証のための資料として大いに役立ってくれるでしょう。成年後見制度利用促進法の要請を受けて、今後、家庭裁判所による監督（さらには後見報酬算定）の焦点も徐々に本人の意思確認や関係者とのネットワーク構築、関係者との協議等といった意思決定支援の要素に移っていくことになると思われます。この意味で、本書のツールは自分の活動の正当性のエビデンスとしてあらゆる成年後見人等にとって有益なものとなるはずです。

　ツールの最大の利点は、「本人にかかわる個別の意思決定支援行為の場面ごとに、まずはソーシャルサポート・ネットワーク分析マップに基づいて支援に関与させるべき関係者を選択したうえで、本人を交えた支援会議を開き、そこでの議論の内容を意思決定支援プロセス見える化シートの書式に従って記載していく」という、この一連のプロセスそれ自体が、同時に本人に対する意思決定支援の適正なプロセスになっているということです。意思決定支援の方向性やその結果の妥当性は、原則的に本人の意思という個別の主観的価値によって判断されるものですから、あるべき客観的な方向づけを実体的な価値の形式であらかじめ一般的に示しておくことはそもそも困難です。このため、支援の正当性は主に手続的正義の観点によって裏づけられることになります。もう少し具体的に説明するなら、個別の意思決定支援行為や最後の手段としての代行決定のプロセスの中で、成年後見人等を含む特定の支援者による恣意的あるいは専断的な誘導や決定がきちんと排除されており、本人を中心に本人を知る複数の関係者が集まって、本人の意思の確認や主観的な価値観の探求が丁寧に実行されたという事実が正当性の担保となるわけです。本書のツールをうまく活用することで、こうしたプロセスを自然に保障できるとともに、その事実をあとから誰でも確認できることになります。

　さて、本章では主に成年後見人等がツールを使う場面を想定して、その意義を説明してきました。しかし、繰り返し触れてきたとおり、そもそも意思決定支援は本人とかかわる誰もが実行できる支援の手法です。さらにいえば、意思決定支援に基づく権利擁護は、伝統的な法定後見のように単に特定の法的権限者のみが担えばすむというものではなく、本人の生活にさまざまな形でかかわるすべての人が、本人に対して等しく意思決定支援の理念に基づいた応接をすることではじめて実現できるものです。このため、仮に将来において、現在の法定後見制度が全廃されて、法制度としての意思決定支援制度へと置き換えられたとしても、おそらくは単にそうした法律の書き換えだけでただちに意思決定支援に基づく権利擁護が実現することは難しいように思われます。意思決定支援という手法を社会に根づかせていくためには、実際に支援を担う人々はもちろん、これを背後で支える社会全体の意識が変わっていくことが必要だからです。本書のツールは、成年後見人等だけではなく、本人の意思決定に何らかの形で実際に関与する人であれば、誰でも利用できるようにつくられていますので、ツールの活用によって、こうした社会意識の土壌が醸成されていくことを期待したいと思います。

第2章 「意思決定支援のためのツール」活用ガイドライン

1 「意思決定支援のためのツール」の目的

(1) 「意思決定支援のためのツール」の概要

(A) 2つのツール

「意思決定支援のためのツール」は、「ソーシャルサポート・ネットワーク分析マップ」と「意思決定支援プロセス見える化シート」の二種類です。

「ソーシャルサポート・ネットワーク分析マップ」（2（32頁）参照）は、本人の意思決定支援にかかわる関係者の状況を「ソーシャルサポート・ネットワーク」としてとらえ、本人との関係性をマップとして図示するツールです。マップを作成することで本人の人生や生活、本人を取り巻く環境を深く知ることができます。そのうえで、本人の意思決定には誰がどのようにかかわっているのか、本人との関係性を分析して"今回の"意思決定支援にかかわるチームを形成し、チームにおける支援者の役割を明確にするために用います。

「意思決定支援プロセス見える化シート」（4（44頁）参照）は、本人の参加を基本とした話し合いで用いることを前提に、意思決定支援の話し合いのプロセスを示し、それぞれのプロセスで何をどのように検討しなければならないか、その枠組みを示したものです。意思決定支援のプロセスを「見える化」することで、意思決定支援の手順をきちんと踏んでいるか、すべきことをすべて行っているかを確認することができます。シートに記載することで意思決定支援の内容が記録され、事後的に検証も可能となり、意思決定支援の根拠資料としても有効なものとなります。

(B) ツールを用いた意思決定支援のステップ（手順）

2つのツールを用いることで、意思決定支援のステップ（手順）を踏むことができます。

ステップ1は「支援の開始」の場面で、「ソーシャルサポート・ネットワーク分析マップ」を用いて意思決定支援の必要性をアセスメント（情報を集め整理し分析してニーズを明確にする）します。本人に関する情報を「ソーシャルサポート・ネットワーク分析マップ」を用いて分析し、意思決定支援の必要性を判断するとともに、"今回の"意思決定支援には誰がチームに加わる必要があるか見立てをして、ステップ2で行う話し合いの参加者を検討します。

ステップ2では、「意思決定支援プロセス見える化シート」を用いて話し合いを行います。「意思決定支援プロセス見える化シート」は3つのシートで構成されています。シート1が話し合いのプロセス1で、話し合いの開始に際して、「目的の共有」をすることがポイントです。どんな意思決定を支援するのかを確認したうえで、それに関する本人の思いを聴き、支援者の考えを確認します。シート2は話し合いのプロセス2で、「本人との共同作業」の場面です。まさに本人の意思決定を支援する、話し合いの中核をなす部分です。シート1で確認した本人の思いに沿って考えられる選択肢を検討し、本人による選択を支

援します。シート3は話し合いのプロセス3で、「確認と振り返り」をする場面です。今日の話し合いで決まったことを確認し、その内容を本人に説明して同意が得られるかどうかを確認します。また、誰が何をするのかを確認して、次の話し合いの要否を確認し、今日の話し合いが意思決定支援の話し合いとなっていたかを振り返ります。この話し合いのプロセス1から3を、必要に応じて繰り返します。一度の話し合いですべてを決めようとせず、小さなプロセスを丁寧に繰り返すことが肝要です。また、状況の変化に応じて、ステップ1に戻ることも検討します。

　ステップ1からステップ2の話し合いに進むためには、事前の準備が欠かせません。いきなり話し合いをしても、意思決定支援の話し合いにはなりません。ステップ1で「ソーシャルサポート・ネットワーク分析マップ」を用いて話し合いの参加者を検討することからすでに準備が始まっているといえますが、話し合いの参加者が意思決定支援の趣旨を共通に理解して臨むことが何より重要です。詳細は3（41頁）で述べます。

　「意思決定支援のためのツール」を用いた意思決定支援のステップの全体像を図示したものが、〈図2−1〉です。

〈図2−1〉「意思決定支援のためのツール」を用いた意思決定支援のステップの全体像

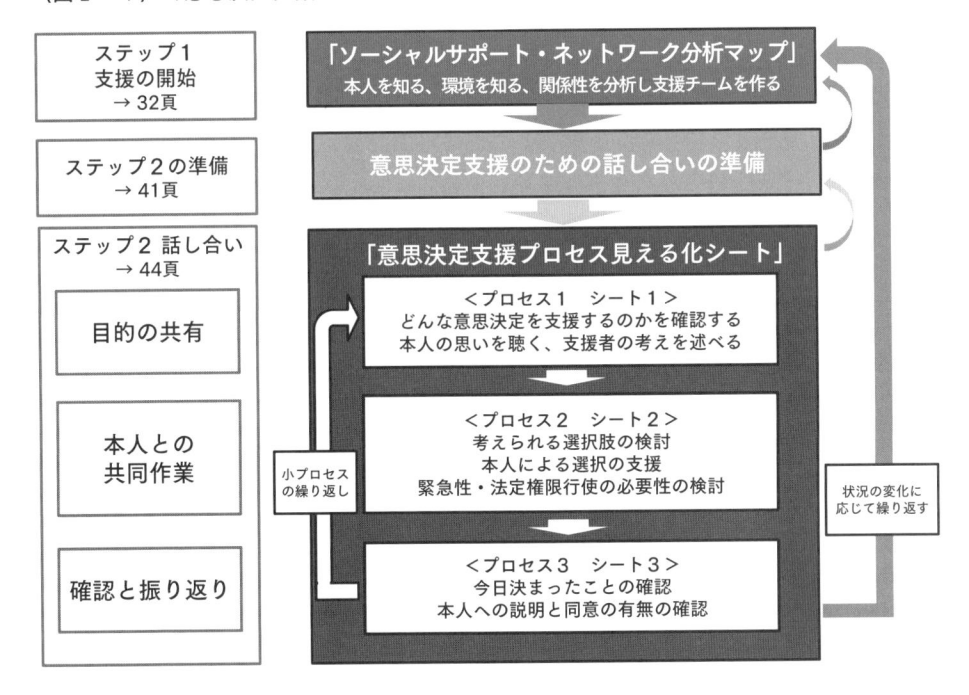

(2) 「意思決定支援のためのツール」におけるかかわる人々の定義づけ

　「意思決定支援のためのツール」では、本人とその意思決定にかかわる人々について次のように区別して言葉を用います。

本人：支援を受けて意思決定をする本人です。

関係者：本人の人生や生活にかかわるすべての人・団体・組織・機関等を総称した言葉です。かかわりが直接的であるか、間接的であるかは問いません。

支援者：本人の意思決定を支援する人という意味です。関係者のうち、"今回の"本人の

意思決定にかかわるすべての人・団体・組織・機関等を含みます。かかわりが直接的であるか、間接的であるかは問いません。しばしば福祉サービス提供者や専門職を「支援者」と表現することがありますが、このツールで用いる支援者は本人の意思決定を支援する人という意味であり、福祉サービス提供者や専門職のみを指す言葉ではありません。福祉サービス提供者や専門職は本人の意思決定の支援者の一人になることは大いにあり得ますが、福祉サービス提供者や専門職だけが意思決定の支援者ではありません。家族や友人、知人、地域でかかわりがある人々等、本人が信頼を寄せている人や本人の人生や生活にかかわりが深い人は、本人の意思決定に大きな影響を及ぼす可能性があり、重要な支援者の一人にもなり得ると考えます。

参加者:本人参加を基本にした話し合いに参加する人です。本人はもとより、支援者の中から、"今回の"意思決定支援の話し合いに必要な人が参加します。

マップ・シート作成者:「ソーシャルサポート・ネットワーク分析マップ」と「意思決定支援プロセス見える化シート」を作成する人、すなわち「"今回の"意思決定支援のプロセスの進行に責任を持つ人」という意味です。単なる記入者という意味ではありません。本人が自ら希望して意思決定支援を受けたい場合は、本人が作成者になることもできます。本人以外では、支援者の中から、「"今回の"意思決定支援のプロセスについて責任を持って進めることができる適任者」が作成者になります。作成者が話し合いの運営に責任を持ちます。司会進行やマップ・シートの記入を自ら行うこともできますし、それらの役割を他の参加者に依頼することも可能です。作成者が参加者と協議しながら、「"今回の"意思決定支援に関する話し合い」を本人中心に進めることができるよう、最善の方法と役割分担を検討します。

〈図 2 - 2 〉 「意思決定支援のためのツール」にかかわる人々の概念図

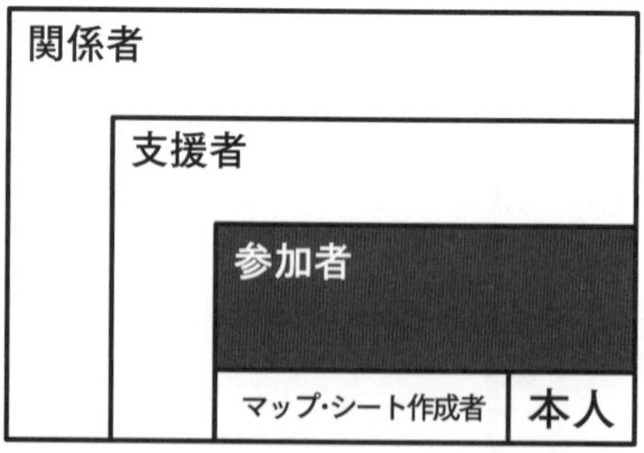

(3) 「意思決定支援のためのツール」を活用した意思決定支援の 7 原則

「意思決定支援のためのツール」を用いた意思決定支援とは何か、「意思決定支援のためのツール」を用いて何をするのか、ツールを活用した意思決定支援の基本原則を示します。

(A) 本ツールを活用した意思決定支援の 7 原則（次頁〈図 2 - 3 〉)

本ツールは〈本人参加〉を実現するものです。ツールの趣旨を理解して活用しようと試みることが、必然的に〈本人参加〉のあり方と向き合い〈本人参加〉を促進することにつながります。ツールでは一貫して〈チームによる支援〉を基本にしています。「ソーシャルサポート・ネットワーク分析マップ」を用いてチームの見立てをして、「意思決定支援

〈図 2 − 3〉　本ツールを活用した意思決定支援の 7 原則

1．〈本人参加〉

　意思決定とは、本人が自分のことを自分で決めることです。自分のことを自分で決めるのですから、当然のことながら、本人の意思決定には本人が参加していることが必要です。参加とは形式的な参加ではなく実質的な参加であり、本人の状況に応じたさまざまな参加の形があり得ます。

2．〈チームによる支援〉

　意思決定支援とは、意思決定をするために本人が必要とする支援です。本人が意思決定をするために必要な人が、チームで支援します。本人以外の誰かが一人で決めてしまうことのないよう、さまざまな立場の人が情報を持ち寄り、本人を支援します。

3．〈本人主体〉

　意思決定の主体は本人です。支援者が本人の意見を聞かずに代わりに決めたり、支援者が良かれと考える方法を強要したり、本人に何かを決めることを強制することは、本人主体の意思決定支援ではありません。

4．〈話し合いの保障〉

　本人を中心とした話し合いの場を保障し、話し合いの内容は記録します。

5．〈実行と見直し〉

　話し合いで決まったことは、実行するよう努めます。実行した結果について再度話し合い、より良い方法がないか見直します。

6．〈プロセス重視〉

　意思決定の事柄に応じて、また状況の変化に応じて、話し合い→実行→見直しのプロセスを繰り返します。一度の話し合いで結論を出す必要はありません。必要に応じて何度もプロセスを繰り返すことが重要です。本人を主体に必要なプロセスが丁寧に繰り返されたか、検証します。

7．〈判断根拠の明確化〉

　話し合いで決まったことについては、話し合いのプロセスの何を根拠に決めたのか、その判断根拠が明確であることが必要です。特に、「本人が自分で決めることは難しい」と支援者が判断した場合は、なぜ難しいと判断したのか根拠を明確にしなければなりません。本人が自分で決めるために考えられる、ありとあらゆる方法が尽くされたうえでの判断であることを、証明できなければなりません。

プロセス見える化シート」を用いた話し合いにはチームから必要なメンバーが参加します。

　〈本人主体〉は、特に話し合いの場面で参加者が留意を要する点です。「意思決定支援プロセス見える化シート」は、〈本人主体〉の〈話し合いの保障〉がなされるよう構成しました。さらに、話し合いのプロセスと決まった内容が「意思決定支援プロセス見える化シート」に記録されることで、話し合いの後の〈実行と見直し〉が実施しやすくなり、〈プロセス重視〉の意思決定支援と〈判断根拠の明確化〉が可能となるよう意図されています。

(B) 誰のための何のためのツールか

　誰のための何のための意思決定支援なのか、何のためにツールを活用するのか、その目的を見失うことがないように気を付けなければいけません。

　ツールはその名のとおり、あくまでも“道具”です。“道具”は、ある目的を達成するためには必要不可欠であり、かつ有効な手段や方法となるものです。また、使いこなすためには一定の練習が必要です。しかし、往々にして“道具”を活用する目的を見失い、“道具”を使うこと自体が目的化してしまうことがあります。ツールに書き込むこと自体が目的化しないよう、ツールを活用して何をするのか、ツールを使って本人の意思決定を支援しようとするすべての人が、ツールの目的を共通に理解する必要があります。

　ツールに記載がありさえすれば、意思決定支援ができたということにはなりません。ツールを活用しながら常に、「誰のために何のためにこのツールを使っているのか」を自問自答し、適切な意思決定支援となり得ているのかを検証するために活用することが求められます。

(4) 「意思決定支援のためのツール」を活用することで期待される効果

(A) 「意思決定に至るプロセス」の共有体験が本人と支援者にもたらす効果

　ツールを適切に用いることができれば、基本原則に沿った意思決定支援が可能となります。ツールを用いることで、考えられるすべての方法が検討され試行されたか、意思決定に至るプロセスが十分に尽くされたかを検証することができます。意思決定支援では、「何が決まったか」という結果もさることながら、丁寧に本人の意思を引き出し、耳を傾け、どうしたら本人の意思を実現できるかを十分に検討したかという「意思決定に至るプロセス」を重視します。このプロセスを繰り返すことで、意思決定の内容が変化していくこともありますが、変化すること自体が意思決定であるととらえます。ツールを用いることで、支援者が、「本人の意思決定プロセスの並走者」としての役割を果たすことができます。

　本人は、「意思決定に至るプロセス」を支援者と共有する体験を通して、自分には自分のことを決める権利（自己決定権）があることを認識することができます。権利がある、かけがえのない人間であると承認され、尊重されたという実感が得られると、自分の人生や生活を前向きにとらえることにつながり、さまざまな願いや生きる力が湧いてきます（エンパワメント）。

　支援者も本人の「意思決定に至るプロセス」を共有することで、本人を自己決定権がある一人の人間として尊重してきたかどうかを深く顧みる体験をします。その体験が、支援者自身の価値観の再認識や変容につながる契機となります。本人の「意思決定に至るプロセス」に参加することを通して、自分の権利と同じように他者の権利を大切にしようとする権利擁護の意識が醸成されることが期待できます。

(B) 意思決定支援の「見える化」による判断根拠の明確化と検証効果

　意思決定支援における最大の課題は、本人が意思表示をすることが困難である、あるいは本人の表現を第三者が理解するのが極めて困難であるなど、「本人の意思を判断できない」場合や、「表明された本人の意思を実現することは第三者からみるとリスクが高すぎる」と思われる場合の対応です。どのように支援すべきなのか、支援者が葛藤を感じる場面ですが、ここで支援者が葛藤を感じることは極めて重要です。

　なぜなら、「本人の意思を判断できない」場合は、「本人の意思が確認できないから仕方がない」という割り切りの中で、本人の意思を確認する方法を考えたり選択肢を試みることを検討することもなく、周囲の人が暗黙の了解で本人に関することを決めてしまうことが多いのではないかと思われます。また「表明された本人の意思を実現することは第三者からみるとリスクが高すぎる」と思われる場合は、本人の思いよりもむしろ、支援者からみた安心安全な方法を何とか本人に受け入れてもらおうと説得したり、「こちらにしなさい」と支援者が良いと思う方法を無理強いしたりすること（パターナリズム）が多いのではないかと思われるからです。つまり、基本原則の〈本人参加〉や〈本人主体〉が尊重されたとはいい難い意思決定支援がなされている可能性があり、この事態を避けるためにも支援者が葛藤を感じること、葛藤を感じていることを自覚することは重要な意味があります。そもそも他人が他人の意思決定を支援することは容易なことではなく、これが正解といえるものがあるとは思えません。したがって、その困難さ不確かさを支援者が自覚し、「本当にこれで良いのだろうか」という迷いや揺らぎ、葛藤と向き合うことが、意思決定支援には何より重要であると考えます。

　そこでツールを用いて、チームで丁寧にプロセスを踏まえて支援を試み、その内容が「見える化」されることで、支援者側の判断根拠を明確にすることができます。また、考えられるすべての方法を試みたかどうかの検証と、実施したことの説明が可能となります。とりわけ意思決定支援にかかわる専門職には、説明責任が求められます。専門職としての説明責任を担保するうえでも、ツールの活用は有効であると考えます。

　ツールを用いて実践の「見える化」がなされ検証可能となることで、より良い実践が蓄積され、総体としての意思決定支援の質の向上につながることが期待されます。

(5)　「意思決定支援のためのツール」に関するＱ＆Ａ

(A)　さまざまな支援における「意思決定支援のためのツール」の活用

Q1　「障害福祉サービス等の提供に係る意思決定支援ガイドライン」（巻末【資料11】参照）、「認知症の人の日常生活・社会生活における意思決定支援ガイドラン」（巻末【資料16】参照）、「人生の最終段階における医療・ケアの決定プロセスに関するガイドライン」（巻末【資料13】参照）等、さまざまなガイドラインが策定されています。これらのガイドラインと本ツールはどのように関係しますか。

A1　公表されている「意思決定支援」にかかわるガイドラインは、それぞれの分野で、それぞれの立場や経緯を踏まえて策定されていますが、チームで支援すること、繰り返し話し合いをすることが共通しています。各ガイドラインに沿って「意思決定支援」をする際の、「チームで支援し話し合いを繰り返す」ためのツールとして、本ツールが活用できると考えます。

Q2　介護保険制度の「介護サービス計画（ケアプラン）」、障害者総合支援法の「サービス等利用計画」、サービスを提供する事業所が作成する「個別支援計画」等があり、作成時や見直し時に関係者が集まって話し合いをします。これらの計画作成、見直し

時の話し合いと本ツールはどのように関係しますか。

A2 各法律・制度に基づく福祉サービスの提供時に、これらの計画が作成され、定期的に見直しがなされますが、いずれの計画も本人の意向を尊重して作成、見直しがなされるものです。計画作成時、見直し時に本人の意向を確認する際、本ツールが活用できると考えます。特にこれまでと生活状況が大きく変化し、サービスの見直しが必要な場合は、本ツールを活用した意思決定支援を丁寧に行ったうえで、確認された本人の意思を各計画に反映することが重要です。

Q3 日本社会福祉士会の倫理綱領には、「利用者の自己決定の尊重」「利用者の意思決定能力への対応」という倫理基準があります。これらの基準と本ツールはどのように関係しますか。社会福祉士が普段しているソーシャルワーク実践とはどう関係しますか。

A3 社会福祉士がソーシャルワーク実践を行う際は、常に倫理綱領の遵守が求められます。本ツールは、社会福祉士が行うソーシャルワーク実践において、「利用者の自己決定の尊重」「利用者の意思決定能力への対応」という倫理基準を遵守した実践を「見える化」できるものです。本ツールを活用することで、社会福祉士が普段行っているソーシャルワーク実践が、倫理基準を遵守した実践であることを証明し、説明責任を果たすことにつながるとともに、実践を検証することが可能であると考えます。

Q4 成年後見活動と本ツールの関係は、どのように考えたらよいでしょうか。

A4 成年後見制度利用促進法12条1項の規定に基づき、平成29年3月24日に閣議決定がなされた「成年後見制度利用促進基本計画」（巻末【資料10】参照）では、「利用者がメリットを実感できる制度の運用」の一環として、「高齢者と障害者の特性に応じた意思決定支援の在り方についての指針の策定等の検討、成果の共有等」が示され、「成年被後見人等の医療・介護等に係る意思決定が困難な人への支援等の検討」も工程表に明示されています。

　また、従来の診断書のあり方を見直し、本人の生活状況等の情報を踏まえた能力判断が可能となるよう、2019年度から「本人情報シート」が導入されました。「本人情報シート」では、社会福祉士等の福祉専門職のアセスメント力、モニタリング力が期待されており、本人の意思決定支援を踏まえた「本人情報シート」の作成が求められます。さらに、成年後見制度利用促進基本計画において「地域連携ネットワークの役割」として、①権利擁護支援の必要な人の発見・支援、②早期の段階からの相談・対応体制の整備、③意思決定支援・身上保護を重視した成年後見制度の運用に資する支援体制の構築の三点が示されました。成年後見制度の利用が必要と思われる判断能力が不十分な状況にある人の意思決定支援は、成年後見制度利用開始前から一貫して継続的にチームでなされる必要があります。

　このように、成年後見制度の利用促進における意思決定支援は喫緊の課題となっており、これらの意思決定支援の適正な実施に資するツールとして、本ツールが活用できると

考えます。

　また、成年後見人等として活動する際の判断根拠を示すためのツールとしても、活用が可能であると考えます（第1章6（20頁）参照）。

　成年後見制度の利用が必要な判断能力が不十分な人への支援は、まず意思決定支援を基本にした自己決定支援に最大限の努力を払うことが求められ、判断能力が不十分な状態になればなるほど、より丁寧に意思決定支援が行われるべきであると考えます（〈図2－4〉の第1ステージ）。民法858条の「身上配慮義務」においても、成年後見人等には「本人意思尊重義務」が規定されているところであり、成年後見人等には当然のことながら自己決定支援（意思決定支援）が求められます。しかし一方で成年後見人等には、本人保護の観点から、代理権や取消権等の権限が与えられています。これらの権限を行使しなければ本人の権利を守ることができないと判断した場合は、本人保護の最後の手段としての権限行使が求められます（〈図2－4〉の第2ステージ）。

〈図2－4〉　成年後見人等と意思決定支援

支援の第1ステージから第2ステージへの移行概念図

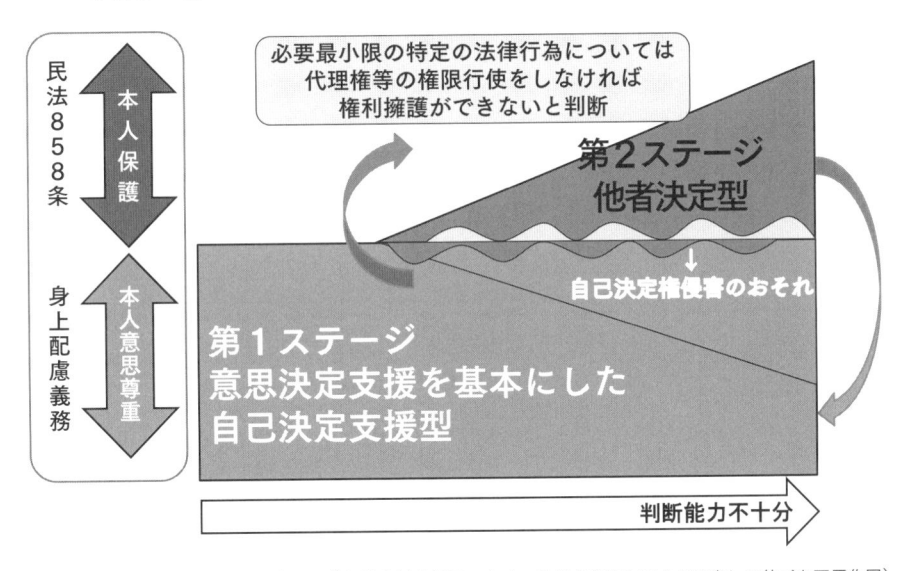

（平成27年度「意思決定支援に配慮した成年後見制度活用のための手引き策定に関する研究」に基づき西原作図）

　第2ステージは成年後見人等による他者決定型の支援とならざるを得ないリスクを含んでおり、成年後見人等による権限行使は同時に本人の自己決定権を侵害するおそれがあることを自覚して、必要最小限度の特定の法律行為にとどめることが重要です。第2ステージに移行したからといって、本人の意思決定をすべて他者が決定してよいということでは決してありません。どんなに判断能力が不十分な状況であっても、第1ステージの支援が基本になります。また第2ステージで権限行使を行う場合でも、「本人意思尊重義務」が免除されるわけではありません。第2ステージにおいても、本人への説明と同意を得る自己決定支援（意思決定支援）は、引き続き行わなければなりません。

　本ツールを活用することにより、第1ステージの支援をどのように行ったのか、第2ステージに移行しなければならないという判断根拠は何か、第1ステージから第2ステージ

への切り替え（権限行使）がなぜ必要なのか、他の方法では本人の権利を守ることができないのか、第2ステージにおいても本人への説明と同意をどのように行ったのか、第1ステージでの支援の可能性はないのか等、これら一連のプロセスと判断根拠を説明することが可能になると考えます。もちろん、成年後見人等がこのプロセスを一人で実施するのではなく、意思決定支援のチームの一員として機能することが重要です。

(B) 「意思決定支援」の「支援者」とは？

Q5 意思決定支援はなぜチームで行うのですか。

A5 本人にはさまざまな人々がかかわっていますが、かかわる人の立場やかかわり方、関係性によって、本人に関して持っている情報の量や質が違います。本人のことをよりよく理解するためには、かかわっている人がそれぞれの立場で持っている情報を持ち寄り、本人の過去から現在に至る生活の全体像を知ることが重要です（プライバシーの保護、秘密の保護への配慮は前提です）。そのうえで、「"今回"行う意思決定支援」に関する情報を持っている人がチームに加わりますが、誰がチームに必要かは本人も交えて検討することが望まれます。また、本人が判断能力が不十分な状況にある場合の意思決定は、往々にして本人の意思確認が十分なされないまま、強い意見を持っている人の意見があたかも本人の意思であるかのごとく扱われ、本人に関する物事が決められてしまうことがあります。本人を交えた話し合いもせず、根拠も不明確なまま、誰か特定の人が暗黙の了解のうちに本人の意思決定を代行するということを避けるためにも、チームで支援を行うことが重要です。

Q6 「マップ・シート作成者」は支援者のうち誰がなるとよいでしょうか。

A6 本ツールでは「マップ・シート作成者」を、「"今回の"意思決定支援のプロセスの進行に責任を持つ人」と位置づけました。意思決定の内容にもよりますが、直面している生活課題への対応や今後の生活に関する重要な判断をしなければならない場合には、その状況を把握しており、中心になってかかわる人が担当するのが望ましいと考えます。たとえば、生活全体を把握している介護支援専門員や相談支援専門員が適任の場合もありますし、現にサービスを提供している事業所等の担当職員や、相談を受けている行政や社会福祉協議会、地域包括支援センターや医療機関等の相談担当職員が担うことも考えられます。また、成年後見人等が就任している場合は、本人の権利擁護者という立場から、本ツールを活用して意思決定支援プロセスを進行することも考えられます。

2 「ソーシャルサポート・ネットワーク分析マップ」
──意思決定支援のステップ1──

(1) 意思決定支援とソーシャルサポート・ネットワーク

本人の意思決定支援にはさまざまな場面が想定されます。権利擁護という視点からは、

施設入所に代表されるような非日常の場面もありますが、「何を食べたいか」、「どんな服を着ようか」、「何を買いたいか」というような日常の意思決定の場面もあります。こうした日々の意思決定（支援）を繰り返し、積み重ねていくことが、本人の意思を尊重し、主体的な人生を送ることにつながります。自分のことを自分で決める経験や、うまくいったという成功体験の積み重ねが自己評価を高め、自己信頼につながるのです。さらに、「○○はできた。次は、何をしようか」というモチベーションを高める循環を生み出すことにもなります。その循環過程では、自己決定を支えていくための日常生活のサポートが必要となります。これは、主に、本人の身の回りにいる他者から得るサポートです。このような人間関係がもたらすサポートを「ソーシャルサポート」といいます。

意思決定支援においては、この他者からの支援が重要になります。意思決定支援をする際には、支援者には本人の意思をできる限りくみ取ろうという姿勢が不可欠になります。こうした相互のかかわりの結果として、本人と支援者との間に信頼関係が築け、支援関係が形成されたとき、このサポートが十分に機能するようになり、本人の意思に基づく生活が実現できるのではないでしょうか。

また、社会生活を送るうえでのさまざまな問題に対して、身近な人間関係における複数の個人や集団の連携による支援体制のことを「ソーシャルサポート・ネットワーク」といいます。本人を支援するためには、地域社会に存在する住民や社会福祉関連機関、施設の専門職、ボランティア等のさまざまな人により組み立てられ、本人の個々の生活状況や問題に応じて個別のネットワークの形成が必要となります。ソーシャルサポート・ネットワークの形成は「社会的支援」等とも呼ばれ、フォーマル・サポート（公的機関やさまざまな専門職などによる支援）およびインフォーマル・サポート（家族、友人、近隣、ボランティアなどによる支援）のネットワークを統合し、支援を展開していくために、ソーシャルワークに必要な技術の一つとなっています。

意思決定支援においても同様で、そのときの最適な支援機能を考えながら意思決定支援のネットワークを形成し、意思決定支援のための役割分担を行うことが必要です。意思決定支援においても、本人を一人で支えるのではなく、さまざまな支援者がチームで協働して支援するために、ソーシャルサポート・ネットワークを意識しておくことが重要です。

(2) ソーシャルサポートの機能

渡部律子[1]は、ウィルス（Wills、1985）[2]の考えに従って、6つのソーシャルサポート機能を説明しています（次頁〔表2-1〕）。

第1は、「自己評価サポート」です。これは、人が自分自身を価値ある存在であることを確認させてくれるようなサポートを意味します。

第2は、「地位のサポート」です。社会生活をする私たちにはいろいろな役割があり、人が役割を持ち集団に属していることで、社会から承認されていることを感じ取ることができるというものです。

1　この項は、渡部律子『高齢者援助における相談面接の理論と実際〔第2版〕』40～56頁（ソーシャルサポート理論の応用）（医歯薬出版株式会社、2011年）を参照してまとめています。

2　Wills,T.A.:Supportive Functions of Interpersonal Relationships.（In S.Cohen & S.L.Syme Eds.；Social Support and Health）Academic Press, 1985, pp.61～82. 渡部が翻訳、要約して紹介しています。

〔表2－1〕　ソーシャルサポートの機能別6分類とそれらのサポートを提供するのに必要な技術

(Wills、1985)

サポートの機能別分類名	サポート機能の説明	そのサポートをするのに必要な技術
(1)自己評価サポート	自分の能力・社会的価値・仕事での能力に疑いをもったときに有効に働く。自分がマイナスに考えていた自己像の側面を打ち明けることで、自分の評価を再度高めることが出来る	・傾聴 ・感情 ・事実の反射 ・共感 ・再保証 ・自己開示 ・非審判的態度の保持
(2)地位のサポート	自分が何らかの役割を果たしていることで得られるサポート	・相手に役割を与えること ・役割を果たしている相手を認めること
(3)情報のサポート	問題の本質、問題に関係している資源に関する知識、代替的な行動に至る道筋に関する情報を提供すること	・適切な情報ネットワークをもっていること ・相手のニーズに見合った情報を見つけだすこと
(4)道具的サポート	実際的な課題に対する援助の提供	・相手に必要な具体的な援助力をもっていること（例：お金、労働力など）
(5)社会的コンパニオン	共にいる、出かけるなどの社会活動のサポート	・コンパニオンとして使える時間の所有 ・相手にとって重荷にならないこと
(6)モチベーションのサポート	根気よく何かを継続したり、解決に向かって進んでいけるようにモチベーションを高めるサポート	・励まし ・努力の結果と予測との再保証 ・将来への希望を見つけ相手に伝える ・フラストレーションの対処の方法 ・共にがんばろうというメッセージの伝達

出典：渡部・前掲（注1）43頁。

　第3は、「情報のサポート」です。自分が必要としている情報を提供してもらうことです。情報は資源に関するものだけではなく、問題の本質、問題に関係している資源、代替的なやり方等に関する情報を得たときに、それらが情報サポートになります。

　第4は、「道具的サポート」です。このサポートは物資サポートとも呼ばれ、労働力、金銭などの実際に必要な目に見える種類のサポートを意味します。

　第5は、「社会的コンパニオン」とよばれるサポートです。買い物に行く、市役所に行く、病院に行くなど、「誰かといっしょに行く」というそれだけのことですが、「誰かがいっしょにいてくれる」ことで安心できるというものです。

　第6は、「モチベーションのサポート」です。私たちは、その行動を起こそうとする意欲の強さによって、ある行動を始めたり継続したりします。できたことを認める、努力が報われるというような再保証してくれる将来に希望を見出すようなサポートがモチベー

ションを高めます。

　意思決定支援の方法は、単に情報提供をするだけではありません。支援者は、本人から発せられる表情や全身を使ったメッセージを、言葉をしっかりと受け止める必要があります。本人の立場で世界を感じ、考えてみる共感的理解が必要となります。応答・明確化・観察をしながら、情緒での手当てをし、アセスメントをしていきます。そして、問題の本質をとらえていきます。問題の本質を理解しないで、一方的に情報を提供しても、相手をサポートしたことにはならないことを、渡部は指摘しています。

　また、単にサポートが「与えられさえすれば」意思決定支援ができるというものではありません。渡部は、サポートを受ける本人が、「自分にとってよいもの」、「役に立つもの」と受け取る「主観的な評価」が、サポートとその効果にかかわっていると述べています。

　さらに、相手にとってプラスとなるサポートばかりではなく、「いろいろな人からサポートはもらっている」けれども、それがかえって「本人を苦しくさせる」、「身動きをとれなくさせている」といった「ネガティブソーシャルサポート」があることも指摘しています。

　意思決定支援においても同様のことがいえます。たとえば、自己決定の強要ということが存在するのではないでしょうか。自己決定が重要だと考えるために、自己決定をさせなければならないと考えたり、自発性を尊重することにこだわりすぎてこちらの要求を何も伝えられなくなったり、さらには、自己決定するためにはこちらから提案をしなければならないと考えて提案を押し付けてしまう、ということがあるかもしれません。そうした場面では、本人は自由がなくなり、本人を苦しくさせ、身動きがとれなくなるということが起こり得ます。また、エンパワメントの強要ということもあります。誰かを力づけ支えようとすればするほど、支えられた人は自分で支えようとする力を失ってしまう（アディクション）ということがあります。あまりにも過剰なサポートをすることで、本人が自分自身の存在意義を見いだせなくなり「自己評価」を下げたり、また、実際にできることが次第にできなくなることもあります。

　ネガティブソーシャルサポートにならないようにするためには、「今、私が行っている支援は、本人にとってどのような役割を果たしているのだろうか」というように、常に自らの行っている支援の意味を問いかけることが重要です。また、サポートとは、互恵性を持つものだという意識も必要です。互恵性とは、一方的にサポートを受けるだけでなく、サポートを受けた側も相手に対して何らかのサポートをする（お返しをする）ということです。互恵性の高いサポートのほうが、互恵性の低い（あるいはない）サポートよりも、満足度やサポートの効果は高いといわれています。「一方的に支援される存在」の苦しさを、支援者は忘れてはならないでしょう。

　このように、意思決定支援で誰がどのような役割を担うか、役立つ支援を提供するためにはどうしたらよいかを考えるうえで、このソーシャルサポートの機能は重要な視点になります。

(3)　「ソーシャルサポート・ネットワーク分析マップ」の目的

　「ソーシャルサポート・ネットワーク分析マップ」は、河野聖夫の許諾を得て同氏が提案する「ソーシャルサポート・ネットワークの分析（マップ）と役割分析図」をもとに作

成しました。河野は、マグワァイア[3]による「ソーシャル・サポート・ネットワークを示すマップ」をもとに、役割分析の観点から追加改変を行い分析マップ（ツール）を作成し、ソーシャルサポート・ネットワークというネットワーク分析を行っています。ネットワーク分析は、本人が生活している環境全体に眼を向ける見方に立って、人と環境が相互に補い合っていることを認め両者の関係を強めていくために、その活動の展開で、フォーマルなサービスだけではなく、インフォーマルな支援も含め理解し活用していく方法です（本章末尾（57頁）掲載の河野・特別寄稿参照）。

（4） 意思決定支援のツールとしての「ソーシャルサポート・ネットワーク分析マップ」

　意思決定支援においても、河野が提案する「ソーシャルサポート・ネットワーク分析マップ」は有効に活用できると考えます。河野が紹介しているように、誰でも比較的容易に記入することが可能で、なおかつソーシャルサポートの種類と本人との関係性を一覧できる点で優れています。また、マップを記入しながら行う役割分析についても、河野が提案する枠組みはシンプルで、分析の自由度が高く記載しやすいと考えました。

　具体的な記載例は第３章に掲載していますが、本書では役割分析に、(2)で述べた渡部が紹介しているウィルスの「ソーシャルサポートの機能別６分類」（34頁〔表２-１〕）を当てはめながら分析を試みました。ソーシャルサポートの意味を理解するうえでは、一つの有効な方法であると考えます。ただし、すべての役割をソーシャルサポートの機能別６分類に当てはめられるわけではありませんので、こだわらずわかりやすい表現で記載してください。マグワァイアの分析項目である、「氏名（住所、電話）」「関係（親族、友人、近隣、職場、専門家、援助者、その他）」「援助の意欲（高い、中間、低い）」「能力（社会的面、情緒的面）」「資源（物的面、接触面）」「接触の頻度（毎日、毎週、隔週、月１回、それ以下）」「交友の期間（１か月、６か月、１～５か年、それ以上）」「強度（好意と慰安の方向と程度）」を参考にしながら役割分析を行うのも、一つの有効な方法であると考えます。

　意思決定支援においても、インフォーマル・サポートとフォーマル・サポートの連携は重要です。「ソーシャルサポート・ネットワーク分析マップ」の特徴は、「支援ニーズと支援者の役割に着目」しながら、フォーマルである公的資源とインフォーマルな資源（家族・友人知人・地域）が書き込めるようにした点です。本人の意思決定支援にかかわる周辺の関係者の状況をソーシャルサポート・ネットワークとしてとらえたうえで、本人との関係性を三重の同心円上に配置し図示します。図として「見える化」し本人を支援する支援者や支援機関をマップ上で確認することによって、潜在的な支援体制の再構築など、本人の持っているリソースを最大限に活かすことができます。また、今後の意思決定支援に最適な、支援者との関係構築をイメージすることに役立ちます。個別の意思決定支援場面にお

3　マグワァイアについては、L．マグワァイア（小松源助＝稲沢公一訳）『対人援助のためのソーシャルサポートシステム基礎理論と実践課題』（川島書店、1994年）があります。同書のなかで、ソーシャルサポートをより正確に、能率的に明確にする方法として、「クライエントのソーシャルサポートネットワークを明示するための図」として３つの同心円を引きクライエントの名前を真中に書き入れ、外側の円は３つのパイ形のくさびに切り、「友人」「家族」「その他」に分類した図を提示しています。また「個人ネットワークアセスメント用具」（1983年）としてソーシャルサポートを一覧表にして分析する方法を提示しています。

いて、チームアプローチの中での支援者自身のあるべき役割を確認するものとしても、有効に活用できるものと考えます。さらに、支援ニーズと支援者の役割に着目しながら役割分析をすることで、関係者への働きかけもより具体化されると考えます。「ソーシャルサポート・ネットワーク分析マップ」は、本人を支える支援者を全体でとらえ、有効な支援体制を構築・再構築して、本人の意思決定支援に役立てることを目的としています。

記入したマップをもとに、ソーシャルサポート・ネットワークの分析をすることが重要です。「本人はどのようなニーズをもつのだろうか」ということを考え、高齢者の場合、認知症や、施設入所という環境変化によってどのようなサポートを喪失し、その結果どのようなことが生じやすいか、それに対応するためにどのようなサポートが必要かを考えて、個人のニーズと可能なサポートをマッチングすることになります。本人にはどんな潜在的サポートがあるのかを同定し認識できれば、新たなサポートを見出すことも可能となります。

ソーシャルサポート・ネットワークの中では、個人は果たすべきいくつかの役割をもっています。役割分析を活用することによって、本人にとっての公的サービスや周囲にいる人々の私的な支援の適切さを判断することが可能となり、その時に最適なソーシャルサポート機能を考えながら支援ができるようになります。そして、同時に「今、私たちが行っている支援は本人にとって、どのような役割を果たしているのか」を確認することができます。支援者が常に自らの行っている支援の意味を自身に問いかけ、ソーシャルサポート・ネットワークにおける自らの役割（ソーシャルサポート）を自覚し確認するために活用します。

(5) 「ソーシャルサポート・ネットワーク分析マップ」の記入方法

次頁の〈図2−5〉で説明します。

(6) 「ソーシャルサポート・ネットワーク分析マップ」に関するＱ＆Ａ

Q7 マップには実際に支援をしている人や組織のみを書くのでしょうか。実際には支援をしていなくても、本人にとっては心の拠り所となっている人や物があります。

A7 重要な指摘です。本人が受けているソーシャルサポートをアセスメントするために、今現在、実際に支援をしている人や組織の存在を書くことはもちろんですが、実際には支援をしていなくても本人にとって重要な意味のある存在があれば記入します。本人の人生や生活を深く理解することにつながるからです。たとえば、家族との記念写真や思い出の品、両親の墓などは、本人にとっては家族という「人」を象徴する「物」です。これらが強い心の拠り所になっている場合は、その「物」自体がソーシャルサポート6つの機能（34頁〔表2−1〕参照）の「自己評価サポート」や「地位のサポート」となっているととらえることもできます。

また、名前を付けていつも持ち歩き、語りかけている人形や、ペットなどがいれば、本人にとっては意味のある存在として記入します。宗教や信仰、それを象徴する神社、寺院、教会なども、本人の人生や生活に不可欠な存在であれば尊重します。あるいは大好きな歌

〈図2−5〉 「ソーシャルサポート・ネットワーク分析マップ」の記入方法

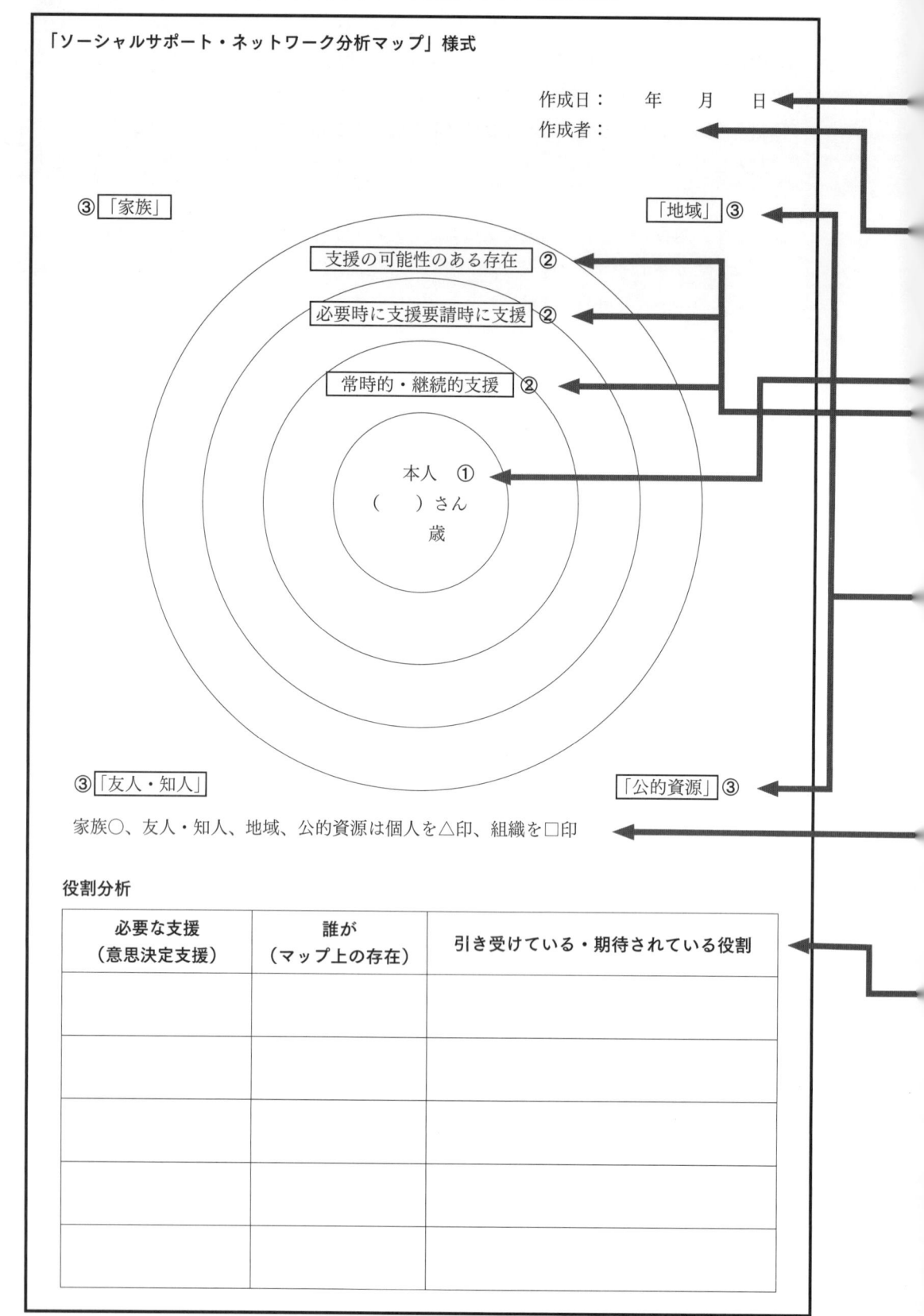

「ソーシャルサポート・ネットワーク分析マップ」様式

作成日：　　年　　月　　日
作成者：

③「家族」　　　　　　　　　　　　　　　　　　　　　　「地域」③

支援の可能性のある存在 ②

必要時に支援要請時に支援 ②

常時的・継続的支援 ②

本人　①
（　　）さん
歳

③「友人・知人」　　　　　　　　　　　　　　　　　「公的資源」③

家族〇、友人・知人、地域、公的資源は個人を△印、組織を□印

役割分析

必要な支援 （意思決定支援）	誰が （マップ上の存在）	引き受けている・期待されている役割

（註）　様式のデータは、本会権利擁護センター「ぱあとなあ」のホームページ〈www.jacsw.or.jp/12_seinenkoken/〉参照。

意思決定支援のステップ1 「ソーシャルサポート・ネットワーク分析マップ」
本人を知る、環境を知る、関係性を分析し支援チームを作る

作成した年月日は、必ず記入します。後日、再度作成する時に、ソーシャルサポート・ネットワークがどのように変化したのか分析する際、重要な情報になります。

作成者は「"今回の"意思決定支援のプロセスを責任を持って進めることができる人」です。本人、または支援者の中の適任者が作成者になります。マップの作成は可能な限り本人といっしょに行い、作成日における関係者や支援者の情報について、本人の視点から記入します。

＜マップ作成の作業手順＞
①三重の同心円の真ん中に本人を書き
②支援が日常に近い人ほど円の中心になるように
「常時的・継続的支援」ができる人、「必要時に支援要請時に支援」ができる人、「支援の可能性のある存在」というように書いていきます。どの位置が適当かは、本人と確認しながら、あるいは得られた情報に基づき、本人との関係性（本人からみたらどういう存在か）を考慮して記入します。

③「家族」、「友人・知人」、「地域」、「公的資源」というように、4つの象限を意識しながら記入します。一般的には、家族、友人、近隣、ボランティアなどによる援助をインフォーマル・サポート、公的機関や医療・福祉等のサービス提供機関、さまざまな専門職による援助をフォーマル・サポートといいます。どの象限に記入することが適当か迷ったときは、本人からみた関係性を考慮して記入します。どこに書くのが正解、不正解ということはありません。本人からみたらどういう存在かを考えながら、本人にかかわる人や組織の状況が浮かび上がるように記入します。

家族は○印、友人・知人、地域、公的資源は個人を△印、組織を□印で表します。
今よりもっと支援が強くなる（近しくなる）と好ましいと思う人がいたら、どのくらいの位置まで支援があったらよいかを矢印で書いて示してみます。反対に、支援が遠ざかってしまった人なども矢印で示すことができます。具体的な記載例は、第3章を参照してください。

上記マップに示した人たちの中で、必要な支援（意思決定支援）に関するそれぞれの場面で、実際に誰がどのような役割を引き受けているのか、また今後の可能性を確認します。
・分析の場面を特定します。
・誰（マップ上の存在）にどのような役割が期待できるのか、役割を意識しながら記入します。
・潜在する支援ネットワークを可視化し、場面ごとに支援者を確認します。
・支援者ごとに、現在引き受けている役割と期待される役割を記述します。
・役割については、「ソーシャルサポート6つの機能」（34頁〔表2-1〕参照）に照らして分析するのも一つの方法です（必ず当てはめなければならないということではありません）。
具体的な記載例は、第3章を参照してください。

手のポスターやCDなどの「物」を大切にしている場合、その「物」が象徴する歌手という「人」が「モチベーションのサポート」となっていると考えることができます。大好きな歌手が直接本人の支援にかかわることはないとしても、「物」を大切にすることで、その人の存在を励みにして生活に張りが出て、目標が持てるということがあります。もちろん、家族・両親・歌手等を「人」、宗教や信仰、寺院等を「組織」としてとらえることも可能です。

肝心なことは、本人が心の拠り所としている「人」や「物」を本人の生活には欠くことのできないリソース（資源）ととらえ、本人にとってどのような意味のある存在なのか、本人の人生や生活にどれだけかけがえのない存在になっているのかを理解しようとすることです。「ソーシャルサポート・ネットワーク分析マップ」に、これを書いてはいけないというルールはありません。大切なことは、本人と話をしながら、本人の目線から見ると周りの「人」や「物」がどのように見えているのかを知ろうとすることです。

Q8 「ソーシャルサポート・ネットワーク分析マップ」の3つの同心円、4つの象限のどこに記入すればよいか迷うことがあります。記入するうえでのポイントは何ですか。

A8 ソーシャルワーク実践の場では、しばしば「エコマップ」（本人の周辺の社会資源や環境との関係を図示するマップ）を用います。「ソーシャルサポート・ネットワーク分析マップ」もエコマップの一種ですが、3つの同心円で関係性を、4つの象限で社会資源や関係者を分類して示すことで、関係性に関する一覧性を高め、本人との関係をよりわかりやすくし分析しやすくするものです。「ソーシャルサポート・ネットワーク分析マップ」では、どこに記入すればよいか迷うこともあると思われます。迷ったときは、本人からみたらどういう存在かを基準にしてください。

たとえば、地域のボランティアは「地域」の象限に書くことが多いと思われますが、あるボランティアとは長年の付き合いで関係性が深く、本人にとっては友人と同義であると思われるときは、そのボランティアを「友人」の象限に書くこともできます。そのボランティアとのかかわりは月1回程度だとすると、支援者からみたら「必要時に支援要請時に支援」の円が適当と思われる場合でも、本人にとってはいつも頼りになる身近な存在であれば、「常時的・継続的支援」の円に書くこともできます。

どこに書くのが正解、どこに書くと不正解ということはありません。大切なことは、本人と話をしながら、本人の目線からみると周りの「人」や「物」がどのようにみえているのかを知ろうとすることです。マップを作成する作業を通して、本人からみた周りの状況と、作成者からみた状況（作成者の解釈）とが違うことに気づくことは、本人をより深く理解するうえで大変意味があります。マップがある種の本人とのコミュニケーションツールになれば、大変有効に機能したことになります。本人といっしょに作成するのが難しい場合は、作成者が得ている情報をマップにする作業を通して、本人の状況をアセスメント（情報を集め整理し分析してニーズを明確にする）するためのツールとして活用してください。

3　意思決定支援のステップ１からステップ２へ進むための準備

(1)　意思決定支援のための話し合いの準備

　意思決定支援のステップ2として、「意思決定支援プロセス見える化シート」を用いた話し合いをしますが、本人を中心とした話し合いを本人主体の意義あるものにするためには、事前準備が欠かせません。〈図2－6〉に、「"今回"の意思決定支援のプロセス」の進行と話し合いの運営に責任を持つ「マップ・シート作成者」が行う、話し合いの事前準備として想定される項目を列挙します。

〈図2－6〉　話し合いの事前準備項目一覧

➢ **話し合いの基本設計**

□どんな事柄に関する意思決定支援の話し合いが必要か。それはなぜか。

□本人はその意思決定支援および話し合いをどのようにとらえているか。

□緊急度は高いか低いか。どの程度期間をかけて取り組むことが可能か。

□話し合いは、いつ、どこで行うことが適当か。

□話し合いの参加者には誰が必要か。

➢ **事前説明と情報収集および打ち合わせ**

□本人への話し合いの趣旨説明と参加依頼を、いつ、どのように行うか。

□本人以外の参加者への話し合いの趣旨説明と参加依頼を、いつ、どのように行うか。

□参加者への事前の情報収集が必要か。いつ、誰に、何に関する情報収集を行うのか。その目的は何か。

□本人以外の参加者による事前の情報共有、打ち合わせが必要か。いつ、誰と、何に関する情報共有を行うのか。どんな打ち合わせを行うのか。その目的は何か。

□参加者以外の関係者への情報収集が必要か。いつ、誰に、何を確認するのか。

□本人へ提供すると役に立つと思われる情報の収集。

➢ **話し合いの場の環境整備と役割分担**

□本人が必要な合理的配慮（物理的環境、コミュニケーション方法等）は何か。どのように準備をするか。

□使用する資料の準備。本人が理解しやすい資料の作成（ルビをふる・平易な言葉で作成する等の工夫をした「わかりやすい版」や「簡易版」「拡大版」等）。

□わかりやすい情報提供の工夫（パンフレット・絵・写真・映像資料等）。

□話し合いの進行と内容の理解をわかりやすくするための「見える化」の工夫と、必要な道具、機材等の準備（ホワイトボード・マーカー・模造紙・付箋・色紙・パソコン・プロジェクター等）。

□話し合いの司会進行役、記録役、本人の発言を主としてサポートする役（代弁者役）等、参加者の役割分担の確認と、それに応じた座る位置の確認。

〈図２−７〉に、知的障害のある本人を想定した、意思決定支援の話し合いの趣旨をわかりやすく説明するための資料の一例を提示します。あくまでも本人に合わせた、オーダーメイドの準備が必要です。本人の理解度に合わせて作成する際の、一つの参考としてください。

〈図２−７〉　本人向け趣旨説明「わかりやすい版」参考例

○年○月○日　○時から○時、○○の会議室で、

○○さんの　意思決定を　お手伝いする　話し合いを　します。

意思決定とは、○○さんが　自分のことを　自分で決める　ことです。

○○さんが　今　困っていることや、これから　やりたいことを　聞かせてください。

皆で　○○さんの　話を聞いて、どうすれば　実現できるか、一緒に　考えます。

説明が　わからないときは、わからないと　教えて　ください。

いやなことは、いやだと　教えて　ください。

やってみたいことは、やってみたいと　教えて　ください。

一回で　決めなくても　だいじょうぶです。

何度も　話し合って、○○さんが　一番良いと　思うことを　決めて　ください。

皆で、○○さんが　自分で　決めるための　お手伝いを　します。

(注)　「わかりやすい情報提供に関するガイドライン」（厚生労働省平成27年度障害者総合福祉推進事業により社会福祉法人大阪手をつなぐ育成会が作成）を参照して作成しました〈https://www.mhlw.go.jp/seisakunitsuite/bunya/hukushi_kaigo/shougaishahukushi/dl/171020-01.pdf〉。

　話し合いを始める際、参加者が席に着いた時点で、本人の状況に合わせて話し合いの趣旨をわかりやすく説明することで、本人以外の参加者も自分がどういう姿勢で話し合いに参加すればよいのかを確認することができます。話し合いのときに参加者全員が見えるところに貼り出しておくと、本人主体の話し合いになっているか点検することもできます。

　何を話し合うのか、本人に話し合いの内容をわかりやすく伝えることはもちろんですが、「わからないことをわからないと言える」、「やりたいことをやりたいと言える」、「いやなことをいやと言える」ことは本人の権利であることをわかりやすい言葉で伝えることは、支援者側の権利擁護実践としても、また本人のエンパワメントを促すかかわりとしても、欠かすことのできない重要なポイントであると考えます。

(2) 話し合いの準備に関するＱ＆Ａ

Q9 どのようなときに「意思決定支援プロセス見える化シート」を使った話し合いをするのですか。

A9 意思決定の場面は、日常の小さなことから人生にかかわる重要なことまで、実にさまざまですが、特に人生や生活における重要な意思決定を支援する際には、本シートを活用した話し合いを丁寧に行うことが必要であると考えます。本人の意思決定に本人が関与せず、いつ、誰が決定したかが不明確なまま、あるいはかかわる人々の暗黙の了解のうちに、本人に関する重要な事柄が決まってしまうことは大きな問題です。本人が支援を受けながら選択肢に関する十分な情報を得て、自分で決める機会が保障され、本人が決めることが尊重されることが重要です。

Q10 いきなり話し合いを開催しても、そこで重要な意思決定をするのは難しいのではないでしょうか。意思決定を支援できるような話し合いを行うには、どのような点に留意する必要がありますか。

A10 ある日突然、何の説明もなく話し合いの場を設けられて、「これから生活する場所はグループホームにしますか。施設にしますか」と二者択一を迫られても、決めることはできません。一方が選択されたとして、確かにそれも本人の意思表示には違いありませんが、選択肢の内容を理解して熟慮の結果なされた意思決定であるとはいえません。話し合いを設定する以前に、話し合いのテーマにかかわる意思決定について、本人と支援者がどのようなやりとりをしているかは重要なポイントです。

また何のための話し合いをするのかを、本人および参加者に丁寧に説明して了解を得ることは不可欠です。小さなことでも、日常生活の場面で本人が意思決定をする機会が保障され、自分のことは自分で決めることを日頃から体験しているかどうかも重要な要素です。本人の理解力やコミュニケーション能力、自分の人生や生活に対する考え方、周りの人々との関係性も大きく影響します。これらを配慮しながら、本人に早急に決断を迫ることがないよう、短絡的に結論を急ぐことがないよう留意する必要があります。

本人が選択肢に関する情報を得て、考えるプロセスを支援者が共有するという話し合いができることが重要です。

Q11 本人以外の参加者との事前打ち合わせは、何のためにするのでしょうか。事前打ち合わせのポイントは何ですか。

A11 まず重要なことは、話し合いの目的を共通認識することです。本人の話を聴くことが話し合いの最大の目的であり、本人が安心して話ができるようチームで支援することを確認します。次に、必要に応じて、参加者（支援者）間で把握している情報を交換します。その情報は、話し合いの場でも本人にわかりやすく報告し確認します

が、話し合いの場が参加者（支援者）間の情報交換の場になってしまい、その間本人が話に参加できないということがないよう、必要に応じて事前に実施しておくということです。

それを踏まえ、最大のポイントである話し合いのテーマについて、どのように設定すれば本人の意思決定支援の観点からのテーマ設定となるのか、話し合いの目的の共通認識を図るうえでも検討しておくことは重要です。さらに、話し合いで本人に説明すると役立つと思われる情報について、誰が何を用意するかも決めておきます。話し合いの役割分担も確認します。

4 「意思決定支援プロセス見える化シート」
──意思決定支援のステップ2──

(1) 「意思決定支援プロセス見える化シート」の目的と構成

「意思決定支援プロセス見える化シート」は、本人の意思を確認し、どうすれば本人の希望を実現することができるかを検討するための、本人参加を基本とした話し合いで用います。話し合いでは、誰もが安心して意見を言うことができ、意見の相違も含めて認め合うことが求められます。特に本人が意思を表明できるよう促し、本人の思いに参加者が真摯に耳を傾ける姿勢が重要です。本人以外の参加者同士で話をするのではなく、常に本人に向かって話しかけるようにし、極力専門用語は使わず、本人にわかりやすい言葉を使います。話し合いの内容はシートに記録し、本人が内容を確認することが基本です。

「意思決定支援プロセス見える化シート」が本来の目的に沿って用いられるようにするため、冒頭に「本ツールを活用した意思決定支援の7原則」（27頁〈図2−3〉参照）に基づき、話し合いの趣旨を確認する部分を設けました。話し合いを始める際、本人および参加者で話し合いの目的を確認することから始めます。一つひとつ読み上げて、確認しながらチェックマークを入れていくとよいでしょう。

この「意思決定支援プロセス見える化シート」は、ご本人の意思を確認し、ご本人の希望をどうすれば実現できるかを話し合うために使います。

□意思決定の主体は本人です。意思決定とは、本人が自分のことを自分で決めることです。

□支援者が代わりに決めたり、良いと考える方法を強要したり、決めることを強制したりしません。

□本人を中心とした話し合いになるようにします。話し合いの内容は記録します。

□話し合いで決まったことを実行してみて再度話し合い、より良い方法がないか見直します。

□一度の話し合いで結論を出す必要はありません。必要に応じて話し合いを繰り返し行います。

末尾には振り返りのためのチェック項目を掲げました。チェック項目は、話し合いに参加する支援者がしばしば陥りやすい、「意思決定支援プロセス見える化シート」の趣旨が

反映されていない用い方です。話し合いを終わるときに、本来の趣旨に沿った話し合いができたかどうかを振り返るチェック項目として活用してください。その際、ただ事務的に「〜していないから大丈夫」とチェックマークを入れるのではなく、一つひとつの項目を吟味しながら話し合いを振り返り、課題があると考えられる部分にはチェックマークを入れずにおきます。なぜなら、意思決定支援の話し合いは容易にできるものではなく、どれほど趣旨に沿って行おうとしても、参加者が判断に迷ったりジレンマを感じたりする場面が必ずあるからです。その課題を参加者が共有して、次の話し合いにつなげることが重要です。

> ご本人の意思を確認し、ご本人の希望をどうすれば実現できるか話し合いができましたか？ 最後にもう一度、以下のような話し合いになっていないか、確認しましょう。
> □本人以外の関係者の問題を本人の問題としてすり替えていないか
> □本人の言葉をそのまま本人の自己決定と捉えていないか、本人の自己責任に帰していないか
> □支援のしやすさを優先していないか、支援者のための根拠付けになっていないか
> □サービス先にありきの、既存のサービスを当てはめるだけの検討に終わっていないか
> □結論が先にありきになっていないか、後付けの根拠資料として使われていないか

　「意思決定支援プロセス見える化シート」は三部構成で、それぞれのシートが順に意思決定支援のプロセスになっています。シートに沿って検討していくことで、必要なステップを踏むことができるように構成されています（〈図2−8〉参照）。

〈図2−8〉 「意思決定支援プロセス見える化シート」を用いた意思決定支援の話し合いのプロセス

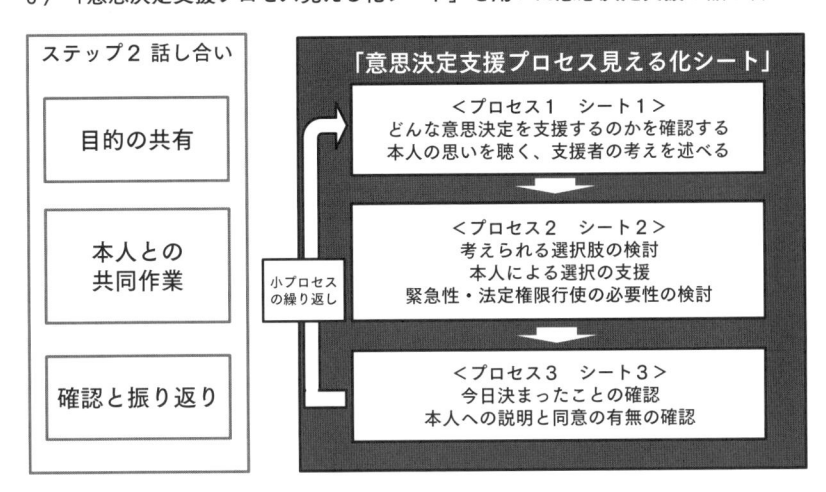

(2) 「意思決定支援プロセス見える化シート」の記入方法と話し合いの留意点

　次頁以下の〈図2−9〉で説明します。

〈図2－9〉「意思決定支援プロセス見える化シート」の記入方法と話し合いの留意点

「意思決定支援プロセス見える化シート」様式

この「意思決定支援プロセス見える化シート」は、ご本人の意思を確認し、ご本人の希望を
どうすれば実現できるかを話し合うために使います。
　□意思決定の主体は本人です。意思決定とは、本人が自分のことを自分で決めることです。
　□支援者が代わりに決めたり、良いと考える方法を強要したり、決めることを強制したりしません。
　□本人を中心とした話し合いになるようにします。話し合いの内容は記録します。
　□話し合いで決まったことを実行してみて再度話し合い、より良い方法がないか見直します。
　□一度の話し合いで結論を出す必要はありません。必要に応じて話し合いを繰り返し行います。

シート1－①　このシートのテーマまたは検討課題　　第　　回　　　通算シートNo.

シート1－②　シート作成者（職名及び氏名）

シート1－③　今日の話し合い　　年　　月　　日　　時　～　時　　場所

シート1－④　今日の参加者名

シート1－⑤　○○さんの思い（このシートのテーマまたは検討課題に関する本人の希望や意見）

シート1－⑥　○○さん以外の参加者及び関係者の意見

意見を言った人	このシートのテーマまたは検討課題についての意見

（注）　様式のデータは、本会権利擁護センター「ぱあとなあ」のホームページ〈www.jacsw.or.jp/12_seinenkoken/〉参照。

意思決定支援のステップ2　＜プロセス1　シート1＞

どんな意思決定を支援するのかを確認する→本人の思いを聴く、支援者の考えを述べる

話し合いを始めるときに、参加者全員で話し合いの目的を確認します。項目を一つひとつ読み上げて、内容を確認しながらチェックマークを入れるとよいでしょう。話し合いでは、本人に向かってわかりやすい言葉で話します。シートへの記載は本人にわかりやすい言葉を用い、記載内容を本人に確認してもらうことが基本です。

同一テーマ・課題を複数回かけて検討する場合、何回目の検討なのかを記入します。通算シートNo.は「その人」について作成したシートの通し番号を記入します。貴重な経過記録になります。

重要ポイント！　テーマまたは検討課題の設定は、本人の意思決定の観点から設定します。支援者から見た「課題」ではなく、本人の「思い」を文章にします。そのためには、本人を主語にした文章を考えてみましょう。本人にそのまま語り掛けられる文章にしましょう。

作成者は「"今回の"意思決定支援のプロセスを責任を持って進めることができる人」です。本人がチームを集めて作成者になることもできますし、支援者の中の適任者が作成者になることもできます。

本人が参加しやすい時間と場所を設定します。

本人の参加が原則です。他には本人の意思決定を支援するチームから、意思決定をする内容に関する情報を持っている人、意見を持っている人の参加を検討します。本人が信頼している人、本人が参加をして欲しいと思う人、本人の思いを代弁できる人には、必ず参加してもらいます。

このシートでは、「○○さん」と本人の氏名を記載します。意思決定の主体が、他の誰でもない「○○さん」本人であること、参加している本人に向かって話をすることを、参加者が常に意識するためです。

重要ポイント！　【本人の主観的意見】

意思決定をする内容について表明された本人の思い、希望、願いを、正確に記載します。本人の思いが明確ではない場合、どのように確認したのか、その方法とそれに対する本人の反応を記載します。確認できない場合はその理由を書きます。

【客観的意見】

意思決定をする内容に関する参加者の意見を記入します。

話し合いに参加していない支援者や関係者の情報でも、重要な情報であれば、誰の意見なのか、誰からの情報なのか、誰が聴き取ったのかを明確にしたうえで、記載します。関係者には家族、福祉関係者、医療関係者、行政、友人・知人、成年後見人等などが想定され、意思決定の内容にかかわるすべての人を含みます。

本人が誰の意見を聞きたいかも尊重します。家族は本人と意見が異なることもありますが、本人に関する情報を持っています。

参加者・関係者の意見が本人の意見と異なる場合は、その理由となる具体的事実を記入します。代弁者としての発言も、なぜそういえるのか根拠を記入します。発言の根拠として、今までどのような方法をとってきたのか、本人の側に立ったどのような支援の結果なのかを記録します。

シート 2 −①　○○さんの思い（シート 1 −⑤に記載した内容）に沿って、これから何をすれば良いか話し合います。そのうち今日話し合うことは、○○さんの●●について

シート 2 −②　○○さんの思いに沿って●●（シート 2 −①に記載した内容）がどうすればできるか、その方法を考えます。

考えられる方法(情報)	誰が	どのように伝えたか	○○さんの希望、思い（反応）
1			
2			
3			
4			
5			

シート 2 −③　シート 2 −②で話し合った方法について、○○さんはどうしたいか

シート 2 −④　シート 2 −③で、○○さんが自分で決めるのが難しい場合、その状況

シート 2 −⑤　○○さんの●●（シート 2 −①に記載した内容）について、いつまでに決める必要があるか

シート 2 −⑥　○○さんの●●（シート 2 −①に記載した内容）について、後見人等が代理権等を行使する必要があるか。ある場合、その理由は何か。

㊟　様式のデータは、本会権利擁護センター「ぱあとなあ」のホームページ〈www.jacsw.or.jp/12_seinenkoken/〉参照。

意思決定支援のステップ2　＜プロセス2　シート2＞

考えられる選択肢の検討→本人による選択の支援→緊急性・法定権限行使の必要性の検討

重要ポイント！　今日これから検討することは何かを、本人の意思決定を支援する観点から記載します。シート1－⑤に記載した「本人の思い」の内容に再度立ち返って、その思いに沿って「今日は」何を検討するのかを具体的に決めます。必ずしも一度の話し合いで結論を出す必要はありません。小さなステップを重ねて丁寧にプロセスをふむことが重要です。「本人の思い」が明確でない場合は、どうしたら「本人の思い」を支援者が少しでも知ることができるかをテーマにすることもできます。

重要ポイント！　シート2－①で設定した、「今日これから話し合うこと」について、どうすればそれが実現できるか、実現のためには何を検討する必要があるのかなど、考えられる方法を本人といっしょに考えます。

その方法を本人にわかりやすく伝えて、どう思うかを話してもらいます。

誰がどのように伝えたのか、伝えた内容や方法をできるだけ正確に、要約して記録します。

伝えたときの本人の希望、思い、疑問や不安など、本人の言葉や反応をできるだけ正確に、要約して記録します。

リスクがあるという理由で、初めから除外はしません。どんなリスクがあるのか検討します。

やってみる、様子をみる、違うやり方を試すことも選択肢として検討します。

本人が選択肢に関する情報を得て、チャレンジできる可能性を考えます。

社会資源の状況等により限界がある場合も、それをどう検討したのか記録し、既存のサービスを当てはめることのみに終始せず、できる限り自由な発想で実現可能性を探ります。

「～だからできない、～だから無理」という理由を探すのではなく、「どうすればできるか」を本人といっしょに考えます。

シート2－②で検討した方法のうち、本人は何を選択したいか、本人の自己選択、自己決定を支援します。支援者が強要、強制をしないように留意します。

「今のままがいい」、「想定された選択肢以外の選択肢を選ぶ」、「わからない」という結論も大切です。わからないことが明確になることに意味があります。

シート2－③で自分で決めるのが難しいという状況がある場合、具体的にどういう状況なのかを記載します。選択肢を理解することが難しいのか、迷っていて考える時間が必要なのか、意思表示を支援者が理解することが難しいのか等々、シート2－③で問われたときの本人の言葉や反応を具体的に記載します。そのうえで、今日決める必要があるかどうかを確認して、今後の方針を検討します。

緊急度を確認します。緊急度が低い場合は、再度話し合いをする機会を設定することを検討します。緊急度が高い場合は、考えられる選択肢から「今日は」何を選択するかを検討し、試行することを確認します。

成年後見人等が選任されているか否かにかかわらず、成年後見人等が代理権等を行使する必要性の有無を確認します。成年後見人等としての権限行使が必要という判断に至る検討のプロセスとその根拠が、ここまでの経過に記載されているか、確認します。

○○さんの●● (シート 2 −①に記載した内容) について、今日決まったこと (シート 2 で確認したこと)

シート 3 −①　今日決まったこと

シート 3 −②　今日決まったこと (シート 3 −①に記載した内容) について、本人への説明と同意の状況

シート 3 −③　今日決まったこと (シート 3 −①に記載した内容) を実行するための役割分担と、本人への説明と同意の状況

誰が	いつまでに、何をやるのか	本人への説明と同意の状況

シート 3 −④　やってみてからもう一度考えるのは　　　年　　月　　日　　時 ～　　時

- -

実施結果

課題

⇒しばらくしてから状況を確認する必要性　　□あり→いつ頃　　　　　　　□なし

ご本人の意思を確認し、ご本人の希望をどうすれば実現できるか話し合いができましたか？最後にもう一度、以下のような話し合いになっていないか、確認しましょう。
□本人以外の関係者の問題を本人の問題としてすり替えていないか □本人の言葉をそのまま本人の自己決定と捉えていないか、本人の自己責任に帰していないか □支援のしやすさを優先していないか、支援者のための根拠付けになっていないか □サービス先にありきの、既存のサービスを当てはめるだけの検討に終わっていないか □結論が先にありきになっていないか、後付けの根拠資料として使われていないか

(注)　様式のデータは、本会権利擁護センター「ぱあとなあ」のホームページ〈www.jacsw.or.jp/12_seinenkoken/〉参照。

意思決定支援のステップ2 ＜プロセス3　シート3＞
今日決まったことの確認→本人への説明と同意の有無の確認

重要ポイント！　シート2での検討の結果、「今日決まったこと」を具体的に記載します。シート2の検討の過程で、シート2の冒頭で設定したテーマと「今日決まったこと」が変わる場合もあり得ますが、今日確認できたこととして結果を書きます。そのうえで、今日決める必要があることかどうかを再度確認します。

　今日は具体的なことが決められない場合は「決めなかった」という結果を記載し、次にどうするか次の方法を確認して記載します。本人が決めるのが難しい場合はその状況を記載します。本人以外の参加者が話し合いを経て確認したことがあれば、「今日は誰が何をどのように決めたのか」を記載し、協議の結果として確認したことに参加者は責任を持ちます。反対意見があれば、同様に記載します。

重要ポイント！　今日決まったことを本人にわかりやすく説明して、本人の意向に沿う内容かどうか、同意が得られるかどうかを本人に確認します。説明＝同意ではありません。また、同意を強制することがないよう留意が必要です。ここでは説明したことに対する本人の言葉や反応を具体的に記載し、「内容を理解したうえで納得し了解した」といえるのかどうかを吟味します。単に「同意を得た」と記載するのではなく、具体的にどのような本人の言葉や反応から「同意が得られた」と判断したのかがわかるように記載します。また「同意を得たとはいえない」と判断した場合も同様に、具体的にどのような本人の言葉や反応から判断したのかを記載します。形式的な同意ではなく、実質的な同意の有無をどう判断したのかが極めて重要です。

　「今日決まったこと」について、誰がいつまでに何をするのか、役割分担を確認します。決まったことは実行するよう努めます。そのためには実行可能な内容を具体的に決めることが必要です。

　「今日決まったこと」について、役割分担に沿って実施した結果を、次はいつ話し合うのか決めます。

　「実施結果」と「課題」の欄は、このシートに関する意思決定が完了し、意思決定支援が終了となった場合に、これまでの意思決定支援が最終的にどのような結果で終了したのかを記録するために設けました。「⇒しばらくしてから状況を確認する必要性」の欄は、いったん意思決定支援が終了しても、再度状況を確認する必要があるかどうかを確認するために設けました。

　また、意思決定支援のプロセスの途上においても、次のような使い方ができます。
　① 今日の話し合いの「実施結果」と「課題」を記入して、次の話し合いにつなげる（シート作成日に記載）。
　② 今日の話し合いで決まったこと（シート3－①②③の内容）を、シート3－④で決めた期日までに実行し、その実施結果を次の話し合いで確認して記入する（後日記載）。
　いずれも、意思決定支援のプロセスを意識して、次の話し合いにつなげる、やってみてどうだったかを確認するための欄であり、状況に応じた活用が可能です。なお、記載日を必ず書いておくとよいでしょう。

　話し合いを終わるときに、参加者全員でシートに沿った話し合いができたかどうかを振り返ります。事務的にチェックマークを入れるのではなく、項目を吟味しながら振り返りをしたという事実を確認するためにチェックマークを入れます。また、課題があったと考えられる部分にはチェックマークを入れないで、課題があることをわかるようにしておきます。意思決定支援の話し合いでは、参加者が判断に迷ったりジレンマを感じたりする場面が必ずあります。話し合いにおける課題を共有して、次の話し合いにつなげることが重要です。

(3) 「意思決定支援プロセス見える化シート」に関するQ＆A

> **Q12** 「意思決定支援プロセス見える化シート」は３ページとボリュームがあります。その場で逐一記録をするのは大変です。シートを有効に活用した話し合いのポイントや、記録のポイントはどこでしょうか。

A12 シートの構成自体が意思決定支援のプロセスであり、各シートで外せないポイントがあります。それは、46頁〜51頁の〈図２－９〉のシートの解説で、**重要ポイント！** と記してある、以下の項目です。

シート１－① このシートのテーマまたは検討課題

シート１－⑤ ○○さんの思い

シート２－① ○○さんの思いに沿って、これから何をすれば良いかを話し合います。

シート２－② ○○さんの思いに沿って、どうすればできるか、その方法を考えます。

シート３－① 今日決まったこと

シート３－② 今日決まったことについて、本人への説明と同意の状況

これらの項目を、本人の意思決定支援の観点から話し合うことが、最大のポイントです。話し合う際、記録役がつどシートに記載していくことも一つの方法ですが、参加者全員が自分たちは今何を話しているのか、どんな意見が出ているのかを視覚的に確認できることが、話し合いを意義あるものにしていくためには有効です。したがって、これらのポイントはホワイトボードに書き出す、大きな紙に書いて貼る、出てきた意見は付箋に大きく書いて貼りだす、文字だけではなく絵や写真を併用するなど、「見える化」の工夫があると、話し合いを目的に沿って円滑に進めることができます。

これらのポイントに関する話し合いの内容、確認した内容が明確になれば、シートへの記入は事後的でも問題ありません。シートは、意思決定支援のプロセスを「枠組み」として示したものですので、枠組みの趣旨をよりわかりやすく提示するためであれば、シートを適宜アレンジして構いません。

ただし、話し合いの結果を記録として残していくことは、極めて重要です。事後的でも構いませんので、シートの項目に沿って話し合いで確認できたことを記載していきます。記録は本人を含む参加者への開示と確認が原則です。本人にわかりやすく、また本人が読んでも不快にならないような表現が求められます。話し合った内容、確認した内容の「事実」を、記録した人の意見や解釈を入れずに書くことがポイントです。

> **Q13** 本人の考えと参加者（支援者）の考えが相容れない場合、どうしたらよいでしょうか。また、強い意見がある参加者（支援者）に影響されて、本人の意思決定支援にならなかったり、参加者（支援者）の間で意思決定支援に関する理解にバラつきがあり、話し合いが成り立たない場合は、どうしたらよいでしょうか。

A13 意見の相違があっても、それぞれの意見として確認し記録します。どのような点に相違があるのか、なぜその意見を持つのかを確認することが重要です。

強い意見がある参加者（支援者）には、その意見を主張するだけの理由があるはずです。相容れない意見であっても、その趣旨を聴き、その人の意見として理解を示すことは必要です。

そのうえで、「今日の話し合いはご本人の思いに沿った話し合いなので、さまざまな意見があることはひとまず横に置いて、まずは○○さんの思いに沿って話をしましょう」と促します。あるいは、「ご本人に聞いてみませんか。○○さんはどう思いますか」と本人に発言を促したり、「ご本人はどう感じていると思いますか」と参加者に本人の視点に立って考えてみることを促したりします。

強い意見がある参加者（支援者）は、本人の安心、安全、安定を第一に考えて、本人に良かれと思って発言している場合が多いと考えられますので、他の方法では安心、安全、安定が確保できないのか考えてみます。また、どのような方法にもメリットとデメリットがあるはずですので、その両者を列記してみます。

あるいは本人の安心、安全、安定だと思っていることが、実は発言者自身の安心である場合もあります。本人がリスクを冒してまでチャレンジすることが心配でたまらなかったり、発言者自身が他に選択肢があることを知らなかったり、その選択肢がどういうものかをよく理解していなかったりすることもあります。

そこで、小さな一歩を試してみるというチャレンジを本人ともども体験したり、本人が小さなチャレンジをしてその様子を踏まえて再度考えてみるというように、本人だけでなく参加者（支援者）も小さなステップを踏んで、支援のプロセスを丁寧に繰り返していくことが、意思決定支援の意味を体得することにつながります。意思決定支援とは、本人のみならず、支援者の価値観の変容や支援者自身の能力開発、エンパワメントにもつながる取組みであることを念頭において、一朝一夕に結果を出そうと思わず、根気よく支援者自身の成長も期待していっしょに取り組んでいくという覚悟が必要です。

Q14 本人とコミュニケーションをとるのが難しい状況ですが、本人が話し合いに参加する必要がありますか。また、大人数の話し合いでは本人が緊張して話ができません。本人抜きで話し合いをしてはいけませんか。

A14 意思決定支援の7原則（27頁〈図2-3〉参照）で掲げたとおり、本人の意思決定には本人参加が大前提です。形式的な参加ではなく実質的な参加です。また本人中心の話し合いの場を保障することも基本原則としました。したがって支援者がまず考えなければならないことは、本人を参加させないことではなく、どうすれば実質的な参加が可能になるかです。

コミュニケーションをとるのが難しい場合は、本人が少しでも理解できるような、ありとあらゆる方法を考え、試行することが重要です。本人が理解できない言葉（専門用語）で本人以外の参加者同士が話をしたり、本人が理解できない資料を手渡して説明したことにするなど、実質的に本人は何一つ理解できず、ただそこに座っているだけの形式的な話し合いは、合理的配慮が一切ない障害者権利条約では「差別」ととらえられる話し合いです。

本人の意思表示を理解するのが難しいことは往々にしてありますが、本人の言語表現は

もとより、非言語表現でも発せられた反応を観察して、その様子をありのまま事実として記録するとともに、その反応からどのような意思（快・不快、好き・嫌い）が推察されたかを参加者で確認します。たとえすべての内容を本人が十分に理解できなかったとしても、参加者が本人に話しかけ、本人に話を聞くという場を本人が体験することは、自分が大切にされているという実感が得られる貴重な経験になると考えます。本人は「どうしたいか」と聞かれた経験がないだけで、方法を尽くせば意思表示ができるようになるかもしれません。話し合いの機会を重ねることで、本人の力が引き出されていく可能性があります。

また、一対一では話ができても、大人数の中では萎縮して何も言えなくなってしまう場合もあります。その場合は、全員が一堂に会するのではなく、参加者を小分けにして人数を減らして、小さなステップに分けて複数回行うことも一つの工夫です。参加者の中に、本人が信頼している人が含まれているかどうか、本人がこの人がいると心強いと思える人がいるかどうかを点検することも重要です。

本人が話し合いに参加することが、病状の悪化や精神状態の不安定につながるなど、明らかに本人に不利益がある場合は、支援者が個別に話を聞いてその内容を話し合いの場で本人に代わって報告するということはあり得ます。その場合も、一人が聞いた情報だけではなく、複数の支援者がかかわった情報があることが望まれます。また、本人の居室で短時間の話し合いをするなど、本人に極力負担のない方法で本人が参加できる方法を検討することも必要です。本人が話し合いの場に出ていくことは負担でも、居室を訪ねて話を聞いてもらえることは心強いと感じるかもしれません。

Q15 本人に選択肢を説明しても理解が難しい場合でも、説明する必要がありますか。実際には実現不可能と思われることも、選択肢としてあげる必要があるのでしょうか。本人が過剰な期待をしてしまうリスクがあるので、実行可能な選択肢に絞った方が、本人は選択しやすいのではないでしょうか。

A15 シート 2 −②で考えられる方法を列挙して、本人にわかりやすく説明し、本人の思いを話してもらいます。本人が意思決定を行ううえで、どういう選択肢があり得るのかを知ることは極めて重要で、本人の状況に合わせてでき得る限り理解をしてもらえるよう、ありとあらゆる方法を駆使して説明を試みる必要があります。写真や映像を用いたり、次の話し合いまでの小ステップとして見学してみる、体験してみるということも選択肢を知る方法の一つです。このプロセスをいかに丁寧に行うかは、意思決定支援の全プロセスの中でも中核を占めるといっても過言ではありません。

一度にすべての選択肢を検討する必要はありません。小ステップに分けて、順を追って一つずつ検討すればよく、そのためにはシート 2 −①で「今日は」何を検討するかというテーマを具体的に設定することがポイントです。

実現可能性については、既存のサービスの状況を熟知している福祉関係者が、「サービスがないから無理。○○まではやってもらえないからできない」と判断していることが多いのではないでしょうか。意思決定支援は、既存のサービスでケアパッケージをつくることではありません。どうすれば本人の思いに沿った生活が実現できるかを考えることです。

初めからできないことの理由を探すのではなく、どうすればできるかを考える視点が持てないと、「本人の思いの実現可能性」を削ぐことになりかねません。既存のサービスで対応が難しければ、他にはどのような方法が考えられるかを考えることが求められます。案外、少しの工夫でできることはたくさんあるかもしれません。また、ここでは、選択肢を本人にあてがうという発想ではなく、本人がしてみたいことを引き出すことも重要です。

ただし、実現可能性や既存のサービスの限界、あるいはリスクに関する情報は、本人に伝える必要があります。本人が選択肢を理解するうえでも、良いところばかりでなく難しいところもきちんと知ったうえで選択することが重要だからです。初めからリスクを排除した限られた選択肢を提示して、そこから選ぶのではなく、できうる限りの選択肢を検討する中から「本人の思いの実現可能性」をいっしょに探るのが意思決定支援です。

Q16 本人に選択肢を説明しても明確な意思表示が得られません。どうしても本人の意思をくみ取ることができない場合、誰が何をどのように決めればよいのでしょうか。

A16 まず、本人の意思をくみ取ることが難しいと判断した根拠を明確にできなければなりません。そのように判断するまでに具体的に何をどのように試みたのか、その時々の本人の様子はどうだったのかが記録に残っていることが必要です。そのうえで、本人に関する何について、いつまでに決める必要があるのかを確認します。何らかの方法の選択が必要な状況であれば、参加者（支援者）で協議して、小さなステップとして何らかの方法を試みることを検討します。その方法は本人にとってリスクが少なく、本人が受け入れられる方法であることが重要です。小さなステップとしてその方法を体験した様子を観察して記録し、できうる限り本人からも話を聴き、その結果を持ち寄り再度話し合うという繰り返しの中で、本人の意思（快・不快、好き・嫌い）をくみ取る努力を継続していきます。

Q17 本人の意思表示が時によって変わったり、支援者によって変わったりします。何を本人の意思と理解すればよいか判断に悩みます。

A17 これは誰にでもあり得ることではないでしょうか。その日その時の気分で選択が変わったり、何を選択すべきなのか気持ちが揺れたりすることは誰にでもあります。その「ゆらぎ」にも丁寧に寄り添うことが意思決定支援です。支援者によって意思表示が変わることは、その人との関係性が反映しているのかもしれません。小ステップとして本人が了解できる方法を試してみて、また本人に確認するというプロセスを繰り返すなかで、本人もやりたいこと、やりたくないことがわかってくると考えます。

Q18 本人から「YES」の反応はあったものの、内容を理解したとはいい難い場合、同意したと判断してよいのでしょうか。また、話し合いの終了時には明確な同意が得られましたが、それを本人が覚えていることができません。本人から「NO」の反応、

明らかな拒否があり同意が得られなかった場合は、どうしたらよいでしょうか。

A18 シート3では、今日決まったことを本人に説明して、同意が得られたかどうかを確認します。何をもって「同意が得られた」と判断するのかは、参加者（支援者）にとっては大変悩ましいところです。ここでは、まず、今日決まったことを説明したときの本人の言葉や様子を具体的に記録することが重要です。そのときに参加者（支援者）が「同意が得られた」とはいい難いと判断した本人の様子や、不安や疑念を抱かざるを得ないと感じた本人の様子があれば、具体的な根拠をあげて記録します。同意の有無について慎重に判断することは大変重要なことです。

しかし一方で、「今、ここで」の本人の意思表示は尊重されるべきです。「そのときはそう言った」という事実や、「そのときはそう思った」という意思表示は認められるべきです。したがって、「YES」の反応があった場合は、今日決まったことに基づいて、実際に小ステップを試行してみて、その後でまた話し合いをします。「NO」の反応や明らかな拒否があった場合は、それを強制することはしませんが、あらためて話し合いをすることを提案します。もし「これならやってもよい」という譲歩できることがあるならば、それは試してみることの了解を得て試行してみて、その後でまた話し合いをします。

一回の話し合いで「YES」だった「NO」だったからといって、それで意思決定が完結するわけではありません。何度でも話し合い、試行し、見直すというプロセスを繰り返すことができます。紆余曲折を経ながら、行きつ戻りつしながら、本人が自分の人生や生活の重要な意思決定を自分ですることができるよう、本人に並走しながら支援をしていくことが意思決定支援であると考えます。

特別寄稿

ソーシャルサポートネットワークの分析（アセスメント）とマップの活用

新潟医療福祉大学社会福祉学部社会福祉学科教授　河　野　聖　夫

　ソーシャルサポートネットワークマップ（〈図１〉）は、マグワァイアが開発したアセスメントツールとして知られるものであり、本来はクライエントとともに把握されていく内容を記述することに意義を見出している。

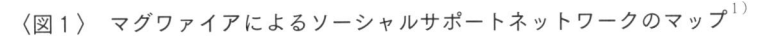

〈図１〉　マグワァイアによるソーシャルサポートネットワークのマップ[1]

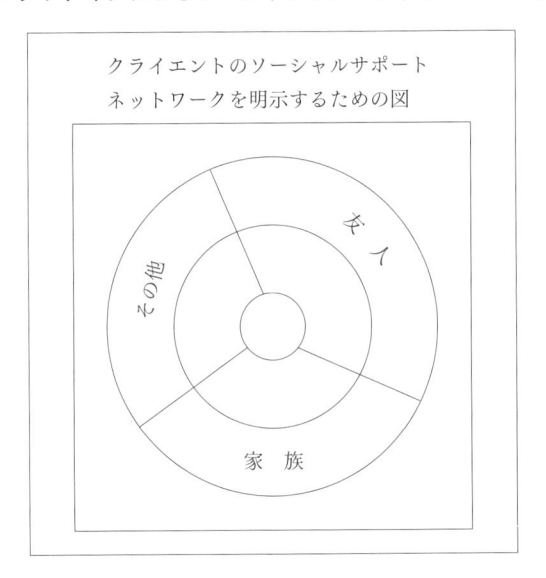

クライエントのソーシャルサポート
ネットワークを明示するための図

その他

友　人

家　族

　私自身がそのマップに強い関心を寄せることになったのは、医療ソーシャルワーカーとしての実践に基づき研究を進める過程において、ネットワーク分析法を活用したことに始まる[2]。それは、マグワァイアによるマップの枠組みがクライエント・システムに関係するネットワークをとらえ、社会的な支援関係の意味を読み取ろうとするうえで有用な示唆を提示していたからである。事例分析を通じた研究では、ネットワーク分析法と役割理論を活用し、それぞれの主要素を組み合わせることで医療ソーシャルワーカーによるネットワーキングの意義をとらえることが主題であった。今思えば当然のことながら、そこでとらえられたネットワークは、医療福祉専門職の連携として認識されるフォーマルなネットワークだけではなく、患者・家族に関係するインフォーマルなネットワークも含まれることになった。この過程を通じて、ソーシャルサポートネットワークへのマグワァイアの

１）　L．マグワァイア（小松源助＝稲沢公一訳）『対人援助のためのソーシャルサポートシステム基礎理論と実践課題』（川島書店、1994年）。

２）　河野聖夫「医療ソーシャルワーカーの支援継続を図るレファラル・モデルの検討」大正大学大学院研究論集第26号186〜198頁（2002年３月）。

視点とその枠組みが、医療ソーシャルワーカーだけではなく広くソーシャルワーカーの実践に有効であると、私自身は強く認識することになった。

しかし、自らの周囲に目を向けてみると、ソーシャルサポートネットワークに関与するソーシャルワークを展開しながらも、ソーシャルサポートシステムの理論やマップを活用している実践者は極めて限られていた。そして、介護保険制度下におけるケアマネジメントの展開も始まる中で、ソーシャルサポートネットワークへの視点はよりその重要性を増していた。そこで、当初は自分自身のソーシャルワークの展開で個人的に活用し始めていたソーシャルサポートネットワーク分析マップ（〈図2〉）を、介護支援専門員向けの実践的ツールの試案として、研修会の機会などを通じて自ら紹介と提案を始めた。それはツールとしての実践的な検証を図るための、実務者への要請でもあった。かくしてマグワァイアによるマップを修正した分析マップの試案は、少しずつ活用が広がり始めた。

〈図2〉 筆者作成のソーシャルサポートネットワーク分析マップ

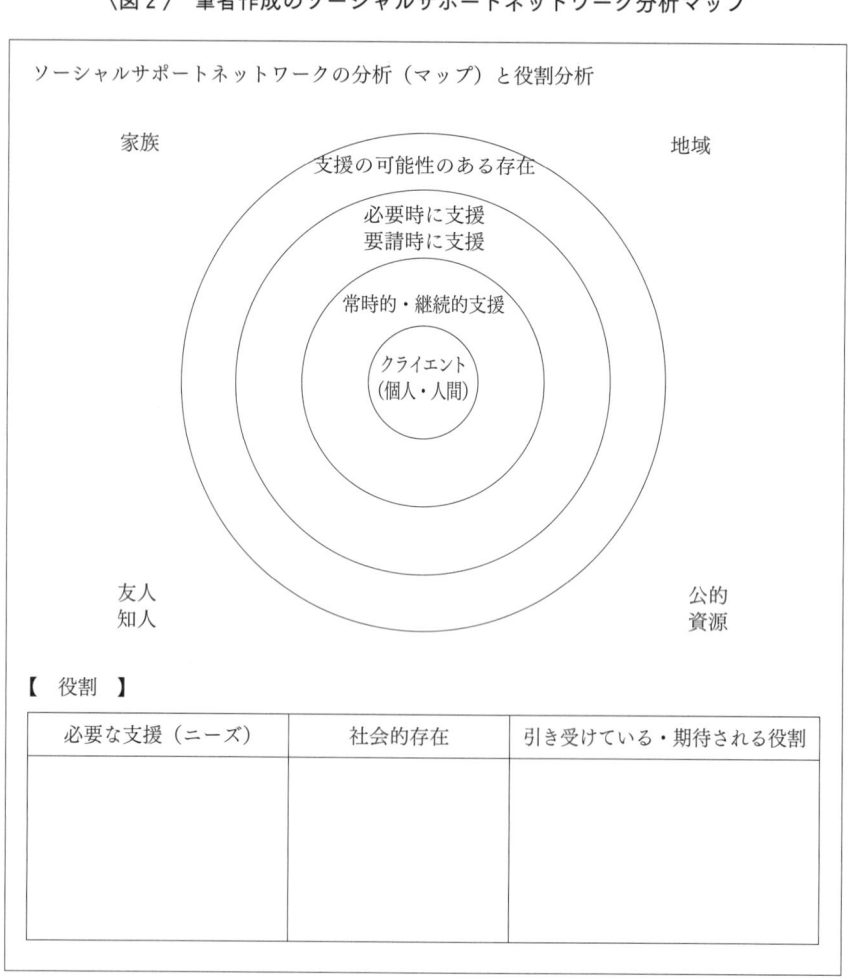

マグワァイアのマップに対する分析マップの相違点は、①家族・友人・その他というインフォーマルな存在に加えて、フォーマルな存在もあわせて記述するようにした点、②枠組みを仕切る境界（線）を廃したこと、③支援の可能性のある存在を位置づける枠組み（外側の円）を追加したことである。また、関係性をより具体的に整理しニーズと社会資源を

結び付けるネットワーキングの構想を言語化するため、役割理論の視点を応用した分析表を新たに追加した。何よりも、援助職者自身を含めたネットワークを読み取り位置づけようとするポジショニング視点に基づく修正であり、インフォーマルな存在と専門職（フォーマルな存在）との協働のバランスを図りたいとの思いによるツールとなっている。ともすると、フォーマルサービスの導入が、クライエントのインフォーマルな関係性を阻害・消失させてしまうような事例、たとえば訪問介護の導入によって近隣からの訪問（買い物支援やゴミ出し支援、見守りなど）が少なくなってしまうというような事態をたくさんみてきたからである。

　活用に向けては若干の解説と訓練を必要とするが、その応用方法は柔軟で多様と思われるし、高校生でも容易に理解して記述できるものになっている[3]。また、実用を重ねてきた中で、支援上の課題や働きかけのターゲットが視覚的にとらえやすく、ニーズ把握にも役立つものになったと考えている。なお、民生委員や駐在所、見守り隊や近隣ボランティアというように、地域や知人等と公的な存在との間で区別に迷う場面もみられ、活用上の課題と改良の余地はまだ残されている。

3）　高校生を対象とした模擬授業で、自らのソーシャルサポートネットワークを振り返ってもらう体験ツールとして活用している。概略ではあるものの、説明を含めて20分程度で記述できている。
　なお、筆者作成のソーシャルサポートネットワーク分析マップの活用例および視点の解説については、以下の文献を参照のこと。
・河野聖夫＝橋本眞紀「相談援助の基礎」22〜32頁（岡山県地域包括・在宅介護支援センター協議会、2011年）
・河野聖夫「OGSVモデルによるスーパービジョン実践の基礎〜臨床像への理解入門編〜」35頁（非営利活動法人ろっきーず、2018年）
・奥川幸子〔監修〕・河野聖夫『スーパービジョンへの招待「OGSVモデル」の考え方と実践』（中央法規出版、2018年）

第3章 「意思決定支援のためのツール」の活用方法

1 事例の概要と読む際の留意点

(1) 事例の概要と提示の目的

第3章では、具体的な事例に即して「意思決定支援のためのツール」の活用例を提示しました。第1の目的は、「意思決定支援のためのツール」を実践で活用できるよう、具体的な記入方法や活用方法を提示することです。第2の目的は、「より望ましい意思決定支援とはどうあるべきか」を議論することです。第2の目的については、「(2) 事例を読む際の留意点」（63頁）で詳しく述べます。

事例は全部で4つです。まず、成年後見活動における活用例として3つの事例を提示しました（事例Aさん・Bさん・Cさん）。また「意思決定支援のためのツール」は、意思決定支援が必要なさまざまな場面で活用が可能な、汎用性の高いツールですので、成年後見活動と（現時点では）直接かかわりはないソーシャルワーク実践の事例を一つ提示しまし

〔表3-1〕 事例の概要

事例	テーマ	意思決定支援の内容	マップ・シート作成者	本人情報シート作成者
Aさん 67頁	発見・気づき・相談から本人にふさわしい成年後見制度利用の検討へ	家族状況の変化に伴う知的障害者の生活環境の再構築にかかわる意思決定支援	社会福祉協議会権利擁護センター相談員社会福祉士	社会福祉協議会権利擁護センター相談員社会福祉士
Bさん 85頁	発見・気づき・相談からの成年後見制度の利用と状態の変化に伴うモニタリング	認知症高齢者の状態に応じた生活環境の調整にかかわる意思決定支援	1　発見・気づき・相談から成年後見制度の利用	
			地域包括支援センター社会福祉士	地域包括支援センター社会福祉士
			2　状態の変化に伴うモニタリング	
			補助人、社会福祉協議会後見支援センター（中核機関）社会福祉士	社会福祉協議会後見支援センター（中核機関）社会福祉士
Cさん 111頁	保佐人の権限行使に関するチームでの検討とモニタリング	高次脳機能障害のある被保佐人が「必要な支援」を「本人との共同作業」で確認する意思決定支援	1　保佐人選任時の支援方法の確認	
			保佐人	なし
			2　「携帯電話の名義貸し」の誘いへの対応	
			保佐人	なし
			3　保佐人の権限の見直しのモニタリング	
			社会福祉協議会（中核機関）社会福祉士	保佐人
Dさん 138頁	社会福祉士のソーシャルワーク実践における活用例	被災者の気持ちに寄り添いながら生活の場の選択を支える意思決定支援	地域包括支援センター社会福祉士	なし

た（事例Dさん）。4つの事例の概要は前頁〔表3－1〕のとおりです。

　「本人情報シート」は最高裁判所が導入し、2019年4月から運用が開始されました。医師の診断書作成の際に、本人の身近なところで職務上の立場から支援をしているソーシャルワーカー等が、本人の生活状況等を客観的に伝えるための参考資料として提出するものです（詳細は序章4（4頁）および巻末【資料17】を参照してください）。

　成年後見活動における3つの活用例（事例Aさん・Bさん・Cさん）のテーマは、「中核機関の役割と支援の流れにおける、各主体に期待される役割（フロー図）」（次頁〈図3－1〉）の「場面」に沿って展開しています。中核機関とは、成年後見制度利用促進計画に基づき、地域連携ネットワークの中核を担う機関です（詳細は次々頁コラムおよび巻末【資料10】【資料15】【資料18】を参照してください）。〈図3－1〉における「場面」とは、「成年後見利用促進基本計画」の次の7つの場面と連動しています。

【場面1】制度の広報・周知
【場面2】相談・発見
【場面3】情報集約
【場面4】地域体制整備
【場面5】後見等申立て
【場面6】後見等開始後の継続的な支援
【場面7】後見等の不正防止

　Aさんの事例では、【場面2】相談・発見、【場面3】情報集約を経て、【場面5】後見等申立てに進み、「本人にふさわしい」成年後見制度の利用を支援しました。

　Bさんの事例は、【場面2】相談・発見、【場面3】情報集約を経て、【場面5】後見等申立てに進み成年後見制度の利用に至りました。その後の本人の状態の変化に伴うモニタリングを、【場面6】後見等開始後の継続的な支援として中核機関が関与して行いました。

　Cさんの事例は、保佐人選任後のチームによる支援（【場面4】地域体制整備、チームとして支援）と、【場面6】後見等開始後の継続的な支援として保佐人の権限行使の必要性をチームおよび中核機関が関与して検討しました。

　個々の事例について、「その人」にどのように意思決定支援がなされたかという個別支援（ミクロレベル）の視点はもちろん重要ですが、その背景には必ず個人の問題に付すことができない社会の課題が存在します。たとえば、制度はあるのに利用につながっていなかったり、複数の支援がバラバラで本人の役に立っていなかったり、制度が不十分でニーズが満たされなかったりするなどの課題です。「その人」の個別支援を検討することは同時に、「その人」を取り巻く環境、すなわち支援チームや地域連携のあり方、中核機関の役割や法制度などといったメゾ、マクロレベルの課題を検討することでもあります。個別支援とメゾ、マクロレベルの課題は連鎖的に循環しているという視点を持ち、いかにして好循環を生み出していくかを検討することが求められます。

〈図3−1〉 中核機関の役割と支援の流れにおける、各主体に期待される役割（フロー図）

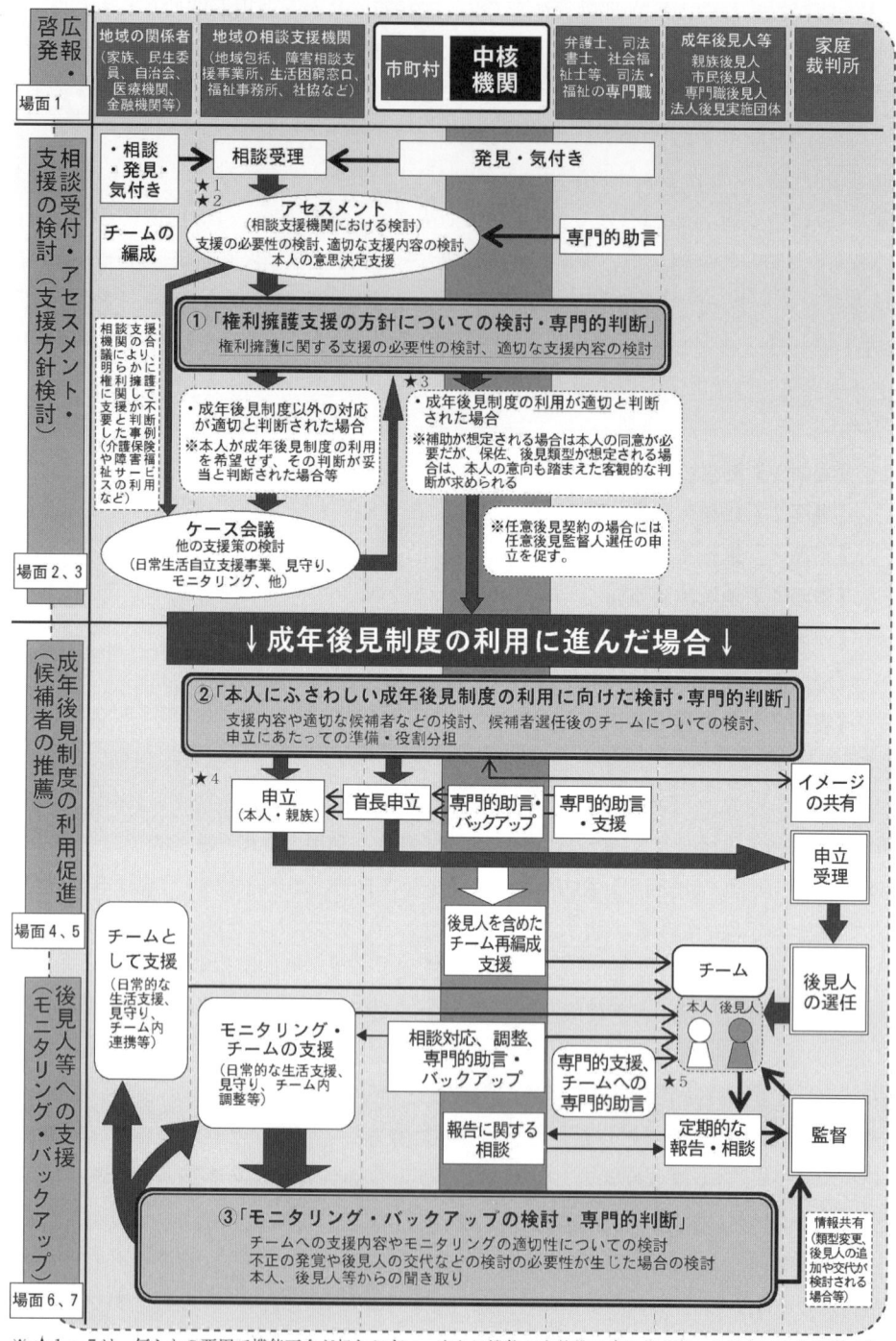

※ ★1〜5は、何らかの要因で機能不全が起きやすい、または機能が未整備の自治体が多いと想定される過程です。

出典：「地域における成年後見制度利用促進に向けた体制整備のための手引き」平成29年度老人保健健康増進等事業（実施主体：公益社団法人日本社会福祉士会）19頁〈https://www.mhlw.go.jp/file/06-Seisakujouhou-12000000-Shakaiengokyoku-Shakai/0000203641.pdf〉

コラム　中核機関

　専門職による専門的助言等の支援の確保や、協議会（※地域において専門職団体や関係機関の連携体制づくりを進める合議体）の事務局など、地域連携ネットワークのコーディネートを担う中核的な機関です。国基本計画（※成年後見制度利用促進計画）では、地域の実情に応じて、市町村等が設置している「成年後見支援センター」や「権利擁護センター」など既存の取組も活用しつつ、市町村が設置し、その運営に責任を持つことが想定されています（市町村直営又は委託）。

　「権利擁護支援の地域連携ネットワーク」が、ア）広報機能、イ）相談機能、ウ）成年後見制度利用促進機能、エ）後見人支援機能という4つの機能を段階的・計画的に強化していく上で、また、同ネットワークがオ）不正防止効果を発揮していく上で、中核的な役割を果たす機関であり、様々なケースに対応できる法律・福祉等の専門知識や、地域の専門職や幅広い関係者との信頼関係を維持発展させ円滑に協力を得るノウハウ等を段階的に蓄積しつつ、地域における連携・対応強化を継続的に推進していく役割を担うことが求められています。

中核機関の役割

ア：地域の権利擁護支援・成年後見制度利用促進機能の強化に向けて、全体構想の設計とその実現に向けた進捗管理・コーディネート等を行う「司令塔機能」

イ：地域における「協議会」を運営する「事務局機能」

ウ：地域において「3つの検討・専門的判断」を担保する「進行管理機能」（※「3つの検討・専門的判断」とは、①権利擁護支援の方針についての検討・専門的判断、②本人にふさわしい成年後見制度の利用に向けた検討・専門的判断、③モニタリング・バックアップの検討・専門的判断）

（注）　「地域における成年後見制度利用促進に向けた体制整備のための手引き」平成29年度老人保健健康増進等事業（実施主体：公益社団法人日本社会福祉士会）iv頁より抜粋および一部注を補記〈https://www.mhlw.go.jp/file/06-Seisakujouhou-12000000-Shakaiengokyoku-Shakai/0000203641.pdf〉

(2)　事例を読む際の留意点

　(1)で述べたとおり、事例を提示した第2の目的は、「より望ましい意思決定支援とはどうあるべきか」を議論することです。事例は「意思決定支援のためのツール」を実践で活用できるよう、活用方法を具体的に説明するために提示しました（第1の目的）が、**意思決定支援の模範例、正解例として示したわけではありません。**

　事例では、意思決定支援にかかわった経験がある人なら誰でも直面したことがある、あるいはこれからかかわる場合に必ず直面するであろう場面を表現しました。事例を読みながら常に以下の点を自問自答してください。

☑**この事例の、この場面について、自分はどう考えるか、自分ならどうするか**

☑**「意思決定支援の7原則」（第2章27頁〈図2−3〉）に適っているか**

☑**「意思決定支援のステップ」「意思決定支援のためのツール」の趣旨に則っているか**

☑**意思決定支援としてより望ましい方法は何か**

　そもそも意思決定支援に唯一絶対の正解はありません。白か黒かを簡単に決められるような単純なものではなく、限りなく濃淡のあるグレーの世界で答えを模索することといえるでしょう。本人とのやりとりを通して、その時々の本人の思いを知ろうとし、思いを尊重しようとするプロセスが意思決定支援です。同じような状況、同じような場面でも一人ひとりの意思決定支援は違いますし、同じ人でも時と場合によって変化する、そこに丁寧に寄り添うことです。

　正解のない問いと向き合うことは困難を伴うことなので、白か黒かを簡単に決める方法や、「はい」か「いいえ」で答えれば自動的に答えがでるような方法を求めがちです。しかし仮にそういうものがあったとしても、「はい」なのか「いいえ」なのかを判断するのは人間です。判断する人がどのような方向性で、どのような判断基準や価値観を持って判断するかで答えは違ってくるはずです。

　どのような意思決定支援が望ましいのか、議論を深め、より良い実践を積み上げて「見える化」することが、今まさに求められています。その手順と枠組みを提案し、方向性をナビゲートするのが「意思決定支援のためのツール」です。事例を読んで、より良い意思決定支援のあり方を議論してください。さらには、実際の実践例を「意思決定支援のためのツール」に記入して、仲間と議論を深めてください。

　「意思決定支援のためのツール」に沿って、議論してほしい論点を次頁の〔表3－2〕にまとめました。事例を読む際に、常に傍らにおいて、論点を確認し自問自答しながら読んでください。

〈事例の表記について〉
・事例は複数の事例を組み合わせた創作事例です。
・「後見人」「後見人候補者」とある場合の「後見人」は、「法定後見人」の意味で用いています。類型を示す場合は、「成年後見人」「後見類型」「保佐人」「保佐類型」「補助人」「補助類型」と区別しています。
・紙幅の関係で一部用語を省略して用いています（社会福祉協議会→社協、サービス管理責任者→サ責など）。

〔表 3 − 2〕 「意思決定支援のためのツール」の活用例を読む際の論点

ソーシャルサポート・ネットワーク分析マップ

マップ	マップから、どのようなことがアセスメントできるでしょうか。どこに着目しますか。本人の意思決定支援には誰がかかわる必要があるでしょうか。矢印を加えながら関係性をアセスメントします。本人主体のチームになっているでしょうか。
役割分析	意思決定支援にかかわる事柄について、これまで、あるいは現在すでに引き受けている役割と、今後担うことが期待される役割の、両方の役割を書き出して、今後の支援の見立てをします。「ソーシャルサポート 6 つの機能」（第 2 章34頁〔表 2 − 1〕）の記入は、任意で構いません。役割分析から、本人の意思決定支援のチームには誰が必要でしょうか。

意思決定支援プロセス見える化シート

話し合いの目的のチェック項目	初めに話し合いの目的を確認し、確認できたらチェックを入れます。本人と参加者にどのように説明するとよいでしょうか。
シート 1 − ①　このシートのテーマまたは検討課題	本人の意思決定支援として、テーマをどのように設定するとよいでしょうか。
シート 1 − ②　シート作成者（職名及び氏名）	誰が作成者になるとよいでしょうか。
シート 1 − ③　今日の話し合い	いつ、どこで実施するとよいでしょうか。
シート 1 − ④　今日の参加者名	事前準備を踏まえて参加者を選定しました。今回の話し合いの参加者として適切でしょうか。
シート 1 − ⑤　○○さんの思い（このシートのテーマまたは検討課題に関する本人の希望や意見）	本人の言動から、どんなことが推測できるでしょうか。
シート 1 − ⑥　○○さん以外の参加者及び関係者の意見	関係者の意見から、何をどのように判断しますか。本人について、関係者について、本人と関係者の関係について、どのようなことがわかるでしょうか。異なる意見は意思決定支援にどのような影響があるでしょうか。本人の思いと関係者の意見をふまえて、この後の意思決定支援の話し合いをどのように進めるとよいでしょうか。
シート 2 − ①　○○さんの思い（シート 1 − ⑤に記載した内容）に沿って、これから何をすればよいか話し合います。そのうち今日話し合うことは、○○さんの●●について	シート 1 を踏まえて、シート 2 のテーマはどのように設定するとよいでしょうか。
シート 2 − ②　○○さんの思いに沿って●●（シート 2 − ①に記載した内容）がどうすればできるか、その方法を考えます。	誰が何をどのように伝えるかが、本人の反応に反映されます。そのやりとりの相互作用のなかで、意思決定支援は行われます。本人の反応から、何が推測できるでしょうか。本人には、どのような情報が誰からどのように伝えられる

	とよいでしょう。わかりやすい情報提供とは、どのようにするとよいでしょうか。「意思誘導要素」（第1章4（17頁））を自覚した情報提供とは、どうあるべきでしょうか。ここに記載された一連のやりとりから、何をどのように判断しますか。
シート2-③　シート2-②で話し合った方法について、○○さんはどうしたいか	シート2-②のやりとりを踏まえて、本人にあらためて確認します。本人の言動から、どのようなことが推測できるでしょうか。
シート2-④　シート2-③で、○○さんが自分で決めるのが難しい場合、その状況	シート2-③の内容を、本人の意思としてどうとらえたらよいでしょうか。その判断はシート2-②のやりとりが根拠になります。本人の言葉をそのままとらえて自己責任に帰していないでしょうか。本人の理解と参加者の理解は、必ずしも一致していないことを認識しているでしょうか。ここでの判断が今後の支援の方針に反映されます。
シート2-⑤　○○さんの●●（シート2-①に記載した内容）について、いつまでに決める必要があるか	これまでのプロセスを踏まえて緊急性を判断します。シート3で本人に伝えられるよう具体的に確認します。判断は適切でしょうか。
シート2-⑥　○○さんの●●（シート2-①に記載した内容）について、後見人等が代理権等を行使する必要があるか。ある場合、その理由は何か。	「支援の第1ステージ」から例外である「支援の第2ステージ」への切り替え（第1章5（19頁））の必要性の検討です。「本人情報シート」と連動します。判断は適切でしょうか。
シート3-①　今日決まったこと	本人に何をどのように説明するとよいでしょうか。シート1からシート2に至る話し合いのプロセスを踏まえた、本人主体で本人の意向を尊重した決定となっているでしょうか。
シート3-②　今日決まったこと（シート3-①に記載した内容）について、本人への説明と同意の状況	本人の反応から、同意の有無をどう判断したらよいでしょうか。
シート3-③　今日決まったこと（シート3-①に記載した内容）を実行するための役割分担と、本人への説明と同意の状況	本人に何をどのように説明するとよいでしょうか。シート1からシート2に至る話し合いのプロセスを踏まえた、本人主体で本人の意向を尊重した内容となっているでしょうか。本人の反応から、同意の有無をどう判断したらよいでしょうか。
シート3-④　やってみてからもう一度考えるのは　実施結果、課題	次回の話し合いにつなげるための確認事項は何でしょうか。
話し合いの振り返りチェック項目	今日の話し合いを振り返ります。意思決定支援の話し合いとして課題があると認識した項目にはチェックをしません。今日の話し合いを意思決定支援の観点からどう評価しますか。

2 発見・気づき・相談から本人にふさわしい成年後見制度利用の検討へ

(1) 【Ａさんの事例】 家族状況の変化に伴う知的障害者の生活環境の再構築にかかわる意思決定支援

事例の概要

Ａさんは50歳代後半の男性です。知的障害があり療育手帳はＢ１、障害支援区分は４と判定されています。90歳代前半の父親と二人暮らしで、就労継続支援Ｂ型事業所を利用しています。父親の入院をきっかけに、Ａさんの生活環境を新たに整える必要が生じました。母親は８年前に死亡し、家族は父親のほかに姉、妹がいます。Ａさんの収入は障害基礎年金で、父親が管理しています。

事例の経過

Ａさんは、中学校特殊学級（特別支援学級）を卒業後、知的障害者更生施設（障害者支援施設）に入所していました。母親と姉は家族会などに熱心にかかわり、職員とは深い信頼関係がありました。８年前に母親が死亡した後、父親はＡさんを自宅（公営住宅）に引き取り、二人の年金で生活を始めましたが、経済的には厳しい状況でした。

父親は入院をきっかけに、介護保険のサービスを利用するようになりました。父親の介護支援専門員が二人の生活を心配して地域包括支援センターに相談、地域包括支援センターは行政の障害者相談支援担当者に状況を報告しました。報告を受けた障害者相談支援担当者は、父親にＡさんのグループホーム（共同生活援助）での短期入所（ショートステイ）の情報を提供し、父親がＡさんの短期入所利用契約を行いました。また、Ａさんには成年後見制度利用の必要性があることに気づき、中核機関の役割を担う社会福祉協議会権利擁護センターにかかわりを求めました（☞〈ポイント〉）。

〈ポイント〉 地域の相談支援機関が成年後見制度利用の必要性に気づいたとき、どう対応すればよいでしょうか。単独で判断せず、専門機関（中核機関）と連携することが重要です。

姉は父親を支援しており、Ａさんまでは手が回らず、施設への再入所を希望しています。父親が相談なくＡさんのことを決めてしまうことにも、不満があるようでした。妹は遠方に住んでおり家庭の事情もあって、すぐには対応できない状況でした。

意思決定支援としてのかかわり

これらの状況を把握した社会福祉協議会権利擁護センターの相談員（社会福祉士）は、Ａさんの緊急時の対応や親亡き後を見据えて、継続的に生活を支援する人が必要になると考えました。さらに相談員は、Ａさんの意向が確認されることなく周囲の関係者の間で話が進んでいることから、Ａさんがこれからどこで生活したいか、Ａさん自身の意向を確認することが必要と考え、関係者による会議の開催を検討することにしました（☞〈ポイント〉）。

〈ポイント〉 本人不在で物事が進んでいるという気づきが、意思決定支援の始まりです。

この後のＡさんへの意思決定支援は、「意思決定支援のためのツール」を活用し、次頁〈図３−２〉に示したような経過をたどりました。

〈図３－２〉「意思決定支援のためのツール」を活用したＡさんへの意思決定支援の流れ

〈支援の流れ〉	〈意思決定支援の経過と活用したツール等〉	
発見・気付き 相談	父親の介護支援専門員が地域包括支援センターに相談 ⇩ 地域包括支援センターが行政の障害者相談支援担当者に報告 ⇩ 行政の障害者相談支援担当者が「成年後見制度活用の必要性」について社会福祉協議会権利擁護センター（中核機関）に相談	
ステップ１ 支援の開始	社会福祉協議会権利擁護センター相談員がＡさんの意向を確認する必要性に気づき、意思決定支援としてのかかわりを開始。 Ａさんと通所先の就労継続支援Ｂ型事業所サービス管理責任者に話を聞きアセスメント	「ソーシャルサポート・ネットワーク分析マップ」70頁
ステップ２ の準備	社会福祉協議会権利擁護センター相談員が「サービス担当者会議」の準備として、Ａさんと関係者から事前に情報を収集し、話し合いの参加者を検討	「事前準備・意思決定支援プロセス見える化シート１」72頁
ステップ２ 話し合い 第１回目	社会福祉協議会権利擁護センター相談員が、「サービス担当者会議」を「意思決定支援の話し合い」として開催し、Ａさんの今後の居所決定と成年後見制度利用の意思を確認	
目的の共有 ⇩	Ａさんは、これからどのような場所で生活したいか。お父さんが支援ができなくなるので、誰が代わりに行うのがよいか。	「意思決定支援プロセス見える化シート１」74頁
本人との共同 作業 ⇩	Ａさんが、これから生活するには、どのような方法があるか。	「シート２」75頁
確認と振り返り	グループホーム入居申込み、成年後見制度申立て準備を行う。	「シート３」76頁
ステップ２ 話し合い 第２回目	社会福祉協議会権利擁護センター相談員が、Ａさんの成年後見制度利用の利用の意思を再度確認するため、後見人候補者との面談を「意思決定支援の話し合い」として実施	
目的の共有 ⇩	Ａさんは、後見人候補者の△さんをどう思うか。後見人になったら何をしてもらいたいか、引き続きかかわってほしいか。	「意思決定支援プロセス見える化シート１」78頁
本人との共同 作業 ⇩	Ａさんは後見人候補者△さんをどう思うか。△さんがどんな人かを知る。	「シート２」79頁
確認と振り返り	△さんを後見人候補者として、成年後見制度の申立てを行う。	「シート３」80頁
申立支援	社会福祉協議会権利擁護センター相談員が、これまでの意思決定支援プロセスを踏まえて「本人情報シート」を作成 ⇩ 父親が申立て ⇩ 保佐人選任	「本人情報シート」81頁

(2) 【ステップ1】支援の開始

　社会福祉協議会権利擁護センター相談員は、Aさんが通所する就労継続支援B型事業所を訪問してAさんとサービス管理責任者から話を聞き、次のことがわかりました。

・サービス管理責任者がAさんと父親との関係の調整や、障害福祉サービスの手続などを手伝っており、父親から頼りにされている。Aさんもサービス管理責任者を信頼しており、家族のことや自分のことをよく話している。

・Aさんは事業所で、公園清掃やポスティング等の作業を行い、仲間からも慕われ自分の役割をしっかりと果している。時には褒められ、困ったことはいっしょに乗り切っていこうと励まされ、誤解やトラブルが生じたときには時間をおいて、Aさんの気持ちが切り替わるのを待って職員が説明している。

・Aさんは、「事業所は楽しい、仕事が好き」と言い、事業所には自分のことをわかってくれる仲間がいると感じていることが伝わってきた。

・父親が入院したときに利用したグループホームでの短期入所について、Aさんは「温かいご飯を食べた、自分の部屋があった」と話した。父親が元気になるまで、ここで生活していこうと励まされたことを覚えており、「ずっと暮らしてもいい、ずっと住みたい」という意思表示がみられた。

　これらの情報を踏まえて、社会福祉協議会権利擁護センター相談員は「ソーシャルサポート・ネットワーク分析マップ」を作成しました（次頁〈図3－3〉）。

〈図3－3〉　Aさんのソーシャルサポート・ネットワーク分析マップ

作成日：20XX年7月1日
作成者：社会福祉協議会権利擁護センター相談員ＸＸ

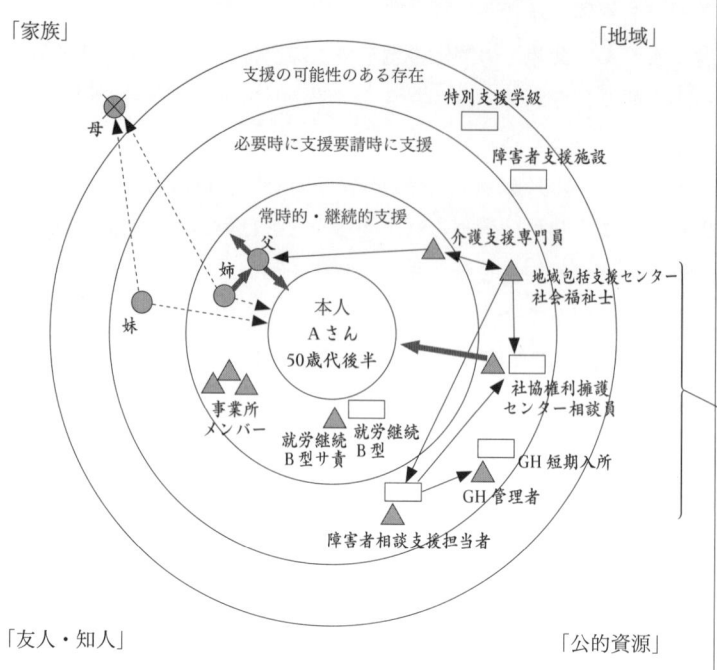

・母
亡くなった人も記入できます。姉妹の思いを---▶で書き入れました。

・父
「常時的・継続的支援」から「必要時に支援」へ移行の過程で行ったり来たりの動きを◀▶で表しました。

・支援チームの三角形
Aさんのための支援チームが形成され、社協相談員がチームをリードしている様子を表しました。

家族〇、友人・知人、地域、公的資源は個人を△印、組織を□印

役割分析

必要な支援 （意思決定支援）	誰が （マップ上の存在）	引き受けている・期待されている役割
これからどこで生活したいか（成年後見制度利用の検討）	Aさん	短期入所利用、成年後見制度について理解する
	父（最も身近な家族）	成年後見制度の必要性と申立手続を理解する
	姉（身近な親族）	以前の施設への再入所を説明する、成年後見人候補者の可能性
	妹	精神的支援
	グループホーム管理者	短期入所の受け入れ、Aさんの入居の検討 Aさんのアセスメント（Aさんの力の見立て）→道具的サポート、モチベーションのサポート
	就労継続支援B型事業所サービス管理責任者	緊急時の対応（行政への相談）、Aさんのアセスメント（将来の見立て）、「生活介護・就労継続支援B型事業」の提供→自己評価サポート、地位のサポート、モチベーションのサポート
	障害者相談支援担当者	緊急時の対応（短期入所の手配）、父親へのAさんの成年後見制度利用の必要性の説明、サービス等利用計画相談→情報のサポート
	社会福祉協議会権利擁護センター相談員	Aさんへの成年後見制度についての説明、Aさんの意思決定支援→情報のサポート、自己評価サポート、モチベーションのサポート

　作成した「ソーシャルサポート・ネットワーク分析マップ」に基づき、「これから
どこで生活したいか」Aさんが意思決定するための支援に関する役割分析を意識しな
がら、Aさんが置かれている状況をアセスメントしました。

作成した「ソーシャルサポート・ネットワーク分析マップ」に基づくアセスメント

・Aさんは父親と二人暮らしをしてきたが、今後は難しくなる可能性が大きい。今後の生活の場の検討と、父親が担ってきたAさんへの支援を誰が担うかの検討が必要である。

・今後も父親との在宅生活を継続できるか、難しい場合は居所をどう選択するかなど、Aさんや家族が必要とする情報を提供する「情報のサポート」が必要となる。

・Aさんは就労継続支援B型事業所を継続して利用しており、仕事へのやりがいや仲間意識を感じている。父親、Aさんともにサービス管理責任者への信頼が厚い。Aさんは就労継続支援B型事業所で、日常的に「自己評価サポート」「地位のサポート」「モチベーションのサポート」が得られている。

・Aさんはグループホームでの短期入所に満足し良い印象を持った様子で、緊急時の「道具的サポート」が機能し、あわせて「モチベーションのサポート」も得られたことがうかがえた。短期入所の体験をしたことで、グループホームで暮らしてもいい、住みたいとの意思も芽生えたようだ。これからの居所決定の方向性を考えるにあたり「モチベーションのサポート」は重要であるため、グループホーム管理者や就労継続支援B型事業所サービス管理責任者のソーシャルサポートは重要となる。

・Aさんの居所の選択のための意思決定支援や、成年後見制度利用のための支援の提供が必要となる。今後もAさんと父親、家族、関係機関をつなぐためには、専門職による「自己評価サポート」が必要となる。Aさんが信頼している就労継続支援B型事業所のサービス管理責任者は、意思決定支援におけるキーパーソンになりうると考える（☞〈ポイント〉）

〈ポイント〉　アセスメントから、Aさんの意思決定支援のチームには誰が必要でしょうか。

(3)　【ステップ2の準備】

　社会福祉協議会権利擁護センターの相談員は、Aさんには「これからどこで生活したいか」という居所選択のための意思決定支援が必要になること、また父親がこれまで担ってきた役割を父親に代わって行うためには、成年後見制度の利用についての意思決定支援が必要になると考えました。

　そのため、本人参加のサービス担当者会議を開催することにしました。その準備として、これまで直接情報収集を行っていない家族や関係者から、個別に聞き取りを行いました。父親とは面談で、姉と妹にはそれぞれ電話で意見を聞き、グループホーム管理者、障害者相談支援担当者は訪問して情報収集を行いました。また、就労継続支援B型事業所を再度訪問して、本人とサービス提供責任者からも話を聞きました。

　本人参加のサービス担当者会議の準備として、本人および関係者から収集した情報を「意思決定支援プロセス見える化シート1」を使ってまとめ、会議の参加者を検討しました（次頁〈図3-4〉）。

〈図３－４〉　事前準備・意思決定支援プロセス見える化シート１

ステップ２
の準備

事前準備・〈意思決定プロセス見える化　シート１〉
どんな意思決定を支援するのかを確認する→本人の思いを聴く、支援者の考えを述べる

この「意思決定支援プロセス見える化シート」は、ご本人の意思を確認し、ご本人の希望をどうすれば実現できるかを話し合うために使います。
☐意思決定の主体は本人です。意思決定とは、本人が自分のことを自分で決めることです。
☐支援者が代わりに決めたり、良いと考える方法を強要したり、決めることを強制したりしません。
☐本人を中心とした話し合いになるようにします。話し合いの内容は記録します。
☐話し合いで決まったことを実行してみて再度話し合い、より良い方法がないか見直します。
☐一度の話し合いで結論を出す必要はありません。必要に応じて話し合いを繰り返し行います。

シート１－①　このシートのテーマまたは検討課題　　　第　　　回　　　通算シートNo. 1
Aさんは、これからどこで生活をしていきたいか。
これまで父親が担っていた役割を、今後は誰がどのように行うのがよいか。
これらのAさんの意思決定支援には、誰がかかわるとよいか。

シート１－②　シート作成者（職名及び氏名）　社会福祉協議会権利擁護センター相談員

シート１－③　今日の話し合い　情報収集期間　20XX年７月１日～５日　時　～　時　場所

シート１－④　今日の参加者名　情報収集先と方法　父親（面談）、姉・妹（電話）、その他関係者（訪問）

シート１－⑤　Aさんの思い（このシートのテーマまたは検討課題に関する本人の希望や意見）

住むところは、前に泊まったところでもいい。自分の部屋があって、テレビが見れた。
お父さんとはいっしょに住まなくてもいい、会いにいくよ（これまでどおり父親と暮らせないことは理解している様子）。（以前の施設の話をすると）お姉ちゃんが服を買ってくるけど着ない、しまってある。
（就労継続支援B型事業所にて面談し聴き取り）

シート１－⑥　Aさん以外の参加者及び関係者の意見

意見を言った人	このシートのテーマまたは検討課題についての意見
父	もう年だから息子の面倒はみられない。Aのことを考えてくれる人が必要。娘たちはAといっしょに住んだりすることはできない。自分に代わってAの手続をしてくれる成年後見制度の利用がいいと思う。成年後見制度の手続は娘（長女）に手伝ってほしいが、施設に入れたいと思っているので頼めない。申立ては自分がやりたい。
姉	父と暮らせないなら、以前に入っていた施設で暮らしてほしい。先生方も信頼できる。仕事はもっと弟に合ったものを探してほしい。弟のことは私に聞いてほしいが、私には何も相談してくれないのはどうしてなのか。父のことは私一人でやっている。
妹	母は施設の家族会で頑張っていた。母が生きていれば、Aちゃんは施設にいたと思う。Aちゃんは、今のほうが楽しそうに暮らしている。お父さんとAちゃんは合わないので、いつも私が話を聞いている。私もAちゃんも、姉には気を遣っている、今後はAちゃんが自立できるように支援してもらえることが必要だと思う。
就労継続支援B型事業所サービス管理責任者	お父さんから厳しく注意されると背中を向けて口をきかなくなることもあったが、しばらく時間をおいて話を聞くようにしている。以前は激しい行動もあったが、加齢とともに落ち着いてきている。体力的には以前のような外仕事は負担が大きい。疲れやすくなっているので、無理をしないように仕事を調整している。前の施設には戻りたくないと言っている。今の暮らしと好きなことができる自由を楽しんでいるようだ。
グループホーム管理者	短期入所のときは、居室でテレビを見て自由に過ごしていた。テレビの操作はすぐ覚えた。DVDなどの操作もできるようになると思う。今、空室があるので、入居を前提として生活体験実習をしてはどうか。
障害者相談支援担当者	自宅での食事はコンビニで買ったもので済ませていた。お姉さんは、家庭の事情で父親のところへ来られないことも多い。お姉さんは、弟さんのことは自分がやりたいという考えのようだ。

　社会福祉協議会権利擁護センター相談員は、事前の情報収集を踏まえて、サービス担当者会議の参加者を検討しました。検討の結果、Ａさん、父親、姉、就労継続支援Ｂ型事業所サービス管理責任者、障害者相談支援担当者に相談員を加えた６人で会議を開催することにしました。姉に参加を要請した理由は、異なる意見があることをＡさんにも知ってもらうと同時に、Ａさんの気持ちを姉に聞いてほしいと考えたためです。また、グループホーム管理者には、契約当事者でありＡさんの意思決定に与える影響が大きいことを考慮して、今回はあえて参加を控えてもらうことの了解を得ました。

　場所は、Ａさんが安心して落ち着いて話ができるよう、Ａさんになじみがある就労継続支援Ｂ型事業所の会議室で行いました。

⑷ 【ステップ２】 話し合い〔第１回目〕

　サービス担当者会議では「Ａさんは、これからどのような場所で生活していきたいか」をテーマに、Ａさんの意思を確認することを第１の目的としました。また、「お父さんが年をとって、これまでのように契約などの支援ができなくなるので、誰が代わりに行うのがよいか」というテーマ設定で、Ａさんが理解できるよう平易な言葉を使って成年後見制度の利用について説明し、Ａさんがどのようにとらえるかを知ることを第２の目的としました。サービス担当者会議を「意思決定支援の話し合い」として位置づけ、後日、記録としてまとめたものが、次頁からの「意思決定支援プロセス見える化シート１、２、３」（〈図３－５〉～〈図３－７〉）です。

ステップ2
話し合い
第1回目

〈図3−5〉 意思決定支援プロセス見える化シート1

〈意思決定プロセス見える化　シート1〉

どんな意思決定を支援するのかを確認する→本人の思いを聴く、支援者の考えを述べる

この「意思決定支援プロセス見える化シート」は、ご本人の意思を確認し、ご本人の希望をどうすれば実現できるかを話し合うために使います。
- ☑ 意思決定の主体は本人です。意思決定とは、本人が自分のことを自分で決めることです。
- ☑ 支援者が代わりに決めたり、良いと考える方法を強要したり、決めることを強制したりしません。
- ☑ 本人を中心とした話し合いになるようにします。話し合いの内容は記録します。
- ☑ 話し合いで決まったことを実行してみて再度話し合い、より良い方法がないか見直します。
- ☑ 一度の話し合いで結論を出す必要はありません。必要に応じて話し合いを繰り返し行います。

シート1−①　このシートのテーマまたは検討課題　　第 1 回　　通算シートNo. 2
Aさんは、これからどのような場所で生活していきたいか。
お父さんが年をとって、これまでのように契約などの支援ができなくなるので、誰が代わりに行うのがよいか。

シート1−②　シート作成者（職名及び氏名）　　社会福祉協議会権利擁護センター相談員
シート1−③　今日の話し合い　20XX年7月10日　10時 〜 12時　場所　就労継続支援B型事業所会議室
シート1−④　今日の参加者名　Aさん、父、姉、就労継続支援B型事業所サービス管理責任者、
　　　　　　　　障害者相談支援担当者、社協権利擁護センター相談員

シート1−⑤　Aさんの思い（このシートのテーマまたは検討課題に関する本人の希望や意見）

お父さんが入院したときに泊まったグループホームに行きたい。自分の部屋があっていいよ。前のところ（入所施設）は、園長先生がいなくなったから戻らない（姉のほうをちらっと見ながら、就労継続支援B型事業所サービス管理責任者に向かって小さな声で伝える）。

シート1−⑥　Aさん以外の参加者及び関係者の意見

意見を言った人	このシートのテーマまたは検討課題についての意見
父	自分は年を取ったので、もうAの面倒はみられない。グループホームに入ってもらいたい。役所の手続など難しいことやお金のことは、後見人をお願いしてやってもらいたい。後見人の申立手続は自分がやる。Aは年金しかない。年金だけでやっていけるのかどうか心配だ。
姉	これまでAちゃんのことはお父さんがやっていたので、わからないことが多い。お父さんのこともこれから私がやっていく。Aちゃんは、絵が上手なのでそっち方面をやらせたい。前の入所施設はどうなのか？ 戻りたくないといっているが、戻ることはできないのか。
妹（社協権利擁護センター相談員報告）	妹さんに電話でお話を聞いた。妹さんは、「施設にいたときよりも、今のほうが楽しそうに暮らしている。今後はAちゃんが自立できるように支援してもらえることが必要だと思う」とのご意見でした。
就労継続支援B型事業所サービス管理責任者	事業所での様子から、明確な指示と見守りがあれば日常生活はできると思います。グループホームが気に入ったようで、短期入所のときの話をよくしてくれます。グループホームの生活はAさんに合っているのではないでしょうか。
障害者相談支援担当	事業所が休みの日は、お父さんに会いにいったり、買い物に行ったりするのに、移動支援が利用できます。これからはAさんの年金で、家賃の助成を受けて生活できると考えます。
社協権利擁護センター相談員	後見人は金銭管理だけでなく、施設やグループホームの利用契約や、福祉サービスの利用手続をすることもできる。後見人の報酬を助成する制度もある。Aさんがこうしたいという気持ちを大切にし、ご家族との関係も途切れないようにしながら、Aさんが安心して暮らせる方法をいっしょに考えていきたい。

〈図3－6〉 意思決定支援プロセス見える化シート2

ステップ2
話し合い
第1回目

第 3 章

2
発見・気づき・相談から本人にふさわしい成年後見制度利用の検討へ

〈意思決定プロセス見える化　シート2〉

考えられる選択肢の検討→本人による選択の支援→緊急性・法定権限行使の必要性の検討

シート2－①　Aさんの思い（シート1－⑤に記載した内容）に沿って、これから何をすれば良いか話し合います。そのうち今日話し合うことは、
Aさんが、これから生活するには、どのような方法があるか。

シート2－②　Aさんの思いに沿って「Aさんが、これから生活するには、どのような方法があるか」、その方法を考えます。

考えられる方法(情報)	誰が	どのように伝えたか	Aさんの希望、思い（反応）
1　グループホーム（GH）入居の申込みをする	父	お父さんは病気でいっしょに暮らすのは無理だから、AはGHに入るといいと思う。生活体験実習をしてはどうか。	「前に泊まったところならいいよ」（笑顔で頷く）
2　以前の入所施設の利用が可能か打診する	姉	入所施設のほうが仕事があって、安心して生活できると思う。	「前の施設には戻らないよ。やだよ」（うつむいて答える）
3　GHの契約などの手続ができるようにする	父	GHに入るための手続をお父さんに代わってしてもらったり、困ったときに手伝ってくれる人が必要になる。	「わかった。○さん（B型サービス管理責任者）がいい」（○さんはできないと説明する）「ふーん」と頷く。
4　お父さんに代わって金銭管理をしてくれる人をお願いする	障害者相談支援担当者	GHの食事代の支払いや、買い物のお小遣いを持ってきてくれる、お金の管理をする人が必要。	「うん、うん」と首を振りながら「ジュースを買ってるよ」と話す。
5　今後も日中は、就労継続支援B型事業所を利用する	B型サービス管理責任者	住むところが変わっても、Aさんが好きな事業所に行けるよ。集めている人形も買えるね。	「今のところでいいよ。仮面ライダーも買いたい」と明るく話しだす。
6　成年後見制度を利用する	B型サビ管社協相談員	後見人は、Aさんが大事にしていることを続けられるように守ってくれる。Aさんに合う後見人を考えましょう。	「うん、うん」と首を振っている。「うん」と頷く。

シート2－③　シート2－②で話し合った方法について、Aさんはどうしたいか

Aさんにグループホームの利用を尋ねると「入っていいよ。実習する」と答えた。
後見人について尋ねると「後見人がいていいよ」と答えた。

シート2－④　シート2－③で、Aさんが自分で決めるのが難しい場合、その状況

グループホームに入ることは、表情からも否定的な反応が見られず、自分で決められたのではないか。父親が入院したときの短期入所の経験から、実際のグループホームをイメージできたと思われる。
成年後見制度の利用については、引き続き意思を確認していく必要がある。そのためには、候補者との事前面接などを行い、成年後見制度についても具体的なイメージを持てるよう説明していく。

シート2－⑤　Aさんの「これから生活するには、どのような方法があるか」（シート2－①に記載した内容）について、いつまでに決める必要があるか。

グループホームの入居を前提とした生活体験実習の申込みは、できるだけ早急に行う必要がある。
後見人候補者の紹介依頼もできるだけ早急に行い、Aさんが会って話をして、そのときのAさんの様子からAさんに合う人を探す（1カ月～2カ月以内）。

シート2－⑥　Aさんの「これから生活するには、どのような方法があるか」（シート2－①に記載した内容）について、後見人等が代理権等を行使する必要があるか。ある場合、その理由は何か。

グループホーム入居契約などの法律行為、金銭管理や家賃減免等の諸手続、その他の福祉サービス利用契約や履行の監視など、本人が理解して自ら行うことは困難なため、代理して行う必要がある。

〈図3-7〉 意思決定支援プロセス見える化シート3

ステップ2
話し合い
第1回目

〈意思決定プロセス見える化　シート3〉
今日決まったことの確認→本人への説明と同意の有無の確認

Aさんの「これから生活するには、どのような方法があるか」（シート2-①に記載した内容）について、今日決まったこと（シート2で確認したこと）

> シート3-①　今日決まったこと
> お父さんが、グループホーム入居を前提とした生活体験実習の申込みをする。
> それにあわせて、お父さんが成年後見制度の申立て準備を行う。
> 社会福祉協議会権利擁護センター相談員は、後見人候補者の紹介依頼を行う。申立ての支援をする。

> シート3-②　今日決まったこと（シート3-①に記載した内容）について、本人への説明と同意の状況
> 「うん」と頷く。嬉しそうな顔をしていて、いつもより自分から積極的に頷いた。

シート3-③　今日決まったこと（シート3-①に記載した内容）を実行するための役割分担と、本人への説明と同意の状況

誰が	いつまでに、何をやるのか	本人への説明と同意の状況
父	（すぐに）GH入居を前提とした生活体験実習申込み。 （3カ月以内）成年後見制度の申立て	「前にいたところ（グループホーム）に住もうか？ 行ってみるか？」に「いいよ」と頷く。「お父さんの代わりにやってくれる人をみつけようか」に頷いた。
社協権利擁護センター相談員	（できるだけ早めに）後見人候補者紹介を行う。親族は難しいため、第三者の候補者推薦を依頼する。	「お父さんやお姉さんはできないので、できる人と会ってね」と言うと、「うん」と頷いた。
就労継続支援B型事業所サービス管理責任者	（1カ月以内）後見人について説明する。成年後見制度申立てについて説明する。後見人候補者との面談の同席	「お父さんの代わりにやってくれる人と会うときは、いっしょにいるね」に「あれね。○さん（就労継続支援B型事業所サービス管理責任者）みたいな人がいいな」と言う。
社協相談員 姉	（3カ月以内）申立人となる父親の支援。姉も、父をサポートする。	姉が「お父さんを手伝う」と言うと、「うん、うん」と頷く。

シート3-④　やってみてからもう一度考えるのは　20XX年8月10日（1カ月以内）

- -

実施結果　（7/10記載）　　　　　　　　　　　　　　　　　　　☞〈ポイント〉
8/10に確認することは、①グループホームの申込状況　②後見人候補者とのマッチング状況
課題　（7/10記載）　　　　　　　　　　　　　　　　　　　　　　☞〈ポイント〉
Aさんは、自分のことで人が集まってくれていることをうれしく思っている様子だが、内容については十分に理解しているとはいえない。意思表明には、Aさんが信頼できる人の支援が必要である。候補者との事前面談で本人の反応を確認する。後見人が選任された後も、Aさんの意思表明には引き続きチームでかかわり、検討、判断することが必要である。
⇒しばらくしてから状況を確認する必要性　　☑あり→いつ頃　　　□なし

> ご本人の意思を確認し、ご本人の希望をどうすれば実現できるか話し合いができましたか？ 最後にもう一度、以下のような話し合いになっていないか、確認しましょう。
> ☑本人以外の関係者の問題を本人の問題としてすり替えていないか
> □本人の言葉をそのまま本人の自己決定と捉えていないか、本人の自己責任に帰していないか
> ☑支援のしやすさを優先していないか、支援者のための根拠付けになっていないか
> ☑サービス先にありきの、既存のサービスを当てはめるだけの検討に終わっていないか
> ☑結論が先にありきになっていないか、後付けの根拠資料として使われていないか

〈ポイント〉　今日の話し合いを振り返って、次回確認すべきことと課題を記載しました。次回の話し合いにつなげるための確認事項の記載となっています。

「意思決定支援のための話し合い」としてのサービス担当者会議の振り返り

　サービス担当者会議では、「Aさんは、これからどのような場所で生活していきたいか」Aさんの意思を確認することを第1の目的としました。Aさんにはグループホームでの短期入所の経験があったことから、グループホームに関する具体的なイメージがあり、短期入所の経験があるグループホームに入居したいという意思表示がありました。姉の意見である、以前利用していた入所施設への入所については、一貫して明確な拒否がありました。異なる意見がある人が参加することで、Aさんが意思を表出できることがあります。今回の話し合いでは、短期入所をした経験があるグループホームに入居することは、Aさんから同意が得られたと判断しました。

　第2の目的は「お父さんが年をとって、これまでのように契約などの支援ができなくなるので、誰が代わりに行うのがよいか」というテーマ設定で、成年後見制度の利用について説明し、Aさんのとらえ方を把握することでした。父親からこれまでどおりの世話を受けられないこと、そのため諸手続や金銭管理を他の人に頼む必要があるということは、Aさんの言動からAさんなりに理解をしていると推測されます。しかし、Aさんに「金銭管理」をわかりやすく伝える目的で「お小遣い」という言葉で説明すると、「（今、お小遣いで）ジュースを買ってるよ」と答え、話が噛み合いませんでした。成年後見制度の利用について確認すると、「うん」という肯定の意味の頷きや、「後見人がいていいよ」という発言があったものの、成年後見制度を理解したうえでの同意とは言い難く、悩ましいところがありました。そのため、シート3の最後で「本人の言葉をそのまま本人の自己決定と捉えていないか、本人の自己責任に帰していないか」には、チェックを入れず課題としました。成年後見制度の利用について引き続きAさんに説明し、利用に関する意思を再度確認する必要があると考え、後見人候補者との面談を「意思決定支援の話し合い」として設定することにしました。

(5) 【ステップ2】 話し合い〔第2回目〕

　社会福祉協議会権利擁護センターの相談員は、Aさんに後見人候補者と会ってもらいましたが、Aさんはほとんど言葉を発しませんでした。Aさんの反応をみた相談員は、別の候補者を紹介してもらい、事前にAさんの情報を伝えたうえで、Aさんとの面談を再度試みることにしました。場所は、Aさんが安心して話ができる就労継続支援B型事業所会議室としました。

　参加者は、Aさん、就労継続支援B型事業所サービス管理責任者、後見人候補者と相談員の4人です。就労継続支援B型事業所サービス管理責任者に参加を依頼した理由は、第1回目の話し合いでAさんに成年後見制度の説明をする役割を担うこと、後見人候補者との面談に同席することを確認したこともありますが、何よりAさん自身が信頼しているキーパーソンであるためです。

　「Aさんは、後見人候補者をどう思うか。後見人になったら何をしてもらいたいか、引き続きかかわってほしいと思うか」をテーマに話し合いを行い、「意思決定支援プロセス見える化シート1、2、3」にまとめました（次頁以下〈図3－8〉～〈図3－10〉）。そのうえで、これまでの一連の意思決定支援で把握した情報に基づき、「本人情報シート」を作成しました（81頁〈図3－11〉）。

〈図3-8〉　意思決定支援プロセス見える化シート1

**ステップ2
話し合い
第2回目**

〈意思決定プロセス見える化　シート1〉
どんな意思決定を支援するのかを確認する→本人の思いを聴く、支援者の考えを述べる

> この「意思決定支援プロセス見える化シート」は、ご本人の意思を確認し、ご本人の希望をどうすれば実現できるかを話し合うために使います。
> ☑意思決定の主体は本人です。意思決定とは、本人が自分のことを自分で決めることです。
> ☑支援者が代わりに決めたり、良いと考える方法を強要したり、決めることを強制したりしません。
> ☑本人を中心とした話し合いになるようにします。話し合いの内容は記録します。
> ☑話し合いで決まったことを実行してみて再度話し合い、より良い方法がないか見直します。
> ☑一度の話し合いで結論を出す必要はありません。必要に応じて話し合いを繰り返し行います。

シート1-①　このシートのテーマまたは検討課題　　　第 2 回　　　通算シートNo.3

Aさんは、後見人候補者△さんをどう思うか。

後見人になったら何をしてもらいたいか、引き続きかかわってほしいと思うか。

シート1-②　シート作成者（職名及び氏名）　社会福祉協議会権利擁護センター相談員

シート1-③　今日の話し合い　20XX年8月10日　13時　～　15時　場所　就労継続支援B型事業所会議室

シート1-④　今日の参加者名　Aさん、就労継続支援B型事業所サービス管理責任者、後見人候補者△、
　　　　　　　　　　　　社会福祉協議会権利擁護センター相談員

シート1-⑤　Aさんの思い（このシートのテーマまたは検討課題に関する本人の希望や意見）

「後見人のことは、○さん（就労継続支援B型事業所サービス管理責任者）から何度も聞いてるよ。わかった」と言う。

シート1-⑥　Aさん以外の参加者及び関係者の意見

意見を言った人	このシートのテーマまたは検討課題についての意見
就労継続支援B型事業所サービス管理責任者	後見人は、今までお父さんがしてくれた手続やお金の管理を手伝ってくれる人で、Aさんが大事にしていることを守ってくれる人だということがわかっている。お父さんには、これまでのようにはしてもらえないことも、わかっているようだ。
社会福祉協議会権利擁護センター相談員	後見人候補者には、社会福祉士会から障害者福祉に理解がある人を紹介してもらった。ここに来る前に話を聞くことができ、Aさんに合うのではないかと考え推薦する。今日決める必要はない。決まった後も引き続き相談にのるので、安心してほしい。
後見人候補者	Aさんとのコミュニケーションのとり方はわからないこともあるが、これまでかかわってきた人たちにも聞いて、Aさんのペースに合わせてかかわっていきたいと思っている。お金のことや、これから生活する場所（グループホーム）のことをお手伝することで、Aさんが大切にしていることを守っていきたい。嫌なことは嫌と言ってほしい。

ステップ2 話し合い 第2回目

第3章

2　発見・気づき・相談から本人にふさわしい成年後見制度利用の検討へ

〈意思決定プロセス見える化　シート2〉

考えられる選択肢の検討→本人による選択の支援→緊急性・法定権限行使の必要性の検討

シート2-①　Aさんの思い（シート1-⑤に記載した内容）に沿って、これから何をすれば良いか話し合います。そのうち今日話し合うことは、
Aさんは後見人候補者△さんをどう思うか。△さんがどんな人かを知る。

シート2-②　Aさんの思いに沿って「Aさんは後見人候補者△さんをどう思うか。△さんがどんな人かを知る」（シート2-①に記載した内容）、その方法を考えます。

考えられる方法（情報）	誰が	どのように伝えたか	Aさんの希望、思い（反応）
1　一番信頼している人からわかりやすく説明してもらう	B型サービス管理責任者	後見人になってくれる人が来たから、話を聞いてみてほしい。	「うん」と頷きながら、ニコニコしていた。
2　具体的に、後見人候補者となる人から話をしてもらう	後見人候補者	はじめまして、△と申します。Aさんがグループホームに入るお手伝いをします。Aさんが大事にしていることを教えてくれますか？	照れたように頷く。事業所で描いた絵を持ってきて、「これは僕が作ったんだよ」と見せた。
3　Aさんに、後見人候補者の印象を聞いてみる	社会福祉協議会権利擁護センター相談員	Aさん、△さんはどうですか？○さん（B型サービス管理責任者）と同じような仕事をしてきた方です。	○さん（B型サービス管理責任者）の方を見て、頷いていた。
4　Aさんに、後見人に何をしてほしいか聞いてみる	B型サービス管理責任者	Aさんが、いつもやりたいと言っていることは何だっけ？△さんに聞いてみたら？△さんにお願いする？	「テレビの（CMで見た）ホテルに泊まりたい」と身振り手振りを交えて伝える。「△さんで決めた」
5　成年後見制度の申立てをしてもいいか確認する	社会福祉協議会権利擁護センター相談員	△さんを後見人候補者（後見人になって欲しい人）として、成年後見制度の申立てをしていいですか？	「うん」と頷く。「お願いしていいですか」と聞くと「うんうん」と何度も頷く。

シート2-③　シート2-②で話し合った方法について、Aさんはどうしたいか

社協相談員が、△さんを後見人候補者として成年後見制度の申立てをしてもよいかと尋ねると、恥ずかしそうに頷いた。B型サービス管理責任者の問いかけには、しっかりと「決めた」と伝えられた。

シート2-④　シート2-③で、Aさんが自分で決めるのが難しい場合、その状況

最初の候補者には一言も発しなかったが、今回はAさんは終始ニコニコしており、自主的に作品を見せたり、やりたいことを伝えていた。最終的に「△さんで決めた」と意思を伝えられた。

シート2-⑤　Aさんの「Aさんは後見人候補者△さんをどう思うか。△さんがどんな人かを知る」（シート2-①に記載した内容）について、いつまでに決める必要があるか。

本日の話し合いで、△さんを後見人候補者にすることをAさんが決めることができた。

シート2-⑥　Aさんの「Aさんは後見人候補者△さんをどう思うか。△さんがどんな人かを知る」（シート2-①に記載した内容）について、後見人等が代理権等を行使する必要があるか。ある場合、その理由は何か。

本日の話し合いで、Aさんが決めることができた。この件について代理等の必要はない。

〈図3－10〉 意思決定支援プロセス見える化シート3

ステップ2
話し合い
第2回目

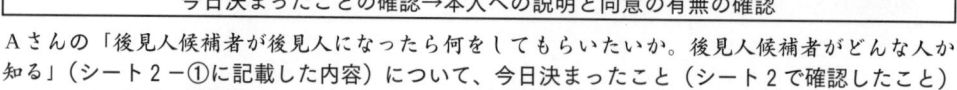

〈意思決定プロセス見える化　シート3〉
今日決まったことの確認→本人への説明と同意の有無の確認

Aさんの「後見人候補者が後見人になったら何をしてもらいたいか。後見人候補者がどんな人か知る」（シート2－①に記載した内容）について、今日決まったこと（シート2で確認したこと）

> **シート3－①　今日決まったこと**
> △さんを後見人候補者として、成年後見制度の申立てを行う。

> **シート3－②　今日決まったこと（シート3－①に記載した内容）について、本人への説明と同意の状況**
> 「わかった」としっかり伝えられる。△さんを見ながら、笑顔で恥ずかしそうに「うん」と頷く。

シート3－③　今日決まったこと（シート3－①に記載した内容）を実行するための役割分担と、本人への説明と同意の状況

誰が	いつまでに、何をやるのか	本人への説明と同意の状況
社会福祉協議会権利擁護センター相談員	（1週間以内）「意思決定支援プロセス見える化シート」作成しプロセスを確認する。これまでの意思決定支援の経過を踏まえて「本人情報シート」を作成する。	「申立ての手続の書類をつくっていいですか？」と伝えると、「いいよ」と頷く。
就労継続支援B型事業所サービス管理責任者	（2週間以内）診断書の依頼（健康診断をお願いしている嘱託医）。その際に「本人情報シート」を提出する。	「お医者さんに伝えて、必要な書類を書いてもらっていいですか？」と伝えると、「健康診断の先生ね」とわかった様子。
社会福祉協議会権利擁護センター相談員	（1カ月以内）父親が行う成年後見制度申立てを支援する	「お父さんが手続をするので、お手伝いしますね」と伝えると、「うん」と頷く。

シート3－④　やってみてからもう一度考えるのは　　　年　　　月　　　日（審判確定後）

- -

実施結果　（9/10記載）　　　　　　　　　　　　　☞〈ポイント〉
「本人情報シート」を作成し持参→診断書の依頼→結果は「支援を受けなければ、契約等の意味・内容を自ら理解し、判断することができない」（保佐類型）となる。△社会福祉士を候補者として成年後見制度の申立てを行う。

課題　（9/10記載）　　　　　　　　　　　　　　　☞〈ポイント〉
保佐人が選任された後、支援チームの再構築と支援方針の検討を行う。

⇒しばらくしてから状況を確認する必要性　　☑あり→いつ頃（審判確定後）　□なし

> ご本人の意思を確認し、ご本人の希望をどうすれば実現できるか話し合いができましたか？ 最後にもう一度、以下のような話し合いになっていないか、確認しましょう。
> ☑本人以外の関係者の問題を本人の問題としてすり替えていないか
> ☑本人の言葉をそのまま本人の自己決定と捉えていないか、本人の自己責任に帰していないか
> ☑支援のしやすさを優先していないか、支援者のための根拠付けになっていないか
> ☑サービス先にありきの、既存のサービスを当てはめるだけの検討に終わっていないか
> ☑結論が先にありきになっていないか、後付けの根拠資料として使われていないか

〈ポイント〉　今日の話し合いで決まったことを、その後どう実施したか、課題は何かを1か月後に記載しました。次回の話し合いにつなげるための経過記録の記載となっています。

〈図 3 －11〉　本人情報シート

本人情報シート（成年後見制度用）

※　この書面は，本人の判断能力等に関して医師が診断を行う際の補助資料として活用するとともに，家庭裁判所における審理のために提出していただくことを想定しています。
※　この書面は，本人を支える福祉関係者の方によって作成されることを想定しています。
※　本人情報シートの内容についてさらに確認したい点がある場合には，医師や家庭裁判所から問合せがされることもあります。

作成日＿＿＿年＿＿月＿＿日

本人	
氏　　　名：	A
生年月日：	〇〇〇〇年　〇　月　〇　日

作成者	
氏　　　名：	×× ××　　㊞
職業(資格)：	社会福祉協議会職員（社会福祉士）
連　絡　先：	00-0000-0000
本人との関係：	権利擁護センター相談員

1　本人の生活場所について
　　☑　自宅（自宅での福祉サービスの利用　☑ あり　□ なし）
　　□　施設・病院
　　　　→施設・病院の名称＿＿＿＿＿＿＿＿＿＿＿＿＿＿＿＿＿＿＿
　　　　　　　　　住所＿＿＿＿＿＿＿＿＿＿＿＿＿＿＿＿＿＿＿＿＿＿

2　福祉に関する認定の有無等について
　　□　介護認定（認定日：年 月）
　　　　□　要支援（1・2）　　□　要介護（1・2・3・4・5）
　　　　□　非該当
　　☑　障害支援区分（認定日：　00年　00月）
　　　　☑　区分（1・2・3・④・5・6）　　□　非該当
　　☑　療育手帳・愛の手帳など　（手帳の名称　療育手帳　）（判定　B1　）
　　□　精神障害者保健福祉手帳　　　（1・2・3　級）

3　本人の日常・社会生活の状況について
(1)　身体機能・生活機能について
　　　□　支援の必要はない　　☑　一部について支援が必要　　□　全面的に支援が必要
　　　（今後，支援等に関する体制の変更や追加的対応が必要な場合は，その内容等）

> 現在は自宅で父親と暮らしている。食事、入浴、着替え、移動等の日常生活動作は自立しているが、明確な指示と見守りが必要である。食事や入浴の準備は父親が行う。慣れた場所への外出は可能であるが、不慣れな場所は支援が必要である。父親の加齢に伴い、自宅での父親との生活が難しくなっており、グループホームへの入居を検討している。本人もグループホームへの入居を希望しており、グループホームで支援を受けながら生活することが適当と考える。

(2)　認知機能について
　　　日によって変動することがあるか：□ あり　☑ なし
　　　（※　ありの場合は，良い状態を念頭に以下のアからエまでチェックしてください。
　　　　　エの項目は裏面にあります。）
　　ア　日常的な行為に関する意思の伝達について
　　　　☑　意思を他者に伝達できる　　□　伝達できない場合がある
　　　　□　ほとんど伝達できない　　　□　できない
　　イ　日常的な行為に関する理解について
　　　　□　理解できる　　　　　　　　☑　理解できない場合がある
　　　　□　ほとんど理解できない　　　□　理解できない
　　ウ　日常的な行為に関する短期的な記憶について
　　　　☑　記憶できる　　　　　　　　□　記憶していない場合がある
　　　　□　ほとんど記憶できない　　　□　記憶できない

1 / 2

〈ポイント〉　4　見える化シート2－③　"Aさんにグループホームの利用を尋ねると「入っていいよ。実習する」と答えた"から記載
5　見える化シート2－④　"最初の候補者には一言も発しなかったが、今回はAさんは終始ニコニコしており、最終的に「△さんで決めた」と意思を伝えられた"から記載

エ　本人が家族等を認識できているかについて
　☑　正しく認識している　　　☐　認識できていないところがある
　☐　ほとんど認識できていない　☐　認識できていない

(3)　日常・社会生活上支障となる精神・行動障害について
　☐　支障となる行動はない　　　　☐　支障となる行動はほとんどない
　☑　支障となる行動がときどきある　☐　支障となる行動がある
　（精神・行動障害に関して支援を必要とする場面があれば，その内容，頻度等）

> 通所している就労継続支援B型事業所のサービス管理責任者によれば、父親から厳しく注意されると口をきかなくなることもあるということだが、そのような様子が見られたときは、職員は時間をおいて話を聞くよう対応しているという。以前は激しい行動もあったそうだが、加齢とともに落ち着いてきているということであった。

(4)　社会・地域との交流頻度について
　☑　週1回以上　　☐　月1回以上　　☐　月1回未満

(5)　日常の意思決定について
　☐　できる　☑　特別な場合を除いてできる　☐　日常的に困難　☐　できない

(6)　金銭の管理について
　☐　本人が管理している　　☐　親族又は第三者の支援を受けて本人が管理している
　☑　親族又は第三者が管理している
　（支援（管理）を受けている場合には，その内容・支援者（管理者）の氏名等）

> 父親が本人の金銭管理をしており、年金の管理と生活費全般の支払いをしている。
> 行政の手続等は、本人が通所している就労継続支援B型事業所のサービス管理責任者が手伝っている。

4　本人にとって重要な意思決定が必要となる日常・社会生活上の課題　　☞〈ポイント〉
　（※ 課題については，現に生じているものに加え，今後生じ得る課題も記載してください。）

> 父親の加齢に伴い、自宅での父親との生活が難しくなり、今後は父親と暮らせないことを本人は理解している。今後の生活の場について意思決定支援の話し合いをしたところ、父親入院時に短期入所をしたグループホームへの入居を希望した。今後、グループホームへの入居契約が必要となる。その他、移動支援などのサービス利用の検討が必要となる。65歳になり介護保険への移行が必要となった場合には、再度居所の選択や契約などの対応が必要となる。

5　家庭裁判所に成年後見制度の利用について申立てをすることに関する本人の認識　☞〈ポイント〉
　☑　申立てをすることを説明しており，知っている。
　☐　申立てをすることを説明したが，理解できていない。
　☐　申立てをすることを説明しておらず，知らない。
　☐　その他
　（上記チェックボックスを選択した理由や背景事情等）

> 説明は期間をあけて複数回行った。これまで父親が担ってきた金銭管理などができなくなるため、他の人に頼む必要があることは理解している。後見人はグループホーム入居手続や支払いをすること、小遣いを持ってきてくれることなど、本人がわかるように説明した。自分の好きなものを買うためにお金が必要なことはわかっているが、成年後見制度を理解したとはいえ難い。しかし、複数の候補者と事前面談し、「（この人に）決めた」と答え、申立てをすることを再度確認したところ「わかった」と言った。

6　本人にとって望ましいと考えられる日常・社会生活上の課題への対応策　　☞〈ポイント〉
　（※御意見があれば記載してください。）

> グループホーム入居契約などの法律行為、金銭管理や家賃減免等の諸手続、その他の福祉サービス利用契約や履行の監視など、本人が理解して自ら行うことは困難なため、代理して行う必要がある。
> 簡単な意思表示はしっかりとできることから、本人が理解できるようわかりやすく平易な言葉で説明し、質問を工夫しながら意思を確認することが必要である。そのためには、コミュニケーションが取れる関係性の構築が必要となる。今後、グループホームでの生活状況の確認や、就労継続支援B型事業所（継続利用を希望している）での様子については、支援関係者と連携しながら確認していくことが求められる。

2/2

〈ポイント〉　6　見える化シート2－③ "グループホームに入っていいよ。実習する"、2－② 5に対する本人の希望、思いの "（好きな事業所に行けるよ、に対して）今のところでいいよ。仮面ライダーも買いたい" から記載

その後の経過

　社会福祉協議会権利擁護センターの相談員は、Aさんの父親に第2回目の話し合いの様子を伝え、△さん（社会福祉士）を後見人候補者とすることになりました。医師の診断書には「本人情報シート」の情報が反映され、「支援を受けなければ、契約等の意味・内容を自ら理解し、判断することができない」（保佐類型）となりました。これらの準備を経て、△社会福祉士を保佐人候補者として父親が成年後見制度の申立てを行い、△社会福祉士が保佐人に選任されました。

> ※注意※　本来であれば保佐類型の申立ての場合は、代理権付与の本人同意についても意思決定支援が必要ですが、本事例では申立てに至る支援に焦点をあてて作成しており、代理権付与に関する意思決定支援の場面は記載を省略しています。

(6)　事例の経過から意思決定支援を振り返る

　「意思決定支援プロセス見える化シート」を活用することで、話し合いの進行や検討すべき内容と確認された事柄が「見える化」され、本人および参加者が話し合いの内容を把握しやすくなります。「本人情報シート」作成の根拠資料となることもわかりました。

　今後の生活の場の選択では、本人が具体的なイメージを持てることが本人の意思決定には重要な要素となることがわかりました。意思決定支援においては、本人が具体的なイメージを持てるよう情報提供の方法を工夫することが求められます。

　成年後見制度の利用については、本人にわかるよう具体的に噛み砕いて平易な言葉で説明することで、本人が利用を肯定的にとらえモチベーションが上がりました。「今、必要な情報」として支援者が吟味して、本人のメリットを本人が理解できるように伝えましたが、情報提供の場面において支援者は、「意思決定支援における意思誘導的要素」（第1章4（17頁））があることを自覚し、「良い誘導」（許されうる誘導）であったのか検証する必要があります。

　誰が、何をどこまで、どのようなタイミングで伝えるかは、本人の理解度に合わせる必要があります。また、伝えるための方法を尽くすことは重要ですが、方法を尽くしても本人が理解できないことがあることを、支援者は理解することが必要です。社会福祉士等ソーシャルワーカーには、具体的に本人のどのような反応から、支援者が何を判断したのか、その状況について根拠を示しながら説明できる専門性が求められます。同意の有無の判断においても、同様です。

　最初の後見人候補者と二番目の後見人候補者では、本人の反応は明らかに異なったものでした。二番目の後見人候補者との話し合いの場面では、本人は候補者に好意的な反応を示し、「（この人に）決めた」と答えました。これは、複数の候補者と面談したことで、Aさん自身が比較考察できたためと考えられます。後見人候補者になる人を、本人の意思で決めることを保障することは極めて重要です。

　成年後見制度を利用するということは、単に申立てを支援すること、制度につなげることではありません。成年後見制度の利用は、本人が自らサポートを得ることが難しい状況にあるとき、サポートが得られるように補い支える「ふさわしい人」をつけることです。後見業務の内容が同じなら、誰が担当しても同じということは決してありません。本人が自分に「ふさわしい人」と思える人と出会い、その人とつながることが、成年後見制度利

用における意思決定支援です。

　意思決定支援は、人と人との関係性の上に成り立ちます。関係者が集まって「自分のことを大切にしてくれている」ことが本人に伝わることは、「自己評価サポート」や「モチベーションのサポート」になります。そして「自分が決める役割だ」と本人がわかり、関係者が見守ることが「地位のサポート」となります。意思決定支援は、本人の思いを表現してもらうコミュニケーションのプロセスであり、チームによる支援です。本人に役立つソーシャルサポートが得られることが、本人のエンパワメントにつながります。

3　発見・気づき・相談からの成年後見制度の利用と状態の変化に伴うモニタリング

(1)　【Bさんの事例】　認知症高齢者の状態に応じた生活環境の調整にかかわる意思決定支援

事例の概要

　Bさんは80歳代後半の女性です。一人暮らしをしていましたが、認知症と診断され、介護保険のサービスを利用するようになりました。しかし、関係者から一人暮らしの不安が指摘されるようになり、支援方法を検討することになりました（**【意思決定支援1】　発見・気づき・相談から成年後見制度の利用**（(2)））。

　2年後、脳梗塞を発症し、状態が大きく変化しました。Bさんの状態の変化に応じた支援方法を検討しました（**【意思決定支援2】　状態の変化に伴うモニタリング**（(3)（98頁）））。

事例の経過

　Bさんは20歳代で結婚しましたが離婚、子どもはいません。離婚後は実家で母と同居していましたが、Bさんが60歳代のときに母が死亡、その後は一人で生活していました。兄夫婦が近くにおり、兄はBさんが70歳代のときに死亡しましたが、義姉とは交流が続いています。

　Bさんは定年まで会社で働き、老齢厚生年金が月額約15万円、預貯金は500万円ほどありました。実家の不動産はBさん名義です。

　地域包括支援センターの社会福祉士が高齢者単身世帯訪問でBさんを訪問したところ、生活支援が必要な状況がわかり、Bさんに介護保険の申請を勧めました。診断書作成のため、かかりつけの総合病院内科を受診したところ、本人の訴えから物忘れ外来を紹介され、認知症の診断を受けました。介護保険の要介護認定は「要介護2」でした。

(2)　【意思決定支援1】　発見・気づき・相談から成年後見制度の利用

　地域包括支援センターの社会福祉士の支援で、居宅介護支援（ケアマネジメント）事業所と契約し、訪問介護（ホームヘルプ）の利用が始まりました。しかし、利用日時に自宅にいないことがあり、サービスが受けられないことがたびたびありました。

　また、年金収入をやりくりすることが困難なため、介護支援専門員（ケアマネジャー）が社会福祉協議会に相談し、日常生活自立支援事業を利用するようになりました。社会福祉協議会の専門員がかかわり、「日常的金銭管理」の支援を受けています。

　Bさんは、毎日近くのショッピングセンターに出かけることを楽しみにしており、年金収入以上の支出が続き預貯金は目減りしています。また、突然訪問してきた住宅改修業者に高額な費用を払おうとしたり、道に迷って住民に助けを求めたりすることが増え、地域住民からも一人暮らしの不安の声が介護支援専門員に寄せられるようになりました。介護支援専門員は、日常生活自立支援事業の専門員とこの情報を共有しました。

〈図3−12〉【意思決定支援1　発見・気づき・相談から成年後見制度の利用】における
「意思決定支援のためのツール」を活用したBさんへの意思決定支援の流れ

〈支援の流れ〉　　　　　　　〈意思決定支援の経過と活用したツール等〉

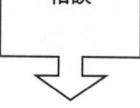

発見・気付き相談	地域包括支援センターが訪問して生活支援が必要な状況を発見 ⇩ 地域包括支援センターが介護保険の申請とサービス利用を支援し訪問介護利用開始 介護支援専門員が社会福祉協議会に相談、日常生活自立支援事業の利用開始 日常生活自立支援事業の専門員と介護支援専門員が地域包括支援センターに、一人暮らしを継続することの検討と成年後見制度利用の必要性を相談	
ステップ1支援の開始	地域包括支援センター社会福祉士はサービス担当者会議が必要であると判断し、会議をBさんの「意思決定支援の話し合い」とするための準備を開始。把握した情報に基づきBさんの現在の状況をアセスメント	「ソーシャルサポート・ネットワーク分析マップ」88頁
ステップ2の準備	地域包括支援センター社会福祉士がサービス担当者会議の事前準備として、本人および関係者と「Bさんは、今の生活をどう感じているか。これからどのような生活をしていきたいか」をテーマに話し合い（プレミーティング）を実施し、それを踏まえてサービス担当者会議の参加者を検討	「事前準備・意思決定支援プロセス見える化シート1」90頁
ステップ2話し合い	地域包括支援センター社会福祉士がサービス担当者会議を「意思決定支援の話し合い」として開催し、Bさんの生活に必要な支援方法を提案しBさんの意向を確認	
目的の共有 ⇩	Bさんが希望する、自宅での生活を安心して続けられるよう、その方法を提案する。Bさんは、その方法についてどう思うか。	「意思決定支援プロセス見える化シート1」92頁
本人との共同作業 ⇩	Bさんにサービスの見直しや成年後見制度の説明をして、利用について考えてもらうこと。	「シート2」93頁
確認と振り返り	Bさんが、安心して自宅での生活を継続できるようにするためには、介護サービスの利用を見直し、訪問販売の被害にあいそうなときも支援ができるよう、成年後見制度の必要性を理解してもらう。	「シート3」94頁
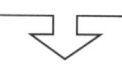申立支援	地域包括支援センター社会福祉士が、意思決定支援プロセスを踏まえて「本人情報シート」を作成 ⇩ 本人が申立て ⇩ 補助人選任	「本人情報シート」95頁

意思決定支援としてのかかわり

　この状況を踏まえ、日常生活自立支援事業の専門員と介護支援専門員は地域包括支援センターに支援方針を相談しました。相談内容は、一人暮らしを継続することの検討と成年後見制度利用の必要性の判断でした。

　地域包括支援センターの社会福祉士は、サービス担当者会議の開催が必要であると判断しましたが、会議にBさんが参加して「意思決定支援の話し合い」をするためには、事前準備が必要であると考えました（☞〈ポイント〉）。

> 〈ポイント〉　本人参加の会議は、「意思決定支援」の場であるという認識が必要です。会議を意思決定支援として実施するためには、どのような事前準備が必要でしょうか。

　Bさんの意思決定支援は、「意思決定支援のためのツール」を活用して、前頁〈図3－12〉に示す経過をたどりました。

(A)【ステップ1】支援の開始

> 　地域包括支援センターの社会福祉士は、Bさんの現在の状況をアセスメントするため、把握した情報に基づき「ソーシャルサポート・ネットワーク分析マップ」を作成しました（次頁〈図3－13〉）。

> 　作成した「ソーシャルサポート・ネットワーク分析マップ」に基づき、ソーシャルサポート機能に着目しながらBさんの状況を次のようにアセスメントしました。

作成した「ソーシャルサポート・ネットワーク分析マップ」に基づくアセスメント

・Bさんは、定年まで仕事に就き、社会の中で役割をもって生活してきており、退職してからは相次いで身近な家族を亡くしている。喪失感が強く、役割や生きがいなどの「地位のサポート」が必要な状態である。

・介護保険のサービスを利用することで、Bさんを支援する体制が急速に構築されたが、そのことで「自分は人の世話になる存在になってしまった」という思いが強くなり、自己評価が低下している状態ではないか。世話になりたくないという無意識の思いが、サービス提供時に不在になることにつながっているのかもしれない。「地位のサポート」や「モチベーションのサポート」がなければ、自己評価が回復しないのではないか。

・Bさん自らが、主体的に選択できるような「情報のサポート」と、Bさんといっしょに行動する「社会的コンパニオン」や、Bさんの立場に立った「道具的サポート」を提供する必要がある。Bさんが自分の意思で、主体的に選択できるようなかかわりが重要である（☞〈ポイント〉）。

> 〈ポイント〉　アセスメントから、本人の意思決定支援のチームには誰が必要でしょうか。話し合いには誰が参加するとよいでしょうか。

ステップ1
支援の開始

〈図3−13〉 Bさんのソーシャルサポート・ネットワーク分析マップ

作成日：20XX年6月1日
作成者：地域包括支援センター社会福祉士ＸＸ

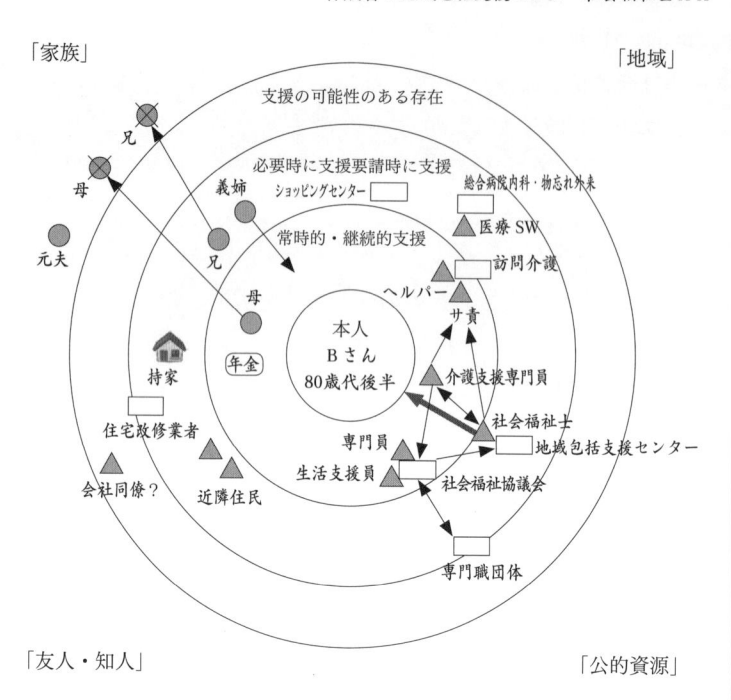

家族〇、友人・知人、地域、公的資源は個人を△印、組織を□印

・兄・母
　兄が亡くなり、母が亡くなったことを表しました。兄の妻を義姉として支援の可能性を、——▶で表しました。

・持家・年金
　ソーシャルサポートとして資源（リソース）も書き入れました。

・支援の四角形
　発見・気付き・相談の連携からチームが形成されています。

・専門職団体
　候補者紹介や専門相談で連携があります。

役割分析

必要な支援 （意思決定支援）	誰が （マップ上の存在）	引き受けている・期待されている役割
・安心安全な日常生活の継続 ・成年後見制度の利用	居宅介護支援事業所 介護支援専門員	ケアプランの作成・ニーズアセスメント →自己評価サポート
	地域包括支援センター 社会福祉士	権利擁護相談・成年後見申立支援 →情報サポート、道具的サポート
	社会福祉協議会・専門員	日常生活自立支援事業の提供 後見人候補者紹介 →モチベーションのサポート
	訪問介護事業所 サービス提供責任者	訪問介護の提供・ヘルパー管理サポート →道具的サポート、モチベーションのサポート
	義姉（亡母、亡兄）	身内・心の支え、身元保証人、申立人 →地位のサポート

(B)【ステップ2の準備】

　アセスメントの結果、地域包括支援センターの社会福祉士は、Bさんの成年後見制度利用についての判断を先延ばしにするのではなく、現時点からBさんの考えや意向を尊重した適切な情報提供を行い、支援方針を決定していくことが必要であると判断しました。そのために、Bさんと関係者の話し合いの場を持ちたいと考えました。

　しかし、Bさんはこれまでも、多くの人がいる会議の場では発言することがなく、会議が終わった後に「あれはどういう意味だったの？」「何を話していたの？」と聞く様子がみられました。そこで、話し合いの事前準備と会議終了後のフォローを丁寧に行う必要があると考えました。

　地域包括支援センターの社会福祉士は、成年後見制度利用支援の前提として、Bさんが現在の生活をどうとらえているかを知ることが重要であると考え、サービス担当者会議の事前準備としての話し合い（プレミーティング）を行うことにしました。確認した情報を「意思決定支援プロセス見える化シート1」にまとめました（次頁〈図3－14〉）。

　地域包括支援センターの社会福祉士は、話し合い（プレミーティング）に必要な参加者について介護支援専門員と相談しました。介護支援専門員からBさんにも、Bさんの考えを聴きたいことを説明し、Bさんの希望も聴きながら参加者を選定しました。

　その結果、義姉、社会福祉協議会専門員、訪問介護事業所サービス提供責任者の3名に参加を依頼することになりました。これにBさん、介護支援専門員、地域包括支援センター社会福祉士を加えた6名で集まることになりました。これまでの経過で、総合病院の医療ソーシャルワーカーや近隣の人から得た情報は、介護支援専門員が報告することにしました。Bさんが緊張せず気軽に話ができるよう、Bさんの自宅で話し合い（プレミーティング）を行いました。参加者から出された意見や情報を、「意思決定支援プロセス見える化シート1」にまとめました。

　事前準備のための話し合い（プレミーティング）では、テーマを「Bさんは、今の生活をどう感じているか。これからどのような生活をしていきたいか」としました。なぜなら、これまでの支援が必ずしもBさん主体ではなく関係者主体で提供され、Bさんの思いをきちんと聴いてこなかったのではないかと考えたためです。また、初めから成年後見制度の説明をしたとしても、「成年後見制度」という言葉の理解度がBさんと関係者では異なるにもかかわらず、「Bさんに成年後見制度の説明をした」という既成事実として関係者が認識するおそれがあり、関係者主体の支援を繰り返すことになりかねないと考えたためでした。

　話し合い（プレミーティング）では、Bさんは参加者の話を聞いているだけで、自分から積極的に話すことはなかったものの、問いかけには明確な意思表示があり、現在の生活に関する認識と今後の希望が把握できました。同時に、関係者が支援方針を検討するうえでの情報共有ができました。

　これを踏まえ地域包括支援センターの社会福祉士は、支援関係者とサービス担当者会議の打ち合わせを行いました。目的は、「意思決定支援プロセス見える化シート」を活用し

〈図3－14〉　事前準備・意思決定支援プロセス見える化シート1

事前準備・〈意思決定プロセス見える化　シート1〉
どんな意思決定を支援するのかを確認する→本人の思いを聴く、支援者の考えを述べる

この「意思決定支援プロセス見える化シート」は、ご本人の意思を確認し、ご本人の希望をどうすれば実現できるかを話し合うために使います。
- □意思決定の主体は本人です。意思決定とは、本人が自分のことを自分で決めることです。
- □支援者が代わりに決めたり、良いと考える方法を強要したり、決めることを強制したりしません。
- □本人を中心とした話し合いになるようにします。話し合いの内容は記録します。
- □話し合いで決まったことを実行してみて再度話し合い、より良い方法がないか見直します。
- □一度の話し合いで結論を出す必要はありません。必要に応じて話し合いを繰り返し行います。

シート1－①　このシートのテーマまたは検討課題　　　第 1 回　　　通算シートNo.1
Bさんは、今の生活をどう感じているか。これからどのような生活をしていきたいか。

シート1－②　シート作成者（職名及び氏名）　地域包括支援センター社会福祉士ＸＸ

シート1－③　今日の話し合い　20ＸＸ年 6 月10日　10時　～　12時　　場所　Bさんの自宅

シート1－④　今日の参加者名　Bさん、義姉、社会福祉協議会専門員、訪問介護事業所
　　　　　　　サービス提供責任者、介護支援専門員、地域包括支援センター社会福祉士ＸＸ

シート1－⑤　Bさんの思い（このシートのテーマまたは検討課題に関する本人の希望や意見）

（これまでに関係者がBさんから聴き取った内容）お義姉さんが来てくれて助かる。お義姉さんも大変だから迷惑はかけられない。一人で大丈夫。ヘルパーさんが来たときにいなかったの？ 近所の○さんに家まで送ってもらったの？ 覚えてない。みなさんに迷惑かけているのかしら、ごめんなさい。ダメになっちゃったのね。このままここにいてもいいのかしら？ お金の使い方がうまくできないの。専門員さんに電話するけど、次は1週間後って言われると、どうしたらいいかわからなくなる。お金がないの？
（本日の話し合いの最後にBさんに聞いたところ）自分の家なんだから、ここで今までのように生活していきたいです。今のままではだめと言われたの？ ヘルパーさんが来てくれるし、お金を持ってきてくれる人もいるから安心です。頼りにしています。

シート1－⑥　Bさん以外の参加者及び関係者の意見

意見を言った人	このシートのテーマまたは検討課題についての意見
介護支援専門員	ケアプランはBさんの意見を聞きながら作成したが、ヘルパーが訪問したら外出していることがあり、予定していたサービスが提供できないことがある。自宅の鍵を失くして困ったこともあった。訪問販売員の立ち寄りがしばしばあるようだ。住宅改修業者にお金を払おうとしていたこともあった。一人暮らしを心配する声もあるが、見守り体制やサービス利用を増やすことで、一人暮らしは十分可能だと思っている。
総合病院医療ソーシャルワーカーからの情報	（介護支援専門員報告）担当医から、受診時に付添いがいないと話が伝わらず、服薬管理ができているのか心配があると言われているとのこと。現状では訪問看護の必要性まではないとの話だった。
近隣の人からの情報	（介護支援専門員報告）Bさん宅を訪問すると、近隣の方が玄関先で待っていて、心配して様子を伝えてくれる。いつも一人で買い物に行っているようだが、歩行も不安定でふらついていて心配とのこと。先日は、夜、自分の家がわからなくて迷っていたので、自宅まで送ってきたこともあったとの話だった。
訪問介護事業所サービス提供責任者	ヘルパーが訪問するとニコニコしてうれしそうである。しかし、週に1，2回、ヘルパー訪問時に不在のときがあり、サービスが提供できない。キャンセル料は請求していないが、度重なると事業所としても限界がある。Bさんが不在の時は、安否の確認など予定外の対応が必要になる。在宅生活が継続できるようサービスの提供をしていきたいと思うが、Bさんは本当にサービスを受けたいと思っているのか、事業所としては不安がある。生活状況から、施設入所の検討も必要ではないかと考える。
義姉	お医者さんから心配されていることを初めて知った。通院に同行してあげたいが、自分も具合が悪い時が多く難しい。夫（Bさんの兄）が亡くなった後も行き来してきた。何かあったら助け合いたいと思っているが、すぐ

	に駆け付ける自信はない。Bさんは、以前に比べると歩行もふらついて、話したことを忘れていることも増えているように思う。できることは手伝いたいが、何をしたらいいのか、何ができるのか、わからない。一人で家に帰れなくなることがあったと聞いて心配である。
社会福祉協議会専門員	現在2週間に1回、お金を届けている。半年ほど前から、1週間でなくなってしまい電話が入るようになっている。社協としては1週間ごとの支援は難しい。電化製品の故障などで臨時の出金が必要とヘルパーから連絡があるが、高額でありBさんの意向がはっきりしないなかでは、社協で判断することは難しい。日常生活自立支援事業での支援では限界で、成年後見制度についてBさんに理解してもらう必要があると考えている。
地域包括支援センター社会福祉士	実態をはじめて聞いた。今後成年後見制度申立ての検討が必要と考える。Bさんに制度のことを説明したい。申立支援が必要となるのではないか。お義姉さんの体調も良くないので、手続のお手伝いをしたい。

た話し合いを行ううえでの共通理解を深めることで、冒頭の留意点をあらためて確認しました。

　次に会議の参加者を検討しました。義姉は体調もすぐれず、Bさんが義姉を心配して自分の思いを発言しにくいのではないかと考え、会議への参加は要請せず、後日経過を報告することにしました。訪問介護事業所は、事業所として次の会議には参加しないと判断したということでした。それは、「Bさんが気を遣って話しにくいのではないか」という理由からでした。話し合い（プレミーティング）でのBさんの様子から、Bさんが話しやすい人数は4人程度が適当と考え、参加者はBさんと、介護支援専門員、社会福祉協議会専門員、地域包括支援センターの社会福祉士としました。また、サービスを提供する契約当事者ではない地域包括支援センターの社会福祉士が、Bさんの立場に立って会議を進めていくことを確認しました。場所は前回の話し合いと同様、Bさんの自宅としました。

　(C) 【ステップ2】 話し合い

　地域包括支援センターの社会福祉士は、「意思決定支援プロセス見える化シート」の項目に沿って、サービス担当者会議を開催しました（次頁以下〈図3－15〉～〈図3－17〉）。会議終了後に記録としてBさんおよび参加者に配布し、これまでの経過に基づき「本人情報シート」を作成しました（95頁〈図3－18〉）。

〈図3－15〉 意思決定支援プロセス見える化シート１

〈意思決定プロセス見える化　シート１〉

どんな意思決定を支援するのかを確認する→本人の思いを聴く、支援者の考えを述べる

> この「意思決定支援プロセス見える化シート」は、ご本人の意思を確認し、ご本人の希望をどうすれば実現できるかを話し合うために使います。
> ☑意思決定の主体は本人です。意思決定とは、本人が自分のことを自分で決めることです。
> ☑支援者が代わりに決めたり、良いと考える方法を強要したり、決めることを強制したりしません。
> ☑本人を中心とした話し合いになるようにします。話し合いの内容は記録します。
> ☑話し合いで決まったことを実行してみて再度話し合い、より良い方法がないか見直します。
> ☑一度の話し合いで結論を出す必要はありません。必要に応じて話し合いを繰り返し行います。

シート１－①　このシートのテーマまたは検討課題　第 2 回　　通算シートNo. 2
Bさんが希望する、自宅での生活を安心して続けられるよう、その方法を提案する。
Bさんは、その方法についてどう思うか。

シート１－②　シート作成者（職名及び氏名）　地域包括支援センター社会福祉士ＸＸ

シート１－③　今日の話し合い　20ＸＸ年 6 月20日　10時　～　12時　　場所　Bさんの自宅

シート１－④　今日の参加者名　Bさん、介護支援専門員、社会福祉協議会専門員、
　　　　　　　地域包括括支援センター社会福祉士ＸＸ

シート１－⑤　Bさんの思い（このシートのテーマまたは検討課題に関する本人の希望や意見）

自分の家で今までのように生活していきたい。今のままではダメなのか。
ヘルパーさんや、お金を持って来てくれる人がいるのは安心。
頼りにしているから、あなた（社会福祉協議会専門員）に来てもらいたい。

シート１－⑥　Bさん以外の参加者及び関係者の意見

意見を言った人	このシートのテーマまたは検討課題についての意見
介護支援専門員	ヘルパー訪問時不在のときもあるが、サービスは必要だと思う。自宅の鍵を失くして困ったことがあった。訪問販売員の立ち寄りがしばしばある。住宅改修業者にお金を払おうとしていたこともあった。利用するサービスのことや、Bさんが一人で判断するのが難しいことについて、手伝ってくれる人を頼んではどうか。
社会福祉協議会専門員	このところ1週間で届けたお金がなくなってしまうことが続いている。2週間に1回届けているが、訪問回数を増やすことはできない。エアコンの買い替えが必要とヘルパーさんや介護支援専門員さんから言われているが、高額の買い物の判断は社協ではできないので、Bさんに必要なことのお手伝いが難しくなっている。
地域包括支援センター社会福祉士	Bさんがこれまでどおり、自宅で安心して生活していくためには、今かかわっている関係者ではお手伝いできないこともある。できないところをやってもらえる、新しい役割を持った人が必要だと思う。Bさんには成年後見制度の利用を勧めたい。申立てという手続について説明したい。

〈意思決定プロセス見える化　シート2〉

考えられる選択肢の検討→本人による選択の支援→緊急性・法定権限行使の必要性の検討

ステップ2
話し合い

シート2－①　Bさんの思い（シート1－⑤に記載した内容）に沿って、これから何をすれば良いか話し合います。そのうち今日話し合うことは、
Bさんにサービスの見直しや成年後見制度の説明をして、利用について考えてもらうこと

シート2－②　Bさんの思いに沿って「Bさんにサービスの見直しや成年後見制度の説明をして、利用について考えてもらうこと」（シート2－①に記載した内容）がどうすればできるか、その方法を考えます。

考えられる方法(情報)	誰が	どのように伝えたか	Bさんの希望、思い（反応）
1　生活費の管理方法の見直し	社協専門員	大きな買い物や、家の修理の判断は日常的金銭管理ではできないので、いっしょに考えてくれる後見人が必要です。財産を守って管理してくれる人をお願いしませんか。	後見制度のことは何度か聞いたが、私は頭が変だから、今まで信頼していた社協の人が勧めるならやってみようかしら。でも、あなたじゃないでしょう。誰がやるの？
2　ケアプランの見直し	介護支援専門員	ヘルパーの利用だけではなく、デイサービスや配食サービスを利用して安心できるようにしませんか。	お隣の人が食事を届けてもらっている。でも、お金が足りなくなるからやめときます。
3　買い物の方法の見直し	介護支援専門員	現在はヘルパーが買い物をしていますが、ヘルパーがBさんと同行すれば、Bさんの意向に沿った買い物ができますが、どうですか？	買い物は一人でできるよ。ショッピングセンターは、子ども多くて、食事もできるし、にぎやかでいいよ。
4　契約の取消しができる人をつける	地域包括社会福祉士	必要のない住宅改修にお金を払おうとしていたので、詐欺などに備えておく必要があります。	屋根の修理代を払わなくってよかった。手付金だって言っていた。次に来たらどうしたらいいかね？
5　成年後見制度の申立ての準備をする	地域包括社会福祉士	義姉さんも心配して何か手伝いたいと言われました。成年後見制度の申立ての手続を手伝ってもらいませんか？	迷惑はかけられないからね。具合悪いって聞いているから。昔はよくいっしょに出かけたりしたのよね……ありがたいね。でも頼めないよ。

シート2－③　シート2－②で話し合った方法について、Bさんはどうしたいか

今までどおりお金を届けてほしい。家に入れないときは困った。屋根の修理代を払わなくてよかった。
体は大丈夫だけど頭が変だから……、社協さんが決めて。ここ（家）にいていていんでしょう。

シート2－④　シート2－③で、Bさんが自分で決めるのが難しい場合、その状況

今まで信頼していた社協が勧めるのでやってみようか、でも誰がしてくれるのか不安、「あなた（社協）じゃないでしょう」「お義姉さんには迷惑かけられないけれど、何か手伝いたいって…ありがたいね」と言う。制度や申立手続の説明をすると、「私は頭が変だから」と言われ、途中から目をそらした。

シート2－⑤　Bさんの「Bさんにサービスの見直しや成年後見制度の説明をして、利用したいかどうか考えてもらうこと」（シート2－①に記載した内容）について、いつまでに決める必要があるか。

1週間以内に再度Bさんに説明し、Bさんの意向に添った形で成年後見制度の申立て準備を進める。

シート2－⑥　Bさんの「Bさんにサービスの見直しや成年後見制度の説明をして、利用したいかどうか考えてもらうこと」（シート2－①に記載した内容）について、後見人等が代理権等を行使する必要があるか。ある場合、その理由は何か。

成年後見制度の利用についてBさんに説明し、新たな役割を担う人が必要であることは理解されたと判断した。しかし、制度について十分理解できたとはいい難い。介護サービスの見直しや利用契約について、Bさんの立場で判断したり、訪問販売の被害を防止したりする必要がある。

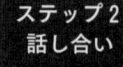

ステップ2
話し合い

〈図3-17〉 意思決定支援プロセス見える化シート3

〈意思決定プロセス見える化　シート3〉
今日決まったことの確認→本人への説明と同意の有無の確認

Bさんの「サービスの見直しや成年後見制度の説明をして、利用について考えてもらうこと」（シート2-①に記載した内容）について、今日決まったこと（シート2で確認したこと）

> **シート3-①　今日決まったこと**
> Bさんが、安心して自宅での生活を継続できるようにするためには、介護サービス利用について見直し、訪問販売の被害にあいそうなときも支援できるよう、Bさんに成年後見制度の必要性を理解してもらう。

> **シート3-②　今日決まったこと（シート3-①に記載した内容）について、本人への説明と同意の状況**
> ヘルパーはいらないのよ。買い物だってできるし……。楽しいことはやってみたい。
> 本当に、屋根の修理代を払わなくって助かった……。でも、住宅改修の人はまた来ると言っていたけれど、断れるかしら。間違えて払っちゃったときにその人が取り返してくれるのね。

シート3-③　今日決まったこと（シート3-①に記載した内容）を実行するための役割分担と、本人への説明と同意の状況

誰が	いつまでに、何をやるのか	本人への説明と同意の状況
地域包括支援センター社会福祉士	（1週間以内に） 「本人情報シート」を作成し 主治医に診断書の作成を依頼する。	「これまで聞いたことを『本人情報シート』に書いてもいいですか。その後、病院の医療ソーシャルワーカーを通して主治医に診断書の作成をお願いしてもいいですか？」と様式を示しながら説明。「よくわからないから、また教えてください。あなたが書いてくれるなら安心だわ。診断書はいつもの先生にお願いするのね」。
社会福祉協議会専門員 権利擁護センター担当者	（1週間以内に） Bさんに、成年後見制度をわかりやすく説明する。 権利擁護センター担当者が、社会福祉士会に後見人候補者の推薦を依頼する。	「もう一度成年後見制度のわかりやすい資料をもってきて説明します。どんな人にお願いできるか、社会福祉士会に推薦してもらいましょう」。 「あなたが勧めるならやってみようかしら、でもあなたがやってくれるの？　違うの？」（不安そうな様子） 「私は頭が変だから、あなたがやって」と、新たな人をイメージするのが難しい様子だった。

シート3-④　やってみてからもう一度考えるのは　20XX年6月27日　10時～11時（1週間後）

- -

実施結果　（20XX年6月27日記載）　☞〈ポイント〉
地域包括支援センター社会福祉士が「本人情報シート」を作成し、主治医に診断書を依頼した。
社会福祉協議会専門員が再度成年後見制度の説明をして後見人候補者の希望を聞いたところ、「兄のような優しい人がいい」と言った。
課題　（200XX年6月27日記載）　☞〈ポイント〉
後見人候補者とのマッチング、本人との面談場面の設定をどうするか。
状況から義姉の申立ては難しいと判断し、首長申立てか本人申立てを検討する。
⇒しばらくしてから状況を確認する必要性　　☑あり→いつ頃（1カ月以内）　　☐なし

> ご本人の意思を確認し、ご本人の希望をどうすれば実現できるか話し合いができましたか？　最後にもう一度、以下のような話し合いになっていないか、確認しましょう。
> ☐本人以外の関係者の問題を本人の問題としてすり替えていないか
> ☑本人の言葉をそのまま本人の自己決定と捉えていないか、本人の自己責任に帰していないか
> ☑支援のしやすさを優先していないか、支援者のための根拠付けになっていないか
> ☐サービス先にありきの、既存のサービスを当てはめるだけの検討に終わっていないか
> ☐結論が先にありきになっていないか、後付けの根拠資料として使われていないか

〈ポイント〉　実施結果には、今日の話し合いで決めたことが、その後どのように実行されたかを、次回の話し合いで確認して記載しました。課題には、今後の支援につなげるための要検討事項を記載しています。

本人情報シート（成年後見制度用）

※ この書面は，本人の判断能力等に関して医師が診断を行う際の補助資料として活用するとともに，家庭裁判所における審理のために提出していただくことを想定しています。

※ この書面は，本人を支える福祉関係者の方によって作成されることを想定しています。

※ 本人情報シートの内容についてさらに確認したい点がある場合には，医師や家庭裁判所から問合せがされることもあります。

作成日　20XX年　6 月　23日

本人	
氏　　名：	B
生年月日：	〇〇〇〇年　〇　月　〇　日

作成者	
氏　　名：	××　　　　　　　㊞
職業（資格）：	地域包括支援センター（社会福祉士）
連 絡 先：	00-0000-0000
本人との関係：	〇市地域包括支援センター職員

1　本人の生活場所について
　　☑　自宅（自宅での福祉サービスの利用　☑ あり　□ なし）
　　□　施設・病院
　　　　→施設・病院の名称　＿＿＿＿＿＿＿＿＿＿＿＿＿＿＿
　　　　　住所　＿＿＿＿＿＿＿＿＿＿＿＿＿＿＿＿＿＿＿＿＿

2　福祉に関する認定の有無等について
　　☑　介護認定（認定日：〇〇〇〇年〇月）
　　　　□ 要支援（1・2）　　☑ 要介護（1・②・3・4・5）
　　　　□ 非該当
　　□　障害支援区分（認定日：　　年　　　月）
　　　　□ 区分（1・2・3・4・5・6）　　□ 非該当
　　□　療育手帳・愛の手帳など　（手帳の名称　　　　　　　）（判定　　　　　）
　　□　精神障害者保健福祉手帳　　　（1・2・3　級）

3　本人の日常・社会生活の状況について
(1)　身体機能・生活機能について
　　　□ 支援の必要はない　☑ 一部について支援が必要　□ 全面的に支援が必要
　　　（今後，支援等に関する体制の変更や追加的対応が必要な場合は，その内容等）

> 在宅で介護保険サービスを利用し、近くに居住する義姉の支援を得て生活を継続しているが、最近はサービス利用日や時間を忘れて外出するなど、サービス提供が受けられないことが増えてきている。介護支援専門員はサービスの見直しが必要だと考えている。

(2)　認知機能について
　　　日によって変動することがあるか：☑ あり　□ なし
　　　（※　ありの場合は，良い状態を念頭に以下のアからエまでチェックしてください。
　　　　エの項目は裏面にあります。）
　　　ア　日常的な行為に関する意思の伝達について
　　　　　☑ 意思を他者に伝達できる　　□ 伝達できない場合がある
　　　　　□ ほとんど伝達できない　　　□ できない
　　　イ　日常的な行為に関する理解について
　　　　　□ 理解できる　　　　　　　　☑ 理解できない場合がある
　　　　　□ ほとんど理解できない　　　□ 理解できない
　　　ウ　日常的な行為に関する短期的な記憶について
　　　　　□ 記憶できる　　　　　　　　☑ 記憶していない場合がある
　　　　　□ ほとんど記憶できない　　　□ 記憶できない

1 / 2

〈ポイント〉　4　見える化シート2−②2に対する本人の希望、思いの“お金が足りなくなるからやめときます”から記載。
5　見える化シート2−②1に対する本人の希望、思いの“あなたじゃないでしょう、誰がやるの？”、5に対する本人の希望、思いの“迷惑はかけられないからね”から記載。

申立支援

　　　エ　本人が家族等を認識できているかについて
　　　　　☑　正しく認識している　　　　　☐　認識できていないところがある
　　　　　☐　ほとんど認識できていない　　☐　認識できていない
　(3)　日常・社会生活上支障となる精神・行動障害について
　　　☐　支障となる行動はない　　　　　　☐　支障となる行動はほとんどない
　　　☑　支障となる行動がときどきある　　☐　支障となる行動がある
　　　（精神・行動障害に関して支援を必要とする場面があれば，その内容，頻度等）

> ヘルパーの訪問日や時間を忘れてしまい、自宅にいないため、ヘルパーが支援できないときが週に1、2回程度ある。夜間、自宅に帰ることができなくなり、近隣住民に家まで送ってもらったことがある。そのことを本人は覚えていなかった。

　(4)　社会・地域との交流頻度について
　　　☑　週1回以上　　　☐　月1回以上　　　☐　月1回未満
　(5)　日常の意思決定について
　　　☐　できる　　☑　特別な場合を除いてできる　　☐　日常的に困難　　☐　できない
　(6)　金銭の管理について
　　　☐　本人が管理している　　　☑　親族又は第三者の支援を受けて本人が管理している
　　　☐　親族又は第三者が管理している
　　　（支援（管理）を受けている場合には，その内容・支援者（管理者）の氏名等）

> 社会福祉協議会日常生活自立支援事業の「日常的金銭管理サービス」の契約をし、2週間に1度、生活費を届けてもらう。1週間で手持ち金が足りなくなることがある。

4　本人にとって重要な意思決定が必要となる日常・社会生活上の課題　　　☞〈ポイント〉
　（※課題については，現に生じているものに加え，今後生じ得る課題も記載してください。）

> 介護支援専門員は、介護保険サービスの見直しが必要だと考えている。訪問介護がサービスの要だが、サービス提供ができないことが毎週のようにあり、今後、契約を継続できるか不安がある。サービスの見直しについて本人は、費用負担が増えることから消極的であり、本人にわかりやすい説明をしながら本人の意思決定を支援する必要がある。

5　家庭裁判所に成年後見制度の利用について申立てをすることに関する本人の認識
　☑　申立てをすることを説明しており，知っている。　　　　　　　☞〈ポイント〉
　☐　申立てをすることを説明したが，理解できていない。
　☐　申立てをすることを説明しておらず，知らない。
　☐　その他
　　（上記チェックボックスを選択した理由や背景事情等）

> 説明について部分的には理解している。親族が申立てを行うという説明を受けたときに、「義姉にはこれ以上迷惑はかけられない」と明確に発言があった。また、「これまでのやり方ではだめなのか」という問いもあり、制度についての理解が十分できたとはいい難い。そのため、社会福祉協議会の権利擁護担当者から引き続き説明を行い、推薦された後見人候補者との面談を予定している。

6　本人にとって望ましいと考えられる日常・社会生活上の課題への対応策　　☞〈ポイント〉
　（※御意見があれば記載してください。）

> 本人は自分の希望や思いを他者に伝えることができ、その実現に向けて支援関係者はこれまでもかかわってきた。しかし、徐々に認知機能が低下しており、支援体制をこれまでとは違う内容で検討することも、本人の安全や安心のためには必要なことである。本人の意思を尊重した形で、福祉サービスの利用などの契約行為の代理ができる体制が望ましい。地域住民の心配の声も出始めており、支援関係者からは施設入所が必要ではないかという意見がある。本人の意思や意向を尊重し支援方針を検討するために、法定代理人が支援関係者と連携し、チームとして本人を支えていく体制をつくることが重要である。

2／2

〈ポイント〉　6　前記に加え、見える化シート2－②4に対する本人の希望、思いの"屋根の修理代を払わなくてよかった。次に来たらどうしたらいいかね"、見える化シート3－③"よくわからないからまた教えてください。""あなたが勧めるならやってみようかしら。"から記載。

その後の経過

　地域包括支援センターの社会福祉士が作成した「本人情報シート」を参考に、主治医が診断書を作成しました。診断書では「支援を受けなければ、契約等の意味・内容を自ら理解し、判断することができない」（保佐類型相当）にチェックがありましたが、「本人情報シート」では理解や判断ができない場合があるものの、本人は自分の希望や思いを他者に伝えることができ、適切な支援を受けることができれば自身で「できる」ことも多いと考えられ、補助類型も想定されました。

　申立人については、本人が「義姉に迷惑をかけたくない」という気持ちが変わらなかったことと、「社会福祉協議会の専門員が勧めるのであれば利用したい」という気持ちが最終的に維持できたため、本人による申立てを社会福祉協議会の権利擁護センター担当職員が支援する形になりました。

　申立てを受け付けた家庭裁判所では、医師の診断書と「本人情報シート」の内容が確認され、本人面談も実施されて、最終的に「補助」の審判がおりました。

　補助人には社会福祉士が選任され、現時点でBさんに必要な代理権として、「年金が振り込まれる銀行口座の預貯金に関する金融機関との取引」「介護契約その他の福祉サービスや医療契約について」等が設定されました。消費者被害の心配もあったため、取消権についても検討されましたが、Bさんが「困ったときは相談するから」と言うため、現時点では取消権の設定は行われませんでした。消費者被害への対応は、一般的な法制度をBさんが使えるように支援する形でも対応できること、それでは対応できない問題が発生しそうな場合は、あらためて権限付与の必要性について検討することになりました。

(D) 【意思決定支援1　発見・気づき・相談から成年後見制度の利用】を振り返る

　Bさんの生活状況は、地域住民からも不安の声があがるなか、訪問介護サービスの利用契約の継続も危ぶまれ、安全な在宅生活が継続できなくなるリスクがありました。このまま様子をみていたら、回復し難い危機的状況に陥ることも想定され、介入の緊急度は高いものでした。このような状況においては、支援関係者も一人暮らしは限界と判断し、安易に施設入所の検討へと流れるおそれがありました。

　これらの状況を考慮しつつ、Bさんの意向を把握し、意向に沿った支援方法を検討するため、地域包括支援センターの社会福祉士はBさんの意思決定支援を試みました。「ソーシャルサポート・ネットワーク分析マップ」でのアセスメントから始め、事前準備としての話し合い（プレミーティング）を経て、そのときの様子を踏まえてBさんが意思を表明しやすいよう配慮したうえで、サービス担当者会議を「意思決定支援のための話し合い」として開催しました。

　「意思決定支援のための話し合い」でのBさんと参加者とのやりとりから、Bさんには理解できることもありましたが、理解が難しいことがあることもわかりました。話し合いのプロセスを踏まえて何を決め、それについてBさんの同意が得られたかどうかを判断することは、参加者が大変悩むところでした。緊急性を考慮して、早急に成年後見制度の利用につなげる必要があるという判断と、時間をかけてBさんの意向に丁寧に寄り添う意思決定支援との狭間で、参加者がジレンマを感じる場面でした。「意思誘導要素」（第1章4（17頁））が強く働いていることを自覚しつつも、緊急性との兼ね合いからBさんに了解が得

られることは進め、同時にBさんの理解を得るための説明も続けることを確認しました。

　これらの経過から話し合いの振り返りとして、シート3の最後のチェック項目のうち、「本人以外の関係者の問題を本人の問題としてすり替えていないか」、「サービス先にありきの、既存のサービスを当てはめるだけの検討に終わっていないか」、「結論が先にありきになっていないか、後付けの根拠資料として使われていないか」の三項目には課題があると判断したため、チェックを入れませんでした。「これらの配慮が不十分だった」という単なる反省としてではなく、「配慮をしてもなお、意思決定支援の話し合いとして課題がある」と参加者が共通認識したことを記録に残すためでした。

　意思決定支援のプロセスは、繰り返し行われることが重要です。一度の話し合いで将来がすべて決まるわけではありません。今回決めたことをやってみて、また考える、見直すという小さなプロセスの繰り返しです。今回の話し合いで課題があると認識したことについては、また次の話し合いで引き続き向き合い、本人とのやりとりを通して意思決定支援としてのより良い展開を模索していく必要があります。そのためにも、「意思決定支援のための話し合い」の課題を支援者が共通認識することは、大変重要なこととなります。

　補助人が選任されたことで、支援チームに新たなメンバーが加わりました。補助人が本人の代弁者としての役割を引き受けることで、Bさんの意思決定をチームで支援していく体制が再構築されました。

(3) 【意思決定支援2】　状態の変化に伴うモニタリング

事例の経過

　補助人選任後、ケアプランを見直して居宅サービスの体制を整え、自宅で生活を続けていましたが、2年が経過する頃から認知機能の低下が顕著となり、外出先で帰れなくなり、保護されることが頻発するようになりました。Bさんも不安を感じているようでした。

　ある夜、Bさんは自宅のベッドから転倒し、翌朝ヘルパーに発見されました。脳梗塞による転倒と診断され入院治療を受けましたが、右半身麻痺があり、リハビリの指示を理解することが難しく歩行が困難となり、車いすでの生活となりました。介護保険の区分変更申請をしたところ、「要介護4」になりました。

　入院から2カ月が経過して退院の許可があり、1カ月以内にBさんの退院先を確保する必要が生じました。介護支援専門員と自宅への退院を検討しましたが、住宅改修が必要で退院には間に合わず費用もかかること、居宅サービスを24時間体制で整えるのは難しく、確保したとしても負担が高額になることがわかり、自宅への退院は難しいと判断しました。

　退院先（新たな生活の場）について、補助人が地域包括支援センターの社会福祉士に情報提供を求めたところ、入所が可能な特別養護老人ホームがあることがわかりました。補助人が見学し生活相談員と面談してBさんの状況を伝え、入所申込みの手続を行いました。

意思決定支援としてのかかわり

　Bさんは入院当初は、「早く（家に）戻りたい」と自宅へ帰ることを希望する言葉が聞かれましたが、入院が経過するにつれて言葉が少なくなりました。補助人が退院後の生活や施設の入所申込みの説明をしても、ただ黙って聞くのみとなりました。

　補助人はBさんの状況から、今後想定される施設入所契約に関する代理権について、Bさんの同意を得て申し立てることは困難であると判断し、今後Bさんに必要な後見業務を

〈図3−19〉【意思決定支援2　状態の変化に伴うモニタリング】における
「意思決定支援のためのツール」を活用したBさんへの意思決定支援の流れ

〈支援の流れ〉	〈意思決定支援の経過と活用したツール等〉	
類型見直しの モニタリング 会議を依頼 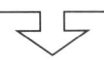	補助人選任から2年後、Bさんが脳梗塞で入院、右半身麻痺で歩行困難「要介護4」、介護支援専門員と自宅での生活を検討するが困難と判断。退院先の確保が必要 ⇩ 補助人が地域包括支援センターに退院先の情報提供を求め、特別養護老人ホームに入所の申込み。類型の見直しについて相談。モニタリングは社会福祉協議会後見支援センター（中核機関）が担当 ⇩ 補助人が後見支援センターの社会福祉士にモニタリング会議の開催を依頼	
ステップ1 支援の開始 	補助人が、モニタリング会議の開催に向けてBさんの状況をアセスメントし、これまでの状況との変化を確認	「ソーシャルサポート・ネットワーク分析マップ」 101頁
ステップ2 の準備 	補助人が作成したマップを社会福祉協議会後見支援センター社会福祉士と共有し、会議の参加者を検討 社会福祉協議会後見支援センター社会福祉士が関係者から事前に収集した情報をシート1の1−⑥に記載	「意思決定支援プロセス見える化シート1　1−⑥」 103頁
ステップ2 話し合い 	社会福祉協議会後見支援センター社会福祉士がモニタリング会議を、Bさんの退院後の生活の場を検討する「意思決定支援の話し合い」として開催	
目的の共有 ⇩	Bさんは、退院後、どこでどのように生活することを望んでいるか。	「意思決定支援プロセス見える化シート1」同上 103頁
本人との共同作業 ⇩	Bさんの意向の確認が難しいなかで、退院後の居所を決めるためにはどうすればよいか。	「シート2」104頁
確認と振り返り	Bさんの退院後の居所を決めるためには、希望や意向を汲み取る方法を継続して探りながら、Bさんの心身状況に合う現実的な方法を関係者で協議し決定する。退院後の居所をBさんが意思決定するのは難しいと判断、特別養護老人ホームへの入所を参加者の合議で決定した。	「シート3」105頁
モニタリングの 結果、類型変更 の申立て 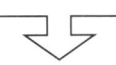	社会福祉協議会後見支援センター社会福祉士が、意思決定支援プロセスをふまえて「本人情報シート」を作成 ⇩ 補助人が類型変更の申立て ⇩ 補助人が引き続き成年後見人に選任される	「本人情報シート」 106頁

遂行するためには、類型の見直しが必要であると考えました。

　補助人は、後見業務のあり方に関するモニタリング会議の方法について地域包括支援センターの社会福祉士に相談したところ、モニタリング機能は中核機関である社会福祉協議会後見支援センターが担っているということでした。そこで、モニタリング会議の開催を、社会福祉協議会後見支援センターの社会福祉士に依頼しました。

　退院先の検討と後見事務のモニタリングにかかわるＢさんの意思決定支援は、「意思決定支援のためのツール」を活用して、次頁〈図 3 −19〉に示す経過をたどりました。

〔参考〕　中核機関における後見人等への支援段階（モニタリング・バックアップ）

　中核機関には、選任された後見人等に対する支援として、モニタリングやバックアップを行う機能が求められています。モニタリング・バックアップでは、後見人等を含む支援チームの調整や専門的支援、チームへの専門的助言を行う役割があります。このような機能は主に親族後見人や市民後見人に対して想定されたものですが、専門職が選任されている場合でも、同様の機能を求められた際には対応します。

　この事例の場合も、補助人の判断で類型変更の申立ては可能ですが、中核機関に依頼することで当事者の判断だけではない客観的で専門的な判断が加わり、類型変更が必要であることの根拠とすることができます。

「地域における成年後見制度利用促進に向けた体制整備のための手引き」成年後見制度利用促進体制整備委員会（事務局：公益社団法人日本社会福祉士会、平成30年（2018）3 月）29〜30頁参照〈https://www.mhlw.go.jp/file/06-Seisakujouhou-12000000-Shakaiengokyoku-Shakai/taisei_seibi_tebiki_1.pdf〉）。

㈠ 【ステップ1】 支援の開始

　補助人はモニタリング会議を依頼するにあたって、Ｂさんの現在の状況をアセスメントするため、「ソーシャルサポート・ネットワーク分析マップ」を作成しました。

　補助人は作成した「ソーシャルサポート・ネットワーク分析マップ」（次頁〈図 3 −20〉）に基づき、Ｂさんの状況を次のようにアセスメントしました。

作成した「ソーシャルサポート・ネットワーク分析マップ」に基づくアセスメント

・在宅生活でかかわっていた関係者に代わって、入院中のＢさんにかかわる関係者は、病院関係者と補助人となり、かなり限定的になった（☞〈ポイント〉）。

> 〈ポイント〉アセスメントから、本人の意思決定支援のチームには誰が必要でしょうか。
> 　話し合いには誰が参加するとよいでしょうか。

・入院後、介護支援専門員は直接かかわりがなくなったため、補助人が中心となって身上監護の見直しをしなければならない状況である。

・地域包括支援センターの社会福祉士に代わって、モニタリングの役割を担う社会福祉協議会後見支援センター（中核機関）の社会福祉士が関与することになった。今後の後見事務については中核機関との連携のもと、見直しをする必要がある。

・現時点では特別養護老人ホームとのかかわりが、退院先（新たな生活の場）確保の重要な要素になると考える。

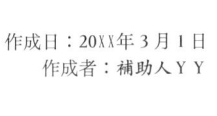

〈図3－20〉　Bさんのソーシャルサポート・ネットワーク分析マップ

作成日：20XX年3月1日
作成者：補助人 Y Y

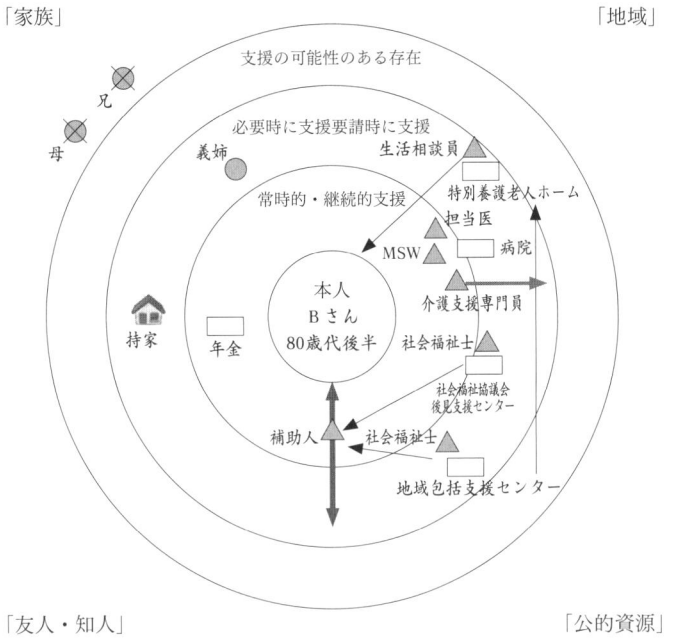

家族〇、友人・知人、地域、公的資源は個人を△印、組織を□印

・特別養護老人ホーム
退院後の生活の場として入所申込みを行ったホーム。

・介護支援専門員
入院により居宅生活ではなくなるため直接なかかわりがなくなりますので、「必要時に支援要請時に支援」の方向に——▶を入れました。

・補助人
入院等で支援チームが変化したときには積極的にかかわることが求められます。安定しているときには、定期訪問による支援を行うことを◀——▶で「常時的・継続的支援」と「必要時に支援要請時に支援」を行ったり来たりすることを表しました。

役割分析

必要な支援 （意思決定支援）	誰が （マップ上の存在）	引き受けている・期待されている役割
・退院後の生活場所（特別養護老人ホームの入所、成年後見制度の類型の見直し）	補助人	同意権・代理権の範囲の支援 →自己評価サポート 新たな生活環境の整備・構築、入所申込み →モチベーションのサポート
	介護支援専門員	在宅支援、環境整備 →情報のサポート、道具的サポート
	地域包括支援センター社会福祉士	補助人への退院先の情報提供、中核機関の情報提供 →情報のサポート
	社会福祉協議会後見支援センター（中核機関）社会福祉士	成年後見人支援、意思決定支援、チームへの支援 →情報のサポート、道具的サポート
	特別養護老人ホーム生活相談員	短期入所・入所相談 →情報のサポート
	病院医療ソーシャルワーカー	安心した入院環境提供、退院支援 →情報のサポート、自己評価サポート

(B) 【ステップ2の準備】

　補助人は作成した「ソーシャルサポート・ネットワーク分析マップ」を社会福祉協議会後見支援センター（中核機関）の社会福祉士と共有し、モニタリング会議に参加を要請する関係者について検討しました。その結果、介護支援専門員、入所申込手続をした特別養護老人ホームの生活相談員、病院の医療ソーシャルワーカーに参加を要請することにしました。介護支援専門員には、Bさんのこれまでの生活に関する情報を伝えてもらうために、参加を依頼することにしました。

　Bさんが入院中のため病院内で会議を行うことや、Bさんの負担も考慮すると、必要最小限の時間で会議を行う必要がありました。そこで、会議を主催する社会福祉協議会後見支援センター（中核機関）の社会福祉士が、事前に関係者に情報を収集し、「意思決定支援プロセス見える化シート1」にその内容を記載しておくことにしました。また、Bさんの「意思決定支援の話し合い」とするための留意点と進め方について、参加者に「意思決定支援見える化シート」を示して説明しました。

> 　社会福祉協議会後見支援センター（中核機関）の社会福祉士はモニタリング会議に先立ち、参加者から情報収集した内容を、「意思決定支援プロセス見える化シート1」の1－⑥に記載をしました。

(C) 【ステップ2】　話し合い

> 　社会福祉協議会後見支援センター（中核機関）の社会福祉士は、モニタリング会議をBさんの「意思決定支援のための話し合い」として開催しました。内容を「意思決定支援プロセス見える化シート」に記録し（次頁以下〈図3－21〉～〈図3－23〉）、Bさんおよび参加者に確認しました。これまでの経過に基づき「本人情報シート」を作成しました（106頁〈図3－24〉）。

ステップ2
話し合い

〈意思決定プロセス見える化　シート1〉
どんな意思決定を支援するのかを確認する→本人の思いを聴く、支援者の考えを述べる

この「意思決定支援プロセス見える化シート」は、ご本人の意思を確認し、ご本人の希望をどうすれば実現できるかを話し合うために使います。
☑ 意思決定の主体は本人です。意思決定とは、本人が自分のことを自分で決めることです。
☑ 支援者が代わりに決めたり、良いと考える方法を強要したり、決めることを強制したりしません。
☑ 本人を中心とした話し合いになるようにします。話し合いの内容は記録します。
☑ 話し合いで決まったことを実行してみて再度話し合い、より良い方法がないか見直します。
☑ 一度の話し合いで結論を出す必要はありません。必要に応じて話し合いを繰り返し行います。

シート1-①　このシートのテーマまたは検討課題　　第 1 回　　　通算シートNo. 3
　Bさんは、退院後、どこでどのように生活することを望んでいるか。

シート1-②　シート作成者（職名及び氏名）　　社会福祉協議会後見支援センター社会福祉士ZZ

シート1-③　今日の話し合い　20XX年3月10日　14時　～　15時　　場所　病院内相談室

シート1-④　今日の参加者名　Bさん、介護支援専門員、病院医療ソーシャルワーカー、特別養護老人ホーム生活相談員、補助人、　社会福祉協議会後見支援センター社会福祉士

シート1-⑤　Bさんの思い（このシートのテーマまたは検討課題に関する本人の希望や意見）

問いかけに言葉はなく黙っていた。以前のように「早く（自宅に）戻りたい」と言うこともなかった。

シート1-⑥　Bさん以外の参加者及び関係者の意見

意見を言った人	このシートのテーマまたは検討課題についての意見
介護支援専門員	退院後は自宅に戻ってきてほしいが、車いすで生活するためには大掛かりな住宅改修が必要。時間がかかるので退院までに間に合わない。Bさんが自宅で生活するには環境を整える必要があり、すぐには難しい。安心して生活できる場所が必要。
病院医療ソーシャルワーカー	入院して間もなく3カ月近くになる。主治医からは退院可能と伝えられている。福祉施設への入所が難しいようであれば、系列の療養型病院を紹介することができる。
主治医（医療ソーシャルワーカーからの情報）	積極的治療は終わっている。医療の対応が一定程度可能であれば福祉施設の生活も検討可能。本人の判断能力については、もし後見類型への変更が必要であれば、当院の認知症専門医が診断書は記載できる。
特別養護老人ホーム生活相談員	病院からの医療情報では、積極的治療も終わり安定している様子である。こちらで十分生活していただけるのではないかと考える。Bさんの希望に沿った対応を考えていきたい。地域包括支援センターからの紹介なので、こちらも安心して受け入れたい。
補助人	特別養護老人ホーム入所申込みについてはBさんに説明をしてきたが、はっきりとした意思表示が確認できないので、本当に理解して望んでいるとは言い難い。また、見学や体験入所も難しい現状では、言葉やパンフレットでの説明だけでは限界を感じている。施設入所契約は、現在の補助人の権限を越えていると認識している。
社会福祉協議会後見支援センター社会福祉士	現在の補助人の代理権の範囲では、施設入所契約は行えない。Bさんの同意を確認することが難しいので、後見類型への見直しの審判を受ける必要があると考える。

〈図3－22〉 意思決定支援プロセス見える化シート2

ステップ2
話し合い

〈意思決定プロセス見える化　シート2〉

考えられる選択肢の検討→本人による選択の支援→緊急性・法定権限行使の必要性の検討

シート2－①　Bさんの思い（シート1－⑤に記載した内容）に沿って、これから何をすれば良いか話し合います。そのうち今日話し合うことは、
Bさんの意向の確認が難しい中で、退院後の居所を決めるためにはどうすればよいか。

シート2－②　Bさんの思いに沿って「Bさんの意向の確認が難しい中で、退院後の居所を決めるためにはどうすればよいか」（シート2－①に記載した内容）がどうすればできるか、その方法を考えます。

考えられる方法（情報）	誰が	どのように伝えたか	Bさんの希望、思い（反応）
1　選択肢を説明する「自宅に戻る」	介護支援専門員	自宅で車いすを使うためには、住宅改修が必要です。夜一人でいるのは心配ではないですか？	介護支援専門員をじっと見つめたまま黙っている。
2　選択肢を説明する「特別養護老人ホームに入所する」	特別養護老人ホーム生活相談員	施設はこんなところです（パンフレットの写真を見せる）。ぜひ、来てください、お待ちしています。お食事もゆっくり食べられるし、職員も大勢いますよ。	パンフレットから目をそむける。言葉はなかった。
3　選択肢を説明する「療養型病院へ転院する」	病院医療ソーシャルワーカー	施設入所が難しければ、別の病院を紹介することができます。でも、施設の方がいらしてるから、話を聞いてみては？	「うんうん」とうなずく。
4　どの方法がいいかBさんに確認する	社協後見支援センター社会福祉士	いま伝えられた方法のなかで、Bさんはどうしたいですか？	目を開いて、黙っていた。
5　一番良いと思う方法を提案する	補助人	私は、こちらの（と特別養護老人ホーム生活相談員を示し）ホームに入るのがよいと思います。Bさんはどう思いますか？	ニコニコしながら、「そうだね」と言った。

シート2－③　シート2－②で話し合った方法について、Bさんはどうしたいか

補助人が「老人ホームに入所するのがよいと思う」と言うと、ニコニコしながら「そうだね」と言った。

シート2－④　シート2－③で、Bさんが自分で決めるのが難しい場合、その状況

これまでかかわりがあった人と、初めて会う人とは区別ができている。補助人との関係性において補助人の発した言葉に肯定的な態度をみせたが、退院後の居所を自分で決めたり、自らの言葉で意向を伝えたりすることは難しい状況だと判断される。

シート2－⑤　Bさんの「Bさんの意向の確認が難しい中で、退院後の居所を決めるためにはどうすればよいか」（シート2－①に記載した内容）について、いつまでに決める必要があるか。

特別養護老人ホームは1カ月内に決定してほしい、病院側からも同様の期間で退院してほしいとの意向が示されている。なるべく早急に決める必要がある。

シート2－⑥　Bさんの「Bさんの意向の確認が難しい中で、退院後の居所を決めるためにはどうすればよいか」（シート2－①に記載した内容）について、後見人等が代理権等を行使する必要があるか。ある場合、その理由は何か。

Bさんが自ら意思決定をするのは困難なため、退院後の居所は会議による合議で決める必要がある。
補助人には居宅サービスの利用契約の代理権はあるが、施設入所契約の代理権は付与されておらず、代理権を新たに設定することについて、Bさんが理解して同意できる状況ではない。後見類型への見直しが必要と考えられる。

ステップ2
話し合い

〈図 3 −23〉 意思決定支援プロセス見える化シート 3

〈意思決定プロセス見える化　シート 3 〉
今日決まったことの確認→本人への説明と同意の有無の確認

Bさんの「Bさんの意向の確認が難しい中で、退院後の居所を決めるためにはどうすればよいか」（シート 2 −①に記載した内容）について、今日決まったこと（シート 2 で確認したこと）

シート 3 −①　今日決まったこと
Bさんの退院後の居所を決めるためには、Bさんの希望や意向をくみ取る方法を継続して探りながら、Bさんの心身状況に合った現実的な方法を関係者で協議して決定していく。
退院後の居所をBさんが意思決定するのは難しいと判断し、特別養護老人ホームへの入所に向けて支援していくことを参加者の合議で決定した。

シート 3 −②　今日決まったこと（シート 3 −①に記載した内容）について、本人への説明と同意の状況
補助人からBさんに、「自宅へすぐに戻ることが難しく、Bさんの今の体の状態にあった施設として、こちらの（特別養護老人ホームの生活相談員を指し示す）施設に入ることで、これから進めていきたいと思います」と伝えた。Bさんは、補助人に向かってニコニコしうなずいた。

シート 3 −③　今日決まったこと（シート 3 −①に記載した内容）を実行するための役割分担と、本人への説明と同意の状況

誰が	いつまでに、何をやるのか	本人への説明と同意の状況
社会福祉協議会後見支援センター社会福祉士	（3 日以内）「本人情報シート」を作成する	「Bさんの今の様子を書類に書きますね」と伝えると、うなずく。
病院医療ソーシャルワーカー	（1 週間以内）認知症専門医に類型変更のための診断書を依頼	「Bさんの今の状態を専門のお医者さんに確認してもらいます」と伝えると、うなずいた。
補助人	（10 日以内）家庭裁判所に類型変更の申立てをする 家庭裁判所に状況を説明し、審判を早急に出してもらう	「現在の私の立場ではできないことがあるので、Bさんに必要なことができるよう、家庭裁判所に手続をします」と伝えると、ニコニコしてうなずいた。

シート 3 −④　やってみてからもう一度考えるのは　　　年　月　日　　時〜　　時

実施結果　20XX年 4 月10日記載　　　　　　　　　　　　　　　☞〈ポイント〉
補助人が、施設を見学し、施設の職員と入所に向けての打ち合わせを行った。
「本人情報シート」を認知症専門医に提出し、診断書の作成を依頼　→「支援を受けても、契約等の意味・内容を自ら理解し、判断することができない（後見類型相当）」
類型変更の申立てを行い、1 週間後に審判がおりた。
課題　（200XX年 4 月10日記載）　　　　　　　　　　　　　　　☞〈ポイント〉
施設で、Bさんが安心して望む生活を送ることができるか確認する。
空き家となる自宅の管理方法や、長期的な視点から自宅の処分について検討する必要がある。
⇒しばらくしてから状況を確認する必要性　　☑あり→入所後しばらくは様子に注意する　　□なし

ご本人の意思を確認し、ご本人の希望をどうすれば実現できるか話し合いができましたか？ 最後にもう一度、以下のような話し合いになっていないか、確認しましょう。
　　☑本人以外の関係者の問題を本人の問題としてすり替えていないか
　　☑本人の言葉をそのまま本人の自己決定と捉えていないか、本人の自己責任に帰していないか
　　☑支援のしやすさを優先していないか、支援者のための根拠付けになっていないか
　　□サービス先にありきの、既存のサービスを当てはめるだけの検討に終わっていないか
　　□結論が先にありきになっていないか、後付けの根拠資料として使われていないか

〈ポイント〉　今日の話し合いで決まったことを、その後どう実施したか、課題は何かを 1 カ月後に記載しました。次回の話し合いにつなげるための経過記録の記載となっています。

〈図 3 −24〉　本人情報シート

申立支援

本人情報シート（成年後見制度用）

※　この書面は，本人の判断能力等に関して医師が診断を行う際の補助資料として活用するとともに，家庭裁判所における審理のために提出していただくことを想定しています。
※　この書面は，本人を支える福祉関係者の方によって作成されることを想定しています。
※　本人情報シートの内容についてさらに確認したい点がある場合には，医師や家庭裁判所から問合せがされることもあります。

作成日　20XX年　3 月　12日

本人	作成者
氏　名：　　B	氏　　　名：　ＺＺ　　　　㊞
生年月日：　0000年　○ 月　○ 日	職業（資格）：○○市社会福祉協議会職員（社会福祉士）
	連　絡　先：　00-0000-0000
	本人との関係：○市後見支援センター（中核機関）担当

1　本人の生活場所について
　　☐　自宅（自宅での福祉サービスの利用　☐ あり　☐ なし）
　　☑　施設・病院
　　　　→施設・病院の名称　　　○○市総合病院
　　　　　　住所
2　福祉に関する認定の有無等について
　　☑　介護認定（認定日：0000年○月）
　　　　☐　要支援（1・2）　　☑　要介護（1・2・3・④・5）
　　　　☐　非該当
　　☐　障害支援区分（認定日：　　年　　月）
　　　　☐　区分（1・2・3・4・5・6）　　☐　非該当
　　☐　療育手帳・愛の手帳など　（手帳の名称　　　　　）（判定　　　　　）
　　☐　精神障害者保健福祉手帳　　（1・2・3　級）
3　本人の日常・社会生活の状況について
（1）身体機能・生活機能について
　　　　☐　支援の必要はない　☐ 一部について支援が必要　☑ 全面的に支援が必要
　　　　（今後，支援等に関する体制の変更や追加的対応が必要な場合は，その内容等）

> 自宅で夜間、脳梗塞を発症し、ベッドから転倒。2 カ月前に○○市総合病院に入院。右半身麻痺。リハビリの指示の理解が困難で歩行はできず、車いすで介助による移動。ベッドから車いすへの移乗も介助が必要。食事はセッティングがあれば自力摂取可能。独居のため自宅への退院は難しく、今後は施設対応が必要と考える。

（2）認知機能について
　　　日によって変動することがあるか：☐ あり　☑ なし
　　　（※　ありの場合は，良い状態を念頭に以下のアからエまでチェックしてください。
　　　　　　エの項目は裏面にあります。）
　　　ア　日常的な行為に関する意思の伝達について
　　　　　☐　意思を他者に伝達できる　　☐　伝達できない場合がある
　　　　　☑　ほとんど伝達できない　　　☐　できない
　　　イ　日常的な行為に関する理解について
　　　　　☐　理解できる　　　　　　　　☐　理解できない場合がある
　　　　　☑　ほとんど理解できない　　　☐　理解できない
　　　ウ　日常的な行為に関する短期的な記憶について
　　　　　☐　記憶できる　　　　　　　　☐　記憶していない場合がある
　　　　　☑　ほとんど記憶できない　　　☐　記憶できない

1 / 2

┌─────────────────────────────────┐
│〈ポイント〉　4　見える化シート 2 −②　本人の希望、思い（反応）から記載。
│5　見える化シート 3 −③　本人への説明と同意の状況から記載。
└─────────────────────────────────┘

エ　本人が家族等を認識できているかについて
　　　□　正しく認識している　　　☑　認識できていないところがある
　　　□　ほとんど認識できていない　□　認識できていない

(3)　日常・社会生活上支障となる精神・行動障害について
　☑　支障となる行動はない　　　　□　支障となる行動はほとんどない
　□　支障となる行動がときどきある　□　支障となる行動がある
（精神・行動障害に関して支援を必要とする場面があれば，その内容，頻度等）

> 在宅時より認知機能の低下は進行した。にこにこしていることが多いが，発語が少なくなっている。

(4)　社会・地域との交流頻度について
　□　週1回以上　　　□　月1回以上　　☑　月1回未満

(5)　日常の意思決定について
　□　できる　　□　特別な場合を除いてできる　　☑　日常的に困難　　□　できない

(6)　金銭の管理について
　□　本人が管理している　　　□　親族又は第三者の支援を受けて本人が管理している
　☑　親族又は第三者が管理している
（支援（管理）を受けている場合には，その内容・支援者（管理者）の氏名等）

> 補助人が代理権に基づいて，本人の金銭管理を行っている。

4　本人にとって重要な意思決定が必要となる日常・社会生活上の課題　☞〈ポイント〉
（※課題については，現に生じているものに加え，今後生じ得る課題も記載してください。）

> 本人は，以前は病院から早く退院して自宅へ戻りたいと希望していたが，今はそのような発言は聞かれない。病院側からも1カ月以内の退院を求められており，補助人が本人に説明して申込みを行った特別養護老人ホームの入所についても，1カ月以内の意思表示を求められている。意思決定支援のための会議を開催して，すぐに自宅へ戻ることが難しいので，特別養護老人ホームの入所を検討することを本人にわかりやすく説明した。しかし，本人が自らの意思として決定することが困難なため，特別養護老人ホーム入所に向けて支援することを，会議の参加者の合議で確認した。

5　家庭裁判所に成年後見制度の利用について申立てをすることに関する本人の認識
　　　　　　　　　　　　　　　　　　　　　　　　　　　　　☞〈ポイント〉

　□　申立てをすることを説明しており，知っている。
　□　申立てをすることを説明したが，理解できていない。
　□　申立てをすることを説明しておらず，知らない。
　☑　その他
（上記チェックボックスを選択した理由や背景事情等）

> 類型変更について，本人に直接，具体的な説明はしていないが，書類を作成することは説明した。
> やりとりのなかで，理解が難しいと判断した。

6　本人にとって望ましいと考えられる日常・社会生活上の課題への対応策　☞〈ポイント〉
（※御意見があれば記載してください。）

> 本人は住み慣れた自宅へいつか戻ることができることに希望を持っていると推測される。そのためには環境の整備（住宅改修，サービスの手配等）が必要であり，経済的側面からもどこまで可能か判断が求められる。また，病院では入院を継続できないため，安心した生活が送れる場所を確保するためにも，本人にとって必要な施設入所契約を行い，施設入所後も本人の生活を見守り，本人の意向を注意深く把握するとともに，他にもより適切と思われる選択肢がないか，支援関係者も含め模索することが必要である。

〈ポイント〉　6　これまでのかかわりの経過の中で，以前の見える化シート2－③ "ここ（家）にいていいんでしょう"，見える化シート2－②3に対する本人の希望，思いの "買い物は一人でできるよ。ショッピングセンターは子どもも多くて，食事もできるし，にぎやかでいいよ" から推測。今回の見える化シート3－②記載状況から，本人の意思決定支援が困難な状況も記載。

その後の経過

補助人が類型変更の申立てを行い後見開始の審判がなされ、補助人が引き続き成年後見人として選任されました。成年後見人がBさんの特別養護老人ホームの入所契約を行い、Bさんは施設へ入所しました。成年後見人は新しい支援関係者とチームを組み、Bさんの施設での生活を見守ることになります。施設がBさんにとって、安心安全で心地よい生活の場となり得ているのか、引き続きBさんの意向を把握することになりました。

(D) 【意思決定支援2　状態の変化に伴うモニタリング】を振り返る

Bさんの状態の変化に伴う対応は、時間的制約がある中、Bさんの意思を把握するのが困難な状況で退院後の生活の場を決めるという、重要な意思決定をしなければならない状況でした。「意思決定支援プロセス見える化シート」のシート2のテーマは、「Bさんの意向の確認が難しい中で、退院後の居所を決めるためにはどうすればよいか」としました。これまでのBさんの反応から、Bさんが意思決定をするのは極めて難しいという判断に基づき、では「参加者はどう判断すればよいか」という、いわゆる「代行決定型」のテーマ設定となっています（代行決定の判断は、大阪意思決定支援研究会「意思決定支援を踏まえた成年後見人等事務に関するガイドライン」（巻末【資料14】参照）が参考になります）。

しかし参加者だけで決めるのではなく、あくまでもBさんの意向を尊重した判断ができるよう、Bさんに選択肢を説明し、Bさん自身の選択を促して反応を確かめるというプロセスを踏み、Bさんの意向を把握しようと努めました。また、補助人は「（現時点で補助人が考えるBさんにとって）一番良いと思う方法を提案する」という立場で、施設入所を提案しました。契約に基づいて直接サービスを提供する支援関係者や、本人の決定に影響を及ぼす可能性がある親族、公平性や中立性を担保する立場にある行政職員等との、決定的な立場性の違いでもあります。ここでの補助人は、Bさんの立場に立って、現段階で現実的に最も有益であると思われる情報を、極めて具体的に提示しました。「本人らしさのある代行決定」の追求と同時に、代行決定はあくまでも支援者の責任において行われる（第1章16〜17頁）という、その責任を引き受ける行為であったと言えます。

シート3では、施設入所を進めることを参加者の合議による決定事項とし、参加者の責任において行われた代行決定であることを明確にしました。またBさんにも説明しましたが、かなり踏み込んだ「意思誘導要素」が働いたといえます。意思誘導的な働きかけは、参加者が必要であると判断し、自覚的に意図的になされることが重要で、「本人の基本的人権を守り、その生活の質の向上を目的とする、より良い意思決定の形成を手助けする」（第1章4（17〜18頁））という方向に向けられたものであるかどうかを検証することが必要です。参加者の意思誘導的な働きかけの自覚を表明する意味で、「サービス先にありきの、既存のサービスを当てはめるだけの検討に終わっていないか」、「結論が先にありきになっていないか、後付けの根拠資料として使われていないか」にはチェックをせず、Bさんの意思決定支援における課題としました。

どのような情報を誰がどのように提供し、その結果、誰がどのような判断のもと何を決めたのか、そのプロセスを明らかにするためにはチームでの支援が必要不可欠です。また、支援を検証するためには、意思決定支援のプロセスを記録し「見える化」することが極めて重要です。この記録が、類型見直しのモニタリングや「本人情報シート」の根拠資料となり、有効に活用できることがわかりました。また、これまでかかわってきた支援関係者

から、新たにかかわりが始まる支援関係者への情報提供となり、支援の継続性の担保にも有効であることがわかりました。

(4) 事例の経過から意思決定支援を振り返る

高齢者の心身機能の低下に伴う状況の変化に応じて、支援者にはさまざまな対応が求められます。意思の確認が難しい状況が認知機能の低下なのか、意欲の低下なのか、一時的なせん妄状態なのかなどは、医学的な判断を仰ぐ必要があります。また、環境によって状況が変化することもありますので、支援関係者と連携して注意深く見守り、状況が改善する可能性を探ります。「認知症だから意思の確認が困難である」と決めつけて、安易な代行決定をしないよう十分に留意する必要があります。

また、本人の意思の確認が困難な状況における後見人等の独断的で主観的な判断による代行決定や、権限がないのに結果として代理をしてしまうといった行為は避けなければなりません。これらを避けるためには、チームによる支援とモニタリングが極めて重要です。

介入の緊急性が高い場合は、「支援の第1ステージ（自己決定支援型の権利擁護）」が十分に保障されないまま、緊急避難的な対応のために「支援の第2ステージ（代行決定、法定代理権や取消権の行使）」に切り替えて支援をすることがあります。しかし、第1章5（18頁）でも指摘したとおり、「第2ステージ」への移行は一方通行ではありません。原則「第1ステージ」での支援の流れの中で、特定の時点における特定の項目についてのみ、単発的な例外として「第2ステージ」による支援が認められるにすぎないことを認識する必要があります。

「第2ステージ」による支援が実行された場合は、再び「第1ステージ」での支援に立ち戻り、通常以上に意思決定支援の必要性が高まっているという認識が必要です。すなわり、「第2ステージ」での支援が適切だったのかを検証するためには、引き続き「第1ステージ」による本人の意思決定支援を、より注意深く丁寧に行う必要があるということです。これら一連のプロセスを検証するためには、支援の「見える化」が必要不可欠であり、「意思決定支援のためのツール」が活用できると考えます。

〔参考〕 意思決定能力の判断と代行決定

意思決定能力の判断

「その時点での、その事項についての」意思決定能力についてアセスメントを行う。チームミーティングの結果、支援メンバー全員の意見として、本人に意思決定能力がないと判断した場合には、代行決定に移る。

意思決定能力は、以下ア及びイ両要件を総合考慮して判断される。

ア　次のコミュニケーションの過程の4要素の中に、支援者によるサポートを受けてもなお満たすことができないものがある。

A）情報の理解　当該意思決定に必要な情報を理解すること

B）記憶保持　当該意思決定に必要な情報を頭の中に保持すること

C）情報の比較考察　当該意思決定に必要な情報を選択肢の中で比べて考えることができること

D）意思表現　自分の意思決定を口頭あるいは手話その他の手段を用いて表現すること

イ　アで満たすことができなかった要素が、本人の障害や損傷によるものである。

　意思決定能力評価の結果
ア　意思決定能力がある（ないとはいえない）と判断された場合　本人の（支援付き）意思の実現を図る。
イ　意思決定能力がないと判断された場合　代行決定に移行する。

代行決定
　代行決定をする場合には以下に留意して行うこととなる。
　①「意思決定者」は「本人以外の第三者」である。
　②「最善の利益」
　③自由の制約の最小化
これらの内容については、チームミーティングで判断根拠が現れていると考えられる。

出典：大阪意思決定支援研究会「意思決定支援を踏まえた成年後見人等事務に関するガイドライン」
　　（平成30年3月）13～14頁より一部抜粋要約〈https://www.osakaben.or.jp/info/2018/2018_0510.php〉。

4　保佐人の権限行使に関するチームでの検討とモニタリング

(1)　【Cさんの事例】　高次脳機能障害のある被保佐人が「必要な支援」を「本人との共同作業」で確認する意思決定支援

事例の概要

　Cさんは現在50歳代前半の男性です。40歳代後半でクモ膜下出血を発症し、後遺症の高次脳機能障害と診断されました。発症から1年半後に保佐人が選任されました。選任時Cさんは精神障害者保健福祉手帳2級、障害支援区分3で、生活保護を受給しアパートで一人暮らしをしており、日中は就労継続支援B型事業所に通っていました。両親と兄は他界し、義姉が緊急連絡先となっていました。

　保佐人選任時、Cさんには負債があり、その整理と日常的な生活費の管理方法について、Cさんの意向を確認しました（【意思決定支援1】　保佐人選任時の支援方法の確認（(2)））。

　それから2年半後、知人から「携帯電話の名義貸し」の誘いを受けたことがわかり、対応について検討しました（【意思決定支援2】　「携帯電話の名義貸し」の誘いへの対応（(3)（118頁））。

　さらに1年が経過し、Cさんの状態が安定しているため、選任時に付与された権限の見直しを行いました（【意思決定支援3】　保佐人の権限の見直しに関するモニタリング（(4)（129頁））。

事例の経過

　Cさんは、クモ膜下出血発症時は会社で働いていましたが、治療後も記憶障害（物の置き場所を忘れる、新しいできごとを覚えられない、同じことを繰り返し質問する）や、注意障害（ぼんやりしていてミスが多い、作業を長く続けられない）などの高次脳機能障害の症状があり、仕事ができず会社を退職しました。退職後は専門病院のリハビリテーションに通うことも途絶え、次の仕事にも就けずギャンブルにお金を使うようになりました。

　Cさんには負債がありましたが、Cさんによれば知人Dが関与しているということでした。知人Dとは以前からの知り合いでしたが、強制的にCさんに借金をさせ、自分の遊興費の肩代わりをさせていたようでした。Cさんは、知人Dの「必ず返済するから」という言葉を信じていましたが、知人Dとは連絡がとれなくなり音信不通となりました。

　Cさんは退職金を使い果たし、知人Dの借金70万円を背負うことになり、生活が維持できなくなりました。困ったCさんは、退職した会社の同僚であった知人Eに相談し、知人Eの同行で市役所に行き生活保護を受給することになりました。知人EはCさんを気遣い、Cさんが退職した後も時々会って話を聞いてくれ、Cさんも信頼していました。

　生活保護の受給で生活費の確保はできたため、障害者相談支援担当者の勧めで一般就労ではなく福祉的な就労を検討し、就労継続支援B型事業所を利用することになりました。

(2)　【意思決定支援1】　保佐人選任時の支援方法の確認

　生活保護のケースワーカーと障害者相談支援担当者は、負債の整理や同様の事態が起きたときに対処できるよう、Cさんに成年後見制度の利用を勧めました。障害者相談支援担

当者の支援で、Cさん本人が申立てを行い、保佐人（社会福祉士）が選任されました。民法13条1項に基づく同意権・取消権に加え、以下の代理権を保佐人に付与することをCさんが同意し、審判がなされました。

① 本人の負担している債務の弁済およびその処理

② 本人に帰属する財産に関して生じる紛争についての訴訟行為（民事訴訟法55条2項の特別授権事項を含む）

③ 訴訟行為（民事訴訟法55条2項の特別授権事項を含む）について、当該行為につき訴訟代理人となる資格を有する者に授権をすること

④ 不動産に関する契約の締結・変更・解除

⑤ 預貯金に関する金融機関等との一切の取引

⑥ 定期的な収入の受領およびこれに関する諸手続

⑦ 定期的な支出を要する費用の支払いおよびこれに関する諸手続

⑧ 介護契約その他の福祉サービス契約の締結・変更・解除および費用の支払い

⑨ 医療契約および病院への入院に関する契約の締結・変更・解除および費用の支払い

⑩ 以上の各事務の処理に必要な費用の支払い

⑪ 以上の各事務に関連する一切の事項

意思決定支援としてのかかわり

　保佐人は債務整理の準備と並行して、Cさんのアパートでの生活状況の把握と就労継続支援B型事業所での仕事への取組み状況を確認し、事業所職員との連携を図りました。保佐人は日常的な生活費の管理についても代理権を有していましたが、Cさんの意向を踏まえた支援が重要であると考え、生活保護ケースワーカーや障害者相談支援担当者も交えてCさんと話し合いを行い、支援方法を確認する必要があると考えました。

　保佐人選任時のCさんの意思決定支援は、次頁〈図3－25〉に示す手順で行われました。

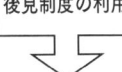

〈図 3 −25〉【意思決定支援 1　保佐人選任時の支援方法の確認】における
「意思決定支援のためのツール」を活用したＣさんへの意思決定支援の流れ

〈支援の流れ〉　　　　　〈意思決定支援の経過と活用したツール等〉

発見・気付き 相談から成年 後見制度の利用	クモ膜下出血発症後、高次脳機能障害と診断、会社を退職 ⇩ 知人Ｄの借金の肩代わり。知人Ｅが生活保護の相談に同行し生活保護受給 ⇩ 障害者相談支援担当者の勧めで、就労継続支援Ｂ型事業所の利用を開始 ⇩ 障害者相談支援担当者が成年後見制度の利用を支援 ⇩ 本人申立てで保佐人（社会福祉士）選任	
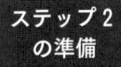ステップ1 支援の開始	保佐人が、Ｃさんの意向を踏まえた支援方法を確認する必要があると判断し、Ｃさんと関係者の状況をアセスメント	「ソーシャルサポート・ネットワーク分析マップ」114頁
ステップ2 の準備	保佐人がＣさんに、支援方法を確認するため関係者を交えた打ち合わせを行いたいことを説明 作成したマップで、参加者に関するＣさんの意向を確認	
ステップ2 話し合い	保佐人が、Ｃさんの支援方法を確認するための打ち合わせを「意思決定支援のための話し合い」として実施。	
目的の共有	年金の受領や必要な費用の支払いについて、Ｃさんはどうしたいか。借金の整理について、Ｃさんはどうしたいか。	「意思決定支援プロセス見える化シート1」116頁

Ｃさんの意向と関係者の考えが一致していることが確認できたため、今回の話し合いはここで終了

(A)　【ステップ1】　支援の開始

保佐人は、これまでに把握した情報に基づき、「ソーシャルサポート・ネットワーク分析マップ」を作成し（次頁〈図 3 −26〉）、役割分析を行いました。

〈図 3 −26〉 Cさんのソーシャルサポート・ネットワーク分析マップ

作成日：20XX年10月1日（選任時）
作成者：保佐人

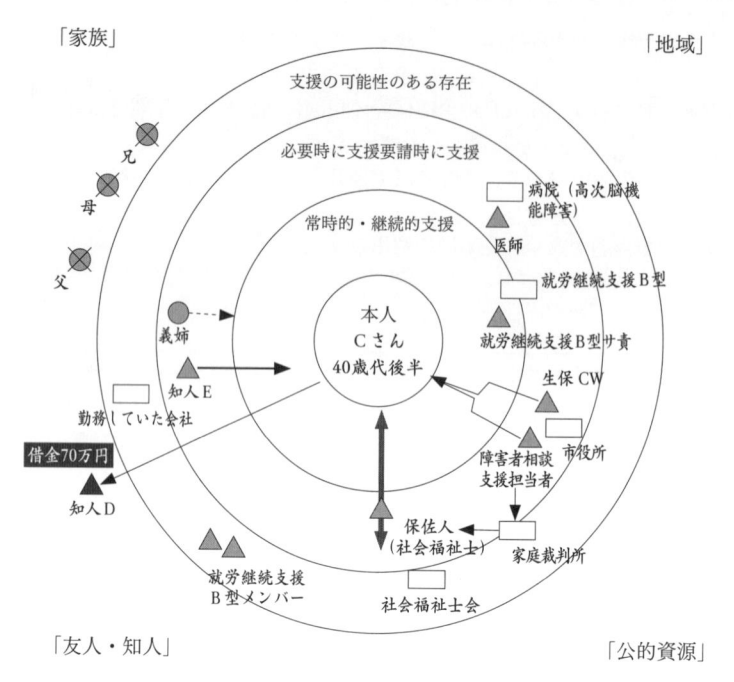

家族〇、友人・知人、地域、公的資源は個人を△印、組織を□印

・借金70万円
　知人Dによるネガティブサポートの結果として記入しました。

・保佐人
　負債の整理のために、相談支援担当者の支援を受け、本人申立てにより選任されました。これから、本人の状況把握のために、本人や関係機関から話を聞いたり、様子を見守ったりするという距離感を ←→ で書き入れました。

役割分析

必要な支援 （意思決定支援）	誰が （マップ上の存在）	引き受けている・期待されている役割
保佐人選任時の役割分析	本人（Cさん）	申立人
	義姉（亡兄の妻）	緊急連絡先
	知人E（退職した会社の同僚）	Cさんの相談相手、市役所に同行 →自己評価サポート、社会的コンパニオン
	生活保護ケースワーカー	生活保護支給 →道具的サポート、情報のサポート
	障害者相談支援担当者	成年後見制度説明、申立支援、調整 →情報のサポート、地位のサポート
	就労継続支援B型サービス管理責任者	就労訓練、日中活動の提供 →道具的サポート
	高次脳機能障害専門病院医師	診断書の作成、リハビリテーションの推奨 →道具的サポート、情報のサポート
	保佐人（社会福祉士）	保佐人業務、Cさんの生活状況の見守り、必要な支援へのつなぎ →自己評価サポート、モチベーションのサポート、地位のサポート

保佐人は、作成した「ソーシャルサポート・ネットワーク分析マップ」に基づき、役割分析を意識しながらCさんの状況をアセスメントしました。

作成した「ソーシャルサポート・ネットワーク分析マップ」に基づくアセスメント

- Cさんは、困ったときは知人Eに相談して助けを求めている。Cさんは知人Eを信頼しており、知人Eから「自己評価サポート」を受けているといえる。また、知人Eは生活保護の相談に同行するなど、「社会的コンパニオン」の役割も果たしている。意思決定支援には、Cさんが信頼を寄せている知人Eが重要なキーパーソンになると考える。

- Cさんは、生活保護の受給、成年後見制度の利用、就労継続支援B型サービスの利用と、現時点で生活に必要な支援は受けており、それぞれの担当者とつながりはある（「道具的サポート」「情報のサポート」）。当面保佐人が中心になって担うべき最大の業務は、債務の整理である。

- 今後Cさんが困難な状況に陥ったときに気づき、必要な支援を提供するためには、関係者間の連携が必要であり、チームでの支援体制を構築する必要がある。Cさんの生活全般の見守りは、知人Eも含めた関係者間のチームで支援できるよう、関係者に働きかけていく。またCさんが相談しやすいよう、各関係者との信頼関係の構築が重要である。

- 現時点では、関係者間の調整の役割を保佐人が引き受けているが、今後関係者との役割分担を確認しながらチームでの支援を検討していく。保佐人のかかわり方は、Cさんの状況やチームの連携体制の如何によって、支援内容と距離感が変化するものと考える（☞〈ポイント〉）。

> 〈ポイント〉 アセスメントから、本人の意思決定支援のチームには誰が必要でしょうか。話し合いには誰が参加するとよいでしょうか。

(B) 【ステップ2の準備】

保佐人はCさんに、Cさんの意向を踏まえた支援方法を確認するため、関係者を交えた打ち合わせを「意思決定支援のための話し合い」として実施したいことを「意思決定支援プロセス見える化シート」を示しながら説明しました。また、作成した「ソーシャルサポート・ネットワーク分析マップ」をCさんに見せて、Cさんが関係者の支援をどう感じているかを聞き、話し合いには誰に参加してもらいたいかCさんの意向を確認しました（☞〈ポイント〉）。

> 〈ポイント〉 話し合いの事前準備として参加者を検討するために、シートとマップを本人とのコミュニケーションツールとして使いました。ツールは状況に応じて使い方を工夫できます。

その結果、一番頼りにしているのは知人Eなので参加してもらいたいこと、また現在の支援関係者である生活保護ケースワーカー、障害者相談支援担当者、就労継続支援B型事業所サービス管理責任者にも、皆でいっしょに話を聞いてほしいということでした。Cさん自身が話の内容を覚えていることができず、一人では不安なためということでした。保佐人が義姉に連絡することについても、了解が得られました。

(C) 【ステップ2】 話し合い

「意思決定支援プロセス見える化シート」を活用して、Cさんへの支援方法を確認するための打ち合わせを「意思決定支援のための話し合い」として実施しました（次頁〈図3−27〉）。

〈図3-27〉　意思決定支援プロセス見える化シート1

〈意思決定プロセス見える化 シート1〉

どんな意思決定を支援するのかを確認する→本人の思いを聴く、支援者の考えを述べる

この「意思決定支援プロセス見える化シート1」は、ご本人の意思を確認し、ご本人の希望をどうすれば実現できるかを話し合うために使います。
☑意思決定の主体は本人です。意思決定とは、本人が自分のことを自分で決めることです。
☑支援者が代わりに決めたり、良いと考える方法を強制したりしません。決めることを強制したりしません。
☑本人を中心とした決定・実行することになるようにします。話し合いの内容は記録します。
☑話し合いで決まったことを実行して再度話し合い、より良い方法がないか見直します。
☑一度の話し合いで結論を出す必要はありません。必要に応じて話し合いを繰り返し行います。

シート1-① このシートのテーマまたは検討課題　　第1回　通算シートNo.1
年金の受領や必要な費用の支払について、Cさんはどうしたいか。
借金の整理について、Cさんはどうしたいか。

シート1-② シート作成者（職名及び氏名）　保佐人
シート1-③ 今日の話し合い　20XX年10月10日17時00分～17時30分　場所　就労継続支援B型事業所
シート1-④ 今日の参加者　Cさん、知人Eさん、就労継続支援B型事業所責任者、障害者相談支援担当者、保佐人
責任者、生活保護ケースワーカー、障害者相談支援担当者、保佐人

シート1-⑤ Cさんの思い（このシートのテーマに関する本人の希望や意見）
今までやってきた生活費のことは、これからも自分でやりたい。わからないときは保佐人に教えてもらいたい。借金（の整理）は自分でどうしたらよいかわからないので、保佐人に助けてほしい。
知人Dは返してくれると言ったのに、なぜ返してくれないのか。連絡もとれず困る。

シート1-⑥ Cさん以外の参加者及び関係者の意見

意見を言った人	このシートのテーマまた検討課題についての意見
知人Eさん	Cさんが退職して困っていたときに、Cさんから連絡があった。いっしょに市役所に行って、生活保護が受けられるようになって本当によかった。Cさんが自分でできないところは助けてあげてほしい。Cさんも何でも相談すればできると思う。Cさんが必要なら、自分もできることはやりたい。
就労継続支援B型事業所責任者	Cさんは運転も得意なく通勤し、仕事を覚えようという意欲がみられる。ただ、新しいことを覚えるのは苦手なようだ。いっしょに寄り添えるように、何度でも聞いてもらえれば職員は説明する。
生活保護ケースワーカー	これからも障害者相談支援担当者にかかわってもらい、Cさんも仕事はお願いしたいが、Cさんの自立を考え、保佐人が選任されたので金銭管理は自分でするのも大事。ただ、Cさんも困ったときは保佐人に相談するとよい。
障害者相談支援担当者	成年後見制度の利用をお手伝いし、保佐人が決まってよかった。これからCさんの意向を確認しながら、就労継続支援B型事業所と連携して支援していきたい。
（義姉）	(保佐人からの報告) 夫（本人の兄）の死亡時に会っていたが、いろいろ心配していたが、生活面で不安があるようで、いろいろな方にかかわってもらえるようで安心した。
保佐人	Cさんはこれまでどおり、生活費の管理は自分でやりたいという希望なので、必要なところだけ手伝いたい。生活費の管理はCさんが行い、日常的な生活費の管理は保佐人が支援する、債務整理は保佐人が支援することを、引き続き保佐人として支援する。Cさんも困ったときはすぐに相談してほしい。

確認事項：本日の話し合いでは、Cさんの意向のとおり、日常的な生活費の管理はCさんが行い、必要に応じて保佐人が支援すること、債務整理は保佐人が支援することを全員で確認した。

〈ポイント〉シート2、3に進まず、シート1で終了することも可能です。

その後の経過

　Ｃさんは債務整理について、知人Ｄのための借金を自分が払わなければならないことが納得できないようでした。Ｃさんには、借金の契約をしたのは知人ＤではなくＣさんなので、Ｃさんに支払義務があることや、もし知人Ｄの行方がわかれば返還請求ができることを保佐人がわかりやすく説明しました。Ｃさんは生活保護を受給しており返済能力は乏しいため、生活保護のケースワーカーから弁護士に相談することが提案され、Ｃさんは保佐人といっしょに法テラスへ相談に行くことになりました。

　　(D)　【意思決定支援1　保佐人選任時の支援方法の確認】を振り返る

　保佐人は自身の判断で、付与された代理権を行使することは可能です。しかし、代理権をただ事務的に行使するのではなく、本人の意向に沿いつつ必要なところを支援していくことが重要で、その方針を本人参加の話し合いで確認しました。保佐人ひとりの判断ではなく、本人を中心にしたチームでの支援の開始といえます。

　保佐人が作成した「ソーシャルサポート・ネットワーク分析マップ」を用いて、話し合いには誰に参加してほしいか、本人の意向を確認しました。可視化ツールは、本人とのコミュニケーションツールとしても有効です。

　話し合いでは「意思決定支援プロセス見える化シート」を用いて、Ｃさんの意向を聴くことを意識しながら進めました。その結果、Ｃさんの意向を尊重する方向で支援を開始することが確認できたため、シート2、3の検討は要しないと判断し、シート1の最後に確認事項を記録して今回の話し合いは終了としました。意思決定支援は、本人に迎合することではありません。本人の意向を尊重しつつ、必要な支援が何で、それを誰が担うのかを確認することです。今回の話し合いで、保佐人が新たなメンバーとなったチームでの支援が開始されました。本人の状況を把握し必要な支援につなげるために、本人と支援者および支援者同士の関係性の構築が、今後のチーム支援の鍵となります。

〔参考〕 高次脳機能障害とリハビリテーション

　高次脳機能障害は外見からはわかりにくく、病院や診察室では気づかれずに、実際の生活や社会に戻って初めて問題が顕在化することが少なくないため、「見えない障害、隠れた障害」などともいわれます。高次脳機能障害にもさまざまな症状があり、その症状に合わせた適切な訓練（リハビリテーション）を受けることで治療効果がみられ、症状が回復する場合があります。一般的には発症（受傷）から年数が経つと回復の程度に限界があると考えられており、早期の訓練が望まれます。多くの場合、復職は目標ではありますが、障害の程度によっては、就労支援機関などによる福祉的就労の支援が必要となります。

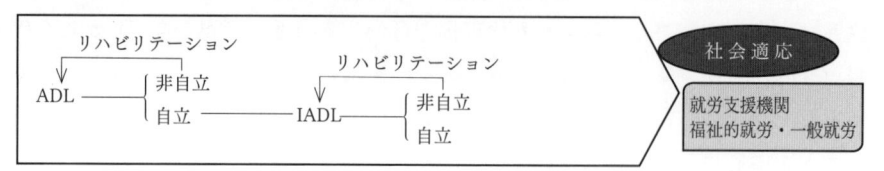

　高次脳機能障害の症状は、損傷した脳の部位によって人それぞれ異なり、重症度もさまざまですが、その場の環境や対応する相手によって現れ方が異なる場合もあります。周囲の環境を整えたり、対応の仕方を工夫するなど適切な対応を行えば、それまでできなかったことができるようになったり、問題となる行動が減ることがあります。社会とのつながりが絶たれて孤立しがちですので、本人の状態に応じた社会参加の場の確保が極めて重要です。

参照：渡邉修「高次脳機能障害の理解」2015年10月10日研修会資料をもとにまとめています。

(3) 【意思決定支援2】「携帯電話の名義貸し」の誘いへの対応

事例の経過と意思決定支援としてのかかわり

　弁護士の支援を受けて債務整理を進めて2年半が経過しました。その間、専門病院でのリハビリテーションを再開し、就労継続支援B型事業所への通所を続けたことで、社会適応が向上し回復がみられました。その結果、精神障害者保健福祉手帳が2級から3級に、障害支援区分は区分3から区分2になり、生活の自立度があがりました。保佐人や他の支援関係者とCさんの関係も安定し、特に支障となることは起きませんでした。

　ところが、ある日、就労継続支援B型事業所から保佐人に連絡があり、Cさんが見知らぬ男性と頻繁に出かける様子を利用者が見ており、心配しているということでした。保佐人がCさんに聞いたところ、20歳代の頃に友人だった知人Fで、街で偶然再会して以来、誘われていっしょに酒を飲みにいくようになったと言います。Cさんによれば、知人Fはリストラされて無職でお金に困っており、助けてあげたいということでした。

　数日後、知人Eから保佐人に相談があり、Cさんが知人Fから「携帯電話の名義貸し」の誘いを受けており、犯罪に巻き込まれる可能性があるので辞めるよう忠告しても、Cさんは知人Fを助けたいと言って聞き入れず、困っているとの話でした。

　保佐人は状況を確認して、Cさんへの対応を検討する必要があると考え、Cさんへの意思決定支援を次頁〈図3−28〉に示す手順で行いました。

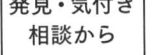

〈図3−28〉【意思決定支援2 「携帯電話の名義貸し」の誘いへの対応】における
「意思決定支援のためのツール」を活用したCさんへの意思決定支援の流れ

〈支援の流れ〉	〈意思決定支援の経過と活用したツール等〉	
発見・気付き 相談から	就労継続支援B型事業所から保佐人に交友関係に関する情報がありCさんに確認 ⇩ 知人Eから保佐人に相談。Cさんが知人Fから「携帯電話の名義貸し」の誘いを受けている ⇩ 保佐人は対応を検討する必要があると判断	
ステップ1 支援の開始	保佐人が、選任時に作成したマップを見直し、状況の変化を書き込み現在のCさんの状況をアセスメント	「ソーシャルサポート・ネットワーク分析マップ」120頁
ステップ2 の準備	保佐人が、「携帯電話の名義貸し」に関するCさんへの対応を検討するため、関係者のみの打ち合わせを開催	「意思決定支援プロセス見える化シート1」122頁
ステップ2 話し合い	保佐人が、「携帯電話の名義貸し」に関する情報をCさんに提供して意思決定を促す「意思決定支援のための話し合い」を開催	
目的の共有 ⇩	「携帯電話の名義貸し」はCさんが被害にあう危険があるので、どのような被害か説明したい。説明を聞いてCさんはどうしたいか。	「意思決定支援プロセス見える化シート1」124頁
本人との共同作業 ⇩	Cさんが、知人Fのために携帯電話を買うかどうかを決める方法	「シート2」125頁
確認と振り返り	知人Fが言う「携帯電話の名義貸し」について、携帯電話ショップで話を聞く。	「シート3」126頁

(A) 【ステップ1】 支援の開始

保佐人は、選任時に作成した「ソーシャルサポート・ネットワーク分析マップ」を見直し、Cさんの状況の変化を書き加え、現在のCさんの状況をアセスメントしました（次頁〈図3−29〉）。

保佐人は見直した「ソーシャルサポート・ネットワーク分析マップ」を踏まえて、選任時からの変化とCさんの現在の状況について、次のようにアセスメントしました。

見直した「ソーシャルサポート・ネットワーク分析マップ」に基づくアセスメント

・選任時と比較すると、専門病院でのリハビリテーション（医療的支援）や、弁護士による債務整理（法的支援）など、Cさんが必要な専門的な支援を受けられるようになった。

・Cさんを見守り、支援が必要と思われる状況に関して情報を共有できる支援チームが機能していることが、マップの関係者間の矢印が密になったことからもみて取れる。知人

〈図3−29〉 Cさんのソーシャルサポート・ネットワーク分析マップ

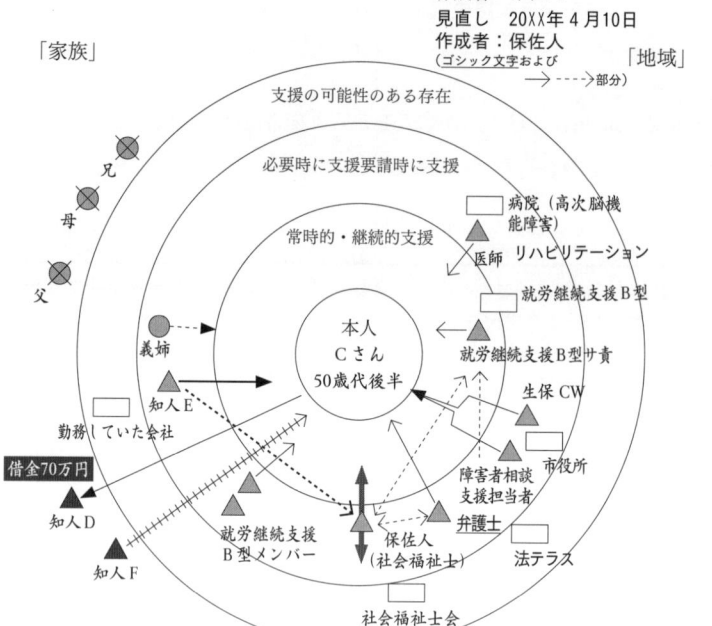

作成日：20XX年10月1日（選任時）
作成者：保佐人
見直し　20XX年4月10日
作成者：保佐人
（ゴシック文字および----→部分）

・知人F
本人の20歳代頃の友人。リストラされ無職。携帯電話の名義貸しの誘いを受けていることを表しました。

・Cさんを中心とした支援チームの形成
医療支援、就労支援、法的支援、友人の支援…等支援チームが機能していることで、新たな発見・気付きが相談につながりました。

家族○、友人・知人、地域、公的資源は個人を△印、組織を□印

役割分析

必要な支援 （意思決定支援）	誰が （マップ上の存在）	引き受けている・期待されている役割
保佐人選任時から現在に至る役割分析の変化（「携帯電話の名義貸し」への対応）	本人（Cさん）	リハビリテーション、福祉的就労の継続 知人Fに誘われた「携帯電話名義貸し」のリスクの理解
	知人E（退職した会社の同僚）	Cさんの相談相手、見守り・情報提供者、「携帯電話名義貸し」のリスクの説明→自己評価サポート、情報のサポート、モチベーションのサポート
	知人F（20代の頃の友人）	Cさんの飲み仲間→社会的コンパニオン しかし、「携帯電話の名義貸し」を勧めており、適切なサポーターとはいえない。
	生活保護ケースワーカー	生活保護支給、弁護士相談の勧め「携帯電話名義貸し」のリスクの説明 →道具的サポート、情報のサポート
	法テラス　弁護士	債務整理、「携帯電話名義貸し」のリスクの説明 →道具的サポート、情報のサポート
	障害者相談支援担当者	就労継続支援B型事業所との連絡・調整、生活・就労の相談、支援計画の作成、「携帯電話名義貸し」のリスクの説明 →自己評価サポート、情報のサポート、モチベーションのサポート

就労継続支援Ｂ型事業所 サービス管理責任者	就労訓練、日中活動の提供、「携帯電話名義貸し」のリスクの説明→道具的サポート、情報のサポート、モチベーションのサポート
就労継続支援Ｂ型事業所 メンバー	仕事仲間、同僚、見守り・情報提供者 →地位のサポート、社会的コンパニオン、モチベーションのサポート
専門病院医師	リハビリテーションの提供 →道具的サポート
保佐人（社会福祉士）	債務の整理、Ｃさんの生活状況の見守り、必要な支援へのつなぎ、「携帯電話名義貸し」のリスクの説明、取消権の行使 →自己評価のサポート、地位のサポート、情報のサポート、モチベーションのサポート

Ｅは引き続きＣさんの相談相手になっており、就労継続支援Ｂ型事業所のメンバーもＣさんを仲間として心配して情報提供者となり、インフォーマルなサポートが得られている。また、知人Ｅや就労継続支援Ｂ型事業所と保佐人は、必要なときは連携できる関係が継続的に機能している。しかし、Ｃさんがこれらのサポートをどう感じているかは、確認が必要である。

・Ｃさんは、知人Ｆの役に立ちたいと考えており、自分が誰かの役に立っていると思えるような「地位のサポート」を得たいのではないか。また知人Ｆと出かけることで、Ｃさんにとって知人Ｆは「社会的コンパニオン」の役割を果たしているともいえる。しかしＣさんに「携帯電話の名義貸し」を勧めており、プラスのサポートとはいえない。

・Ｃさんは「携帯電話の名義貸し」のリスクを理解していないため、Ｃさんが理解できるような「情報のサポート」が必要である。同時に、Ｃさんの「誰かの役に立ちたい」という意向を尊重し、Ｃさんの「自己評価サポート」「地位のサポート」「モチベーションのサポート」が得られるような支援が必要である。

(B) 【ステップ２の準備】

保佐人は、「携帯電話の名義貸し」に関してＣさんとの話し合いをする前に、どのような対応がＣさんにとって望ましい方法なのかを関係者で検討することにしました。Ｃさんの状況を把握している関係者として知人Ｅ、就労継続支援Ｂ型事業所サービス管理責任者と、状況を共有し助言を得るため障害者相談支援担当者に集まってもらい、打ち合わせを行うことにしました。

> Ｃさんの「携帯電話の名義貸し」に関する対応について関係者で打ち合わせをした内容を、「意思決定支援プロセス見える化シート１」に記載しました（次頁〈図３－30〉）。

〈図3－30〉　事前準備・意思決定支援プロセス見える化シート1

関係者による事前打ち合わせ・〈意思決定プロセス見える化　シート1〉

どんな意思決定を支援するのかを確認する→本人の思いを聴く、支援者の考えを述べる

この「意思決定支援プロセス見える化シート」は、ご本人の意思を確認し、ご本人の希望をどうすれば実現できるかを話し合うために使います。
- □意思決定の主体は本人です。意思決定とは、本人が自分のことを自分で決めることです。
- □支援者が代わりに決めたり、良いと考える方法を強要したり、決めることを強制したりしません。
- □本人を中心とした話し合いになるようにします。話し合いの内容は記録します。
- □話し合いで決まったことを実行してみて再度話し合い、より良い方法がないか見直します。
- □一度の話し合いで結論を出す必要はありません。必要に応じて話し合いを繰り返し行います。

シート1－①　このシートのテーマまたは検討課題　第　1　回　　通算シートNo. 2
Cさんは知人Fから「携帯電話の名義貸し」を誘われている。
Cさんが知らずに違法行為に加担したり、債務を負ったりするおそれがある危険な契約行為であり、支援関係者は認めることができないと考える。Cさんに理解してもらうためには誰が何をどのように伝えれば、Cさんの理解を得られるか。Cさんに伝える前に、適切な方法を支援関係者で検討する。

シート1－②　シート作成者（職名及び氏名）　保佐人

シート1－③　今日の話し合い　20XX年4月12日　16時　～　17時　　場所　市役所相談室

シート1－④　今日の参加者名　知人E、就労継続支援B型事業所サービス管理責任者、障害者
　　　　　　　　　　　　　　相談支援担当者、保佐人

シート1－⑤　Cさんの思い（このシートのテーマまたは検討課題に関する本人の希望や意見）

（関係者が把握しているCさんの思い）知人のFさんが困っているので、自分にできることがあるなら助けてあげたい。自分も仕事を辞めたときは、収入がなくなって困った。携帯電話を買えば、お金がもらえると言われた。それでFさんも助かるし、自分もお金がもらえていい話だと思う。悪いことじゃない。なぜダメなのかがわからない。

シート1－⑥　Cさん以外の参加者及び関係者の意見

意見を言った人	このシートのテーマまたは検討課題についての意見
知人E	これまで何度も説得したが、Fさんを助けるのに何が悪いのかがわからないと言う。繰り返し言うと、Cさんも気分を害して黙ってしまう。Cさんとの関係が悪くなり、相談をしてもらえなくなるのも、Cさんにとっては良いことではないと思う。「携帯電話の名義貸し」は絶対に辞めたほうがよい。Cさんが冷静に話を聞けて、Cさんにも理解ができるわかりやすい方法で伝えなければ、Cさんは納得しないと思う。自分がこれ以上かかわると、逆効果になりかねない。
就労継続支援B型事業所サービス管理責任者	Cさんの「知人Fを助けたい」という気持ちは大事にしたいが、「携帯電話の名義貸し」は認められない。Cさんが自分で判断できるように携帯電話ショップにいっしょに話を聞きにいって、Cさんの考えをもう一度確認してはどうか。
障害者相談支援担当者	消費者被害にかかわる情報を集めたところ、最近、「携帯電話の名義貸し」の被害が多く発生しているという情報を得た。このようなチラシもある（と見せる）。詳しいことについて、消費生活センターに同行してCさんと説明を聞いてはどうか。
（生活保護ケースワーカー）	（障害者相談支援担当者から報告）もし、何らかの収入を得た場合は、収入の申告が必要。生活保護費を減額することになる。しかし、そもそも違法行為に加担するようなことは許されない。「携帯電話の名義貸し」は辞めさせてほしい。日常的な生活費の管理はどうなっているのか、保佐人に確認してもらいたい。
保佐人	Cさんの「知人Fを助けたい」気持ちは尊重したいが、「携帯電話の名義貸し」は不適切な契約行為なので同意はできない。仮にCさんが契約をしたことがわかったら、取消権を行使せざるを得ない。このことをきちんと伝えなければならないと考えている。 Cさんの日常的な生活費は大きな問題はなく自己管理できているが、お金が欲しいという言葉の背景にあるものも探りたい。携帯電話ショップや消費生活センターで説明を聞くのは、良い方法だと思う。

　関係者の事前打ち合わせの結果、Ｃさんが参加して行う「意思決定支援のための話し合い」では、就労継続支援Ｂ型事業所サービス管理責任者が携帯電話ショップに同行して説明を聞くこと、障害者相談支援担当者が消費生活センターのパンフレットなどを活用して、「携帯電話の名義貸し」でどんな被害があるのか、Ｃさんが理解できるようにわかりやすく説明することを確認しました。また、保佐人は「携帯電話の名義貸し」は認めることができない契約行為で同意はできないこと、Ｃさんが自分で契約したことがわかったときは取り消しをしなければならないことも、説明することにしました。

　今回の話し合いに知人Ｅは参加せず、知人Ｅが心配していることを保佐人がＣさんに伝えることにしました。知人Ｅはすでに何度もＣさんの説得を試みており、関係の悪化を招くこと懸念したためです。

　Ｃさんが多勢に無勢と感じて、話ができないような展開になることは避ける必要がありました。そのため参加者は、就労継続支援Ｂ型事業所サービス管理責任者、障害者相談支援担当者と保佐人の３名としました。それでも参加者とＣさんの三対一の対決の構図になりがちな話し合いであることを重々踏まえ、Ｃさんの気持ちに寄り添いつつ、Ｃさんが冷静に説明を受け止め理解ができるよう留意することを確認しました。

(C)　【ステップ２】　話し合い

　Ｃさん参加のもと、「携帯電話の名義貸し」に関する「意思決定支援のための話し合い」を行いました。話し合いの結果を「意思決定支援プロセス見える化シート」にまとめました（次頁以下〈図３−31〉〜〈図３−33〉）。

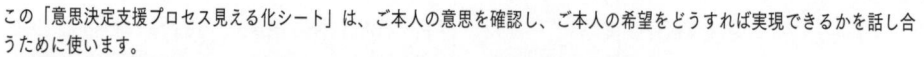

〈図3－31〉 意思決定支援プロセス見える化シート1

**ステップ2
話し合い**

〈意思決定プロセス見える化　シート1〉
どんな意思決定を支援するのかを確認する→本人の思いを聴く、支援者の考えを述べる

> この「意思決定支援プロセス見える化シート」は、ご本人の意思を確認し、ご本人の希望をどうすれば実現できるかを話し合うために使います。
> ☑意思決定の主体は本人です。意思決定とは、本人が自分のことを自分で決めることです。
> ☑支援者が代わりに決めたり、良いと考える方法を強要したり、決めることを強制したりしません。
> ☑本人を中心とした話し合いになるようにします。話し合いの内容は記録します。
> ☑話し合いで決まったことを実行してみて再度話し合い、より良い方法がないか見直します。
> ☑一度の話し合いで結論を出す必要はありません。必要に応じて話し合いを繰り返し行います。

シート1－①　このシートのテーマまたは検討課題　　　第　1　回　　　通算シートNo. 3
Cさんは、知人Fさんから誘われた「携帯電話の名義貸し」について、どうしたいか。
私たち（支援関係者）は、「携帯電話の名義貸し」はCさんが被害にあう危険があるので、どんな被害にあうのか説明したい。説明を聞いてCさんはどうしたいか。

シート1－②　シート作成者（職名及び氏名）　保佐人
シート1－③　今日の話し合い　20XX年4月15日16時　〜　17時　場所　就労継続支援B型事業所
シート1－④　今日の参加者名　Cさん、就労継続支援B型事業所サービス管理責任者、障害者
　　　　　　　　　　　　　相談支援担当者、保佐人

シート1－⑤　Cさんの思い（このシートのテーマまたは検討課題に関する本人の希望や意見）

知人のFさんが困っているので、自分にできることがあるなら助けてあげたい。
携帯電話を買えば、お金がもらえると言われた。自分もお金がほしいし、それでFさんも助かるなら、悪いことじゃない。いい話だ。

シート1－⑥　Cさん以外の参加者及び関係者の意見

意見を言った人	このシートのテーマまたは検討課題についての意見
就労継続支援B型事業所サービス管理責任者	知人Fさんを助けてあげたいという気持ちは大事なことだと思う。ただ、Fさんの話が本当なのか、携帯電話ショップに話を聞きにいって、よく確かめてから判断してはどうだろうか。
障害者相談支援担当者	情報を集めたところ、最近、「携帯電話の名義貸し」の被害が多く発生していることがわかった。どんな被害なのか、詳しいことについてCさんに説明するので、聞いてもらいたい。
（知人E）	（保佐人から報告）Eさんは「携帯電話の名義貸し」は危ないので辞めた方がよいと、Cさんのことをとても心配していました。今日は参加はしないが、説明をよく聞いて考えてほしいと言ってました。
保佐人	知人Fさんを助けたい気持ちを尊重していっしょに方法を考えたいが、保佐人はCさんを守らなければならない立場なので、Cさんが被害にあうような契約には協力することはできない。Cさんがお金の使い方で困っていることがあれば、話を聞きたい。

〈意思決定プロセス見える化　シート2〉

考えられる選択肢の検討→本人による選択の支援→緊急性・法定権限行使の必要性の検討

シート2−①　Cさんの思い（シート1−⑤に記載した内容）に沿って、これから何をすれば良いか話し合います。そのうち今日話し合うことは、

Cさんが、知人Fさんを助けるために携帯電話を買うかどうかを決める方法

シート2−②　Cさんの思いに沿って「知人Fさんを助けるために携帯電話を買うかどうかを決める方法」（シート2−①に記載した内容）がどうすればできるか、その方法を考えます。

考えられる方法(情報)	誰が	どのように伝えたか	Cさんの希望、思い（反応）
1　知人Fさんを助けるために「携帯電話の名義貸し」で購入するとどうなるかを知る	障害相談支援担当者 保佐人	「携帯電話の名義貸し」の被害の例について資料を見ながら説明。 Cさんが被害にあうような契約をしたら、Cさんを守るため取り消さなければならない。	そういうことはFさんは言ってなかった。確かめたいけど、一人でFさんに聞くのは不安。 買っても取り消されるなら、買ってもしょうがない。でも、Fさんを助けられず、Fさんに悪い。
2　携帯電話ショップで話を聞いてみる	就労継続支援B型事業所サービス管理責任者	Fさんが言う方法で携帯電話が買えるかどうか、実際に携帯電話ショップにいっしょに行って話を聞いてみようか。	Fさんを助けたいのに自分が被害にあうと皆から言われると、そうなのかなと思う（納得はできない表情）。いっしょに行ってもらえるなら、ショップで話を聞きたい。
3　知人Fさんを助ける別の方法を考える	障害相談支援担当者	Fさんがお金に困っているなら、相談できるところを伝えてはどうか。	Fさんは、そういう相談はしない。でも自分もEさんに助けてもらったから、教えてあげたい。
4　Cさんがお金を得る別の方法を考える	保佐人	今より収入を増やすことや、お金をどう使うかをこれからもいっしょに考えていきたい。	お金を貯めてはだめだと思っていた。お金の使い方を考えるのが苦手。計画的に使えるようになりたい。

シート2−③　シート2−②で話し合った方法について、Cさんはどうしたいか

知人Fさんの助けになると思ったが、携帯電話を買っても保佐人に取り消されるのなら買わない。でも、携帯電話ショップの人にも話を聞きたい。Fさんと話すのは一人では不安なので、いっしょに来てほしい。

シート2−④　シート2−③で、Cさんが自分で決めるのが難しい場合、その状況

携帯電話ショップで説明を聞いてから、購入するかどうかを決める。説明の理解を補うため、就労継続支援B型事業所サービス管理責任者が同行し、Cさんが決められるかどうか確認する。

シート2−⑤　Cさんの「知人Fさんを助けるために携帯電話を買うかどうかを決める方法」（シート2−①に記載した内容）について、いつまでに決める必要があるか。

今日の話し合いで、携帯電話ショップで話を聞くことは決まった。明日、就労継続支援B型事業所サービス管理責任者が同行して、携帯電話ショップで話を聞く。

シート2−⑥　Cさんの「知人Fさんを助けるために携帯電話を買うかどうかを決める方法」（シート2−①に記載した内容）について、後見人等が代理権等を行使する必要があるか。ある場合、その理由は何か。

今日の話し合いのテーマについては、「携帯電話ショップで話を聞く」ことをCさんが決めることができた。
ショップで話を聞いて、Cさんが契約をしないと決めた場合は権限行使の必要はないが、契約をすると決めた場合同意はできない。契約をすると決めた場合は、再度話し合いをする必要がある。

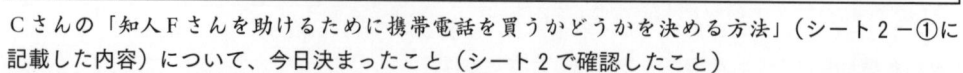

〈図3−33〉　意思決定支援プロセス見える化シート3

ステップ2
話し合い

〈意思決定プロセス見える化　シート3〉
今日決まったことの確認→本人への説明と同意の有無の確認

Cさんの「知人Fさんを助けるために携帯電話を買うかどうかを決める方法」（シート2−①に記載した内容）について、今日決まったこと（シート2で確認したこと）

> **シート3−①　今日決まったこと**
> 知人Fさんが言う「携帯電話の名義貸し」について、明日、就労継続支援B型事業所サービス管理責任者といっしょに携帯電話ショップに行き、話を聞く。

> **シート3−②　今日決まったこと（シート3−①に記載した内容）について、本人への説明と同意の状況**
> 上記をあらためて伝えたところ、Cさんからは次のような発言があった。
> 「携帯電話の名義貸し」の被害を初めて知った。明日ショップの人の話を聞いて、買わないほうがいいとわかったら買わない。就労継続支援B型事業所サービス管理責任者にいっしょに行ってほしい。知人Fさんに断るときは一人では不安なので、誰かにいっしょに来てほしい。

シート3−③　今日決まったこと（シート3−①に記載した内容）を実行するための役割分担と、本人への説明と同意の状況

誰が	いつまでに、何をやるのか	本人への説明と同意の状況
就労継続支援B型事業所サービス管理責任者	明日、Cさんに同行して、携帯電話ショップで話を聞く。	Cさんも希望するとのこと、「明日、よろしくお願いします」と言う。
保佐人	知人Fさんと話をするときは、Cさんといっしょに行って立ち会う。収入を増やす方法やお金の使い方について、いっしょに考える。	「Fさんに会うときは、いっしょにお願いします」と言う。「生活保護のワーカーから、貯金はしないように言われた。ワーカーには相談しづらいので、よろしくお願いします」と言う。

シート3−④　やってみてからもう一度考えるのは　　　年　月　日　　　時〜　　時
　2日後の20XX年4月17日　保佐人がCさんに電話で確認する。

実施結果　20XX年4月17日　Cさんに確認後、保佐人記載　　　　　　　☞〈ポイント〉
　携帯電話ショップで説明を聞き、「携帯電話の名義貸し」は止めたほうがいいとわかった、知人Fさんから誘われた「携帯電話の名義貸し」はしない、断るとのこと。Cさんが知人Fさんに、保佐人がいっしょに会うことを伝え、その結果を報告してもらうことにした。

課題　（20XX年4月17日記載）　　　　　　　　　　　　　　　　　　　☞〈ポイント〉
　Cさんの生活状況は安定してきており、「お金がほしい」という希望と就労意欲を勘案し、障害者相談支援担当者とも相談して、就労継続支援B型からA型への移行を検討する。Cさんは「お金を計画的に使えるようになりたい」と考えており、引き続きチームで支援方法を検討する。
⇒しばらくしてから状況を確認する必要性　　☑あり→いつ頃　3カ月後　　□なし

> ご本人の意思を確認し、ご本人の希望をどうすれば実現できるか話し合いができましたか？　最後にもう一度、以下のような話し合いになっていないか、確認しましょう。
> 　☑本人以外の関係者の問題を本人の問題としてすり替えていないか
> 　☑本人の言葉をそのまま本人の自己決定と捉えていないか、本人の自己責任に帰していないか
> 　☑支援のしやすさを優先していないか、支援者のための根拠付けになっていないか
> 　☑サービス先にありきの、既存のサービスを当てはめるだけの検討に終わっていないか
> 　□結論が先にありきになっていないか、後付けの根拠資料として使われていないか

〈ポイント〉　今日の話し合いで決まったことを実施した結果と、今後の課題を、2日後に記載しました。次回の話し合いにつなげるための経過記録となっています。

　話し合いの翌日、Ｃさんは就労継続支援Ｂ型事業所サービス管理責任者といっしょに携帯電話ショップに行き、店員に話を聞きました。店員から、「携帯電話の名義貸し」は契約者と実際に使用する人が異なるが、誰がどう使おうと契約者に支払義務が生じ高額な請求になる場合があること、犯罪などの違法行為に使用されることも多く、契約者にも責任が及ぶ可能性があることなどの説明があり、「勧められない」と言われました。Ｃさんは、店員から直接「勧められない」と言われたことが印象に残ったようで、「昨日、皆から聞いたことは本当だった」と納得した様子でした。その結果、Ｃさん自身が、知人Ｆから誘われた「携帯電話の名義貸し」は断ることを決めました。

　Ｃさんが知人Ｆに連絡して保佐人が立ち会うことを告げると、知人Ｆは会うことを断り、その後Ｃさんとは距離を置いた様子でした。この件があって以降、Ｃさんはわからないことがあると、保佐人や関係者に自分から相談するようになりました。

　　　(D)【意思決定支援2　「携帯電話の名義貸し」の誘いへの対応】を振り返る

　「携帯電話の名義貸し」は、Ｃさんの意向をそのまま承諾することはできない案件で、「本人意思尊重と保護の調和をどう図るべきか」という、支援者がジレンマを感じる問題でした。そのため、事前に支援者が集まって「意思決定支援プロセス見える化シート1」を用いて対応方法を検討しました。

　ここでの支援者の意見は、「携帯電話の名義貸し」は認められないということで一致しており、Ｃさんの意向とは相容れませんでした。このような状況においては、「本人を説得して止めさせる」ことが支援者の正義であると考え、パターナリスティックにかかわりがちです。しかし、あくまでも意思決定支援の観点から、Ｃさん自身が自己決定できる方法を検討しました。また、支援者が考える望ましい結論が先にあるという点では、実質的には「代行決定」といえるかもしれません（第1章3(2)（11頁）「意思決定支援と代行決定との比較」および次頁〔参考〕参照）。支援者はそれを自覚しつつ、「意思決定支援」としてのアプローチを模索しました。支援者の自覚という意味において、話し合いにおける「意思決定支援プロセス見える化シート3」の最後の確認事項のうち、「結論が先にありきになっていないか、後付けの根拠資料として使われていないか」はチェックを入れず意思決定支援の課題としました。

　Ｃさんの「意思決定支援のための話し合い」では、「携帯電話の名義貸し」をしたときに生じるリスクや保佐人の判断（本人保護の観点からの取消権行使）を説明しました。また、Ｃさん自身が情報を得られるよう具体的な方法（携帯電話ショップで話を聞く）と支援（同行する）を提案しています。同時に「知人Ｆを助けたい」という気持ちに応える方法の提案や、「お金が欲しい」という言葉の真意を探ろうとするなど、Ｃさんの意向を尊重し「携帯電話の名義貸し」という現実的な問題の背景にあるものを理解しようと努めました。

　話し合いの場において、誰が何をどのように情報提供するかは大変重要です。そのため関係者による事前打ち合わせは必須でした。Ｃさんの意向を慮り、話し合いにおいて予測される反応を推測しつつ、支援者には伝えるべきことを伝えるという説明責任が求められます。また、あくまでも支援者の都合ではなく、Ｃさんの利益を重視するという点から提案がなされているかが問われます。話し合いでは、Ｃさんと参加者がやりとりを行うなかで、Ｃさん自身が情報を得ながら自己決定をしていきました。本人と参加者の関係性を基

盤にやりとりを展開する、そのプロセスこそが意思決定支援であることがわかります。

今回の意思決定支援を振り返ると、Cさんには「判断能力がない」のではなく「ある」、しかし判断するための「情報」を持ち合わせていなかったといえます。そして支援者には、Cさんが情報を得て判断できるような支援をいかに行うかという、「支援者としての能力」が問われていました。また、今回の話し合いは「客観的な価値観、社会の標準的な価値観」が優先される方向で支援（決定内容）の基本方針が決まっていたわけですが、意思決定支援としてのプロセスの中に、「本人らしさ」が反映されていたかどうか、支援者は検証する必要があると考えます。

〔参考〕 意思決定支援と代行決定の比較（第1章3⑵（11頁）を表にまとめたもの）

項目	意思決定支援	代行決定
本人の判断能力（意思決定能力）や法的能力の存否	本人に能力がある＝支援者は本人の決定をサポート	本人に能力がない＝支援者が代わりに決定する
本人の法的位置づけ	権利行使の主体	保護の客体（対象）
支援（決定内容）の基本方針	「本人らしさ」が基準 愚行権（愚行の自由）も基本的には保証される	客観的な価値観、社会の標準的な価値観を重視
重視される能力の主体	支援者の能力（支援者の意思決定を支援できる能力の有無）	本人の能力（本人に能力がないことが代行の条件）
正当化原理	自己決定権	パターナリズム

あわせて、第1章3⑶(C)（15頁）および4（17頁）も参照してください。

意思決定支援の要素（第1章3⑶(C)より抜粋要約）

第1　「本人の能力存在推定原則」を前提に、本人の意思決定能力が発揮できる環境整備の重視
第2　本人の主観的な考え方、価値観、趣味や嗜好などの「自分らしさ」の反映
第3　複数の支援者が意思決定支援のプロセスに係る
第4　本人と支援者の関係性に配慮
第5　最後の手段としての代行決定
ポイント1「意思決定支援と代行決定の連続性」常に本人が中心に置かれているか
ポイント2「意思決定支援と代行決定の峻別」代行決定は支援者の責任において行われる
　☑実質的には支援者の代行決定であるものを意思決定支援に基づく本人の自己決定としていないか
　☑支援者が負うべき決定に対する責任を不当に本人に転嫁していないか
　☑支援者にとって都合のよい意思決定となるよう本人の意思を不当に誘導していないか

意思決定支援における意思誘導要素（第1章4より抜粋要約）

「悪い誘導」　本人の利益よりも支援者の利益となっている
「良い誘導」（「許されうる誘導」）　本人の基本的人権を守り、生活の質の向上を目的とする、より良い意思決定の形成を手助けする
　ただし、「良い誘導」（「許されうる誘導」）であったとしても、本人の自己決定に対する外部からの干渉である。意思決定支援によって成立した本人の意思決定の中に、支援者による何らかの誘導の痕跡が認められる限り、本人の自己決定＝自己責任とすることは不当である。

(4)　【意思決定支援3】　保佐人の権限の見直しに関するモニタリング

事例の経過と意思決定支援としてのかかわり

　1年が経過し、Cさんが知人や友人に言われるままに行動することもなくなり、保佐人が取消権の行使を検討しなければならない事態も起こりませんでした。債務の整理も終了し、選任時と比べてCさんの障害の状態や生活状況は安定してきており、保佐人は付与された権限を見直す必要があるのではないかと考えました。

　保佐人が、モニタリング会議の開催を障害者相談支援担当者に相談したところ、中核機関である社会福祉協議会が関与することが望ましいという見解でした。そこで、障害者相談支援担当者が社会福祉協議会（中核機関）にモニタリング会議の開催を依頼することになりました（中核機関のモニタリング機能については第3章3⑶（100頁）〔参考〕参照）。

　保佐人の権限の見直しに関するCさんの意思決定支援は、〈図3−34〉の手順で行われました。

〈図3−34〉【意思決定支援3　保佐人の権限の見直しに関するモニタリング】における
「意思決定支援のためのツール」を活用したCさんへの意思決定支援の流れ

〈支援の流れ〉	〈意思決定支援の経過と活用したツール等〉	
権限の見直しのためのモニタリング会議を依頼	債務整理終了、Cさんの状態が安定、保佐人は権限の見直しが必要と判断 ⇩ 保佐人が障害者相談支援担当者にモニタリング会議の開催を相談 ⇩ 障害者相談支援担当者が社会福祉協議会（中核機関）に会議の開催を依頼	
ステップ1 支援の開始	社会福祉協議会（中核機関）担当社会福祉士が保佐人と面談してCさんの状況を確認、保佐人は家庭裁判所へ提出した報告書や、作成したマップ、「意思決定支援のための話し合い」の記録（見える化シート）を提示して経過を説明	これまでに作成した「マップ」および「見える化シート」
ステップ2 の準備	社会福祉協議会（中核機関）担当社会福祉士が障害者相談支援担当者とともにCさんと面談し、モニタリング会議の趣旨を説明してCさんの意向を聴き取り、会議の参加者を検討	
ステップ2 話し合い	社会福祉協議会（中核機関）担当社会福祉士が、保佐人の権限の見直しに関するモニタリング会議を、Cさんの「意思決定支援のための話し合い」として開催	
目的の共有 ⇩	Cさんは、これからどんな生活がしたいか。保佐人にどのような支援をしてほしいか。	「意思決定支援プロセス見える化シート1」131頁
本人との共同作業 ⇩	Cさんが、これからも保佐人にしてもらいたいことと、してもらう必要がないことは何か。	「シート2」132頁
確認と振り返り	権限を見直した結果、保佐から補助への類型変更の申立てをする。	「シート3」133頁
モニタリングの結果、類型変更の申立て	保佐人が「本人情報シート」を記載 Cさんと受診に同行し、主治医に診断書を依頼 Cさんが類型変更の申立て 現保佐人が補助人となる審判	「本人情報シート」134頁

(A) 【ステップ1】 支援の開始

　社会福祉協議会（中核機関）の担当社会福祉士は保佐人と面談して、保佐人が選任されてから現在までの保佐業務の内容と、その間のCさんの生活の変化や現在の状況を確認しました。また、保佐人が権限の見直しが必要であると判断した理由も聴き取りました。

　保佐人は、これまで家庭裁判所に提出してきた報告書の控え、Cさんの意思決定支援に際し作成した「ソーシャルサポート・ネットワーク分析マップ」や「意思決定支援のための話し合い」の記録（「意思決定支援プロセス見える化シート」）を提示して、経過を説明しました。

(B) 【ステップ2の準備】

　次に、社会福祉協議会（中核機関）の担当社会福祉士は、これまで継続的にかかわっている障害者相談支援担当者に同行を依頼して、Cさんが利用している就労継続支援B型事業所を訪問し、Cさんと面談しました。Cさんには、保佐人が選任された数年前と比べると、Cさんの状態が落ち着いてきているので、保佐人がCさんの状態に合わせた支援内容に見直す必要があると考えており、そのための「モニタリング会議」を開催したいと説明しました。Cさんに了解を得たうえで、Cさんの意向を聴き取り、会議の参加者を検討しました。

　Cさんは、保佐人が選任されてからいろいろな手助けをしてもらったので、知らなかったことをたくさん知ることができた、物事にはいくつかの選択肢があって、どう違うのか、どれを選べばよいかがわからないときは、保佐人など信頼できる人に相談するようにしているということでした。

　Cさんに会議の参加者について希望を聞くと、一人では話を理解することや覚えていることが難しいので、知人Eや就労継続支援B型事業所サービス管理責任者にも同席してほしいということでした。これを踏まえて「モニタリング会議」には、知人E、就労継続支援B型事業所サービス管理責任者に参加を依頼し、Cさん、障害者相談支援担当者、保佐人が参加し、社会福祉協議会（中核機関）の担当社会福祉士が会議を運営することになりました。

(C) 【ステップ2】 話し合い

　社会福祉協議会（中核機関）の担当社会福祉士が、「モニタリング会議」をCさんの「意思決定支援のための話し合い」として開催し、「意思決定支援プロセス見える化シート」に内容をまとめました（次頁以下〈図3−35〉～〈図3−37〉）。「モニタリング会議」で確認した内容と、これまでの経過を踏まえて、保佐人が「本人情報シート」を作成しました（134頁〈図3−38〉）。

　保佐人がこれまでの経過の中で自らに付与された権限をどれだけ行使することがあったのかを踏まえ、保佐人に付与された権限をより限定的にすることが本人の権利擁護につながると判断し、意思決定支援の会議を踏まえて保佐人自らが「本人情報シート」を記載することになりました。付与された権限を外す場合には、家庭裁判所から後見人等に確認が入ることが想定されます。「本人情報シート」を家庭裁判所に提出することで、実情にあった権限付与（権限取消）の判断根拠を提示することが可能となるといえます。

〈図3-35〉 意思決定支援プロセス見える化シート1

〈意思決定プロセス見える化　シート1〉

どんな意思決定を支援するのかを確認する→本人の思いを聴く、支援者の考えを述べる

この「意思決定支援プロセス見える化シート」は、ご本人の意思を確認し、ご本人の希望をどうすれば実現できるかを話し合うために使います。
- ☑意思決定の主体は本人です。意思決定とは、本人が自分のことを自分で決めることです。
- ☑支援者が代わりに決めたり、良いと考える方法を強要したり、決めることを強制したりしません。
- ☑本人を中心とした話し合いになるようにします。話し合いの内容は記録します。
- ☑話し合いで決まったことを実行してみて再度話し合い、より良い方法がないか見直します。
- ☑一度の話し合いで結論を出す必要はありません。必要に応じて話し合いを繰り返し行います。

シート1-①　このシートのテーマまたは検討課題　　第 1 回　　　通算シートNo. 4
Cさんは、これからどんな生活がしたいか。保佐人にどのような支援をしてほしいか。

シート1-②　シート作成者（職名及び氏名）　　社会福祉協議会（中核機関）社会福祉士
シート1-③　今日の話し合い　20XX年5月10日16時　～　17時　場所　就労継続支援B型事業所
シート1-④　今日の参加者名　Cさん、知人E、就労継続支援B型事業所サービス管理責任
　　　　　　者、障害者相談支援担当者、保佐人、社会福祉協議会（中核機関）社会福祉士

シート1-⑤　Cさんの思い（このシートのテーマまたは検討課題に関する本人の希望や意見）

知人Fとは、あれ（「携帯電話の名義貸し」の誘いを断って）以来、付き合いがないが、特に困っていない。事業所の職員や仲間もいるし、困ったときは知人Eさんや保佐人に話している。今の仕事には慣れてきた。でも少し物足りない。もう少し仕事をして収入が増えるとよい。でも、前のように会社で働くのは無理だと思う。

シート1-⑥　Cさん以外の参加者及び関係者の意見

意見を言った人	このシートのテーマまたは検討課題についての意見
知人E	知人Fさんと「携帯電話の名義貸し」のことがあって以来、わからないことがあると自分から相談するようになって、まわりの人たちを信頼するようになったと思う。今のCさんの様子は安心して見ていられる。
就労継続支援B型事業所サービス管理責任者	Cさんは遅刻欠勤もなく、毎日まじめに働いている。リーダー的役割を担っている。Cさんの仕事振りからすると、就労継続支援A型事業所でも十分活動できるのではないか。障害者相談支援担当者といっしょに、Cさんに合った働き先を探してみてはどうか。
障害者相談支援担当者	しばらく会う機会はなかったが、その間、前向きに仕事を継続していることはすばらしい。Cさんに合った仕事先として就労継続支援A型事業所という話があったので、近くの事業所を紹介したい。まず見学に行って話を聞くことから始めてはどうか。
（生活保護ケースワーカー）	（障害者相談支援担当者より報告）職業能力が高いようなので、より適切な就労支援の事業所や、一般企業の障害者雇用なども目指してほしい。
保佐人	Cさんとは定期的な面談で、よく話をしてもらっている。お金の使い方も、計画的にできるようになっている。今後、就労継続支援A型事業所への移行も具体的に検討していきたい。債務整理は終了した。取消しや同意をすることは今まで一度もなかった。
社会福祉協議会（中核機関）社会福祉士	Cさんのこれからの生活に向けて、今日参加の皆さんといっしょに、保佐人にどのようなことを手伝ってもらう必要があるかを、確認していきたい。

〈図 3 −36〉 意思決定支援プロセス見える化シート 2

〈意思決定プロセス見える化 シート 2 〉
考えられる選択肢の検討→本人による選択の支援→緊急性・法定権限行使の必要性の検討

シート 2 −① Cさんの思い（シート 1 −⑤に記載した内容）に沿って、これから何をすれば良いか話し合います。そのうち今日話し合うことは、
Cさんが、これからも保佐人にしてもらいたいことと、してもらう必要がないことは何か。

シート 2 −② Cさんの思いに沿って「Cさんが、これからも保佐人にしてもらいたいことと、してもらう必要がないことは何か」（シート 2 −①に記載した内容）がどうすればできるか、その方法を考えます。

考えられる方法(情報)	誰が	どのように伝えたか	Cさんの希望、思い（反応）
1 金銭管理について（保佐人に代理権は必要か）	保佐人	金銭管理はCさんがしていて、保佐人はしていません。権限をどうしますか？	これから、何があるかわからないから、今のままの状態で、そのままでよい。
2 債務整理や訴訟について（保佐人に代理権は必要か）	保佐人	債務は整理され、すべて解決したので、不要だと思うがどうでしょうか？	同じことが起こらないように相談するので、終わったからもういらないと思う。
3 福祉サービス契約や医療契約について（保佐人に代理権は必要か）	就労継続B型サ責 障害者相談支援担当者	Cさんの能力に応じた作業所は他にもある。A型事業所を紹介したい。事業所を変わるときは、利用契約が必要になる。	もし契約して、うまくいかなくなったらどうなるのか？本当にそこでいいのか不安。契約は保佐人にかかわってもらいたい。入院が必要になったときも一人では不安。
4 Cさんが行った契約などの法律行為を取り消すことについて（同意権・取消権は必要か）	社会福祉協議会（中核機関）社会福祉士	Cさんが希望しなくても、保佐人には自動的に一定の法律行為を取り消したり、同意しなければ有効にならないことが決まっているが、Cさんはどう思うか？	知人Fさんのときのように保佐人はきっと説明してくれると思うが、自分が望んでいないことについて、保佐人ができることは自分にとっては不満がある。ちゃんと相談してやってきている。

シート 2 −③ シート 2 −②で話し合った方法について、Cさんはどうしたいか

金銭管理については自分でできるが、いざというときは保佐人に助けてほしい。事業所を変える時の契約は一人では不安なので、保佐人にかかわってほしい。それ以外は、いらないと思う。

シート 2 −④ シート 2 −③で、Cさんが自分で決めるのが難しい場合、その状況

Cさんが話した内容は、これまでの経過を踏まえた内容であり、伝えた情報を理解したうえでの意向であると考えられる。

シート 2 −⑤ Cさんの「Cさんが、これからも保佐人にしてもらいたいことと、してもらう必要がないことは何か」（シート 2 −①に記載した内容）について、いつまでに決める必要があるか。

今日確認できたことに関してCさんに異論がなければ、見直しはなるべく早く実施することが望ましいと考える。

シート 2 −⑥ Cさんの「Cさんが、これからも保佐人にしてもらいたいことと、してもらう必要がないことは何か」（シート 2 −①に記載した内容）について、後見人等が代理権等を行使する必要があるか。ある場合、その理由は何か。

今日の話し合いのテーマについては、Cさんの意向が明確であり、権限行使を検討するものではない。
今後、Cさん自身が類型変更の申立手続をする場合、保佐人が支援することは考えられる。

〈意思決定プロセス見える化　シート3〉
今日決まったことの確認→本人への説明と同意の有無の確認

Cさんの「これからも保佐人にしてもらいたいことと、してもらう必要がないことは何か」（シート2−①に記載した内容）について、今日決まったこと（シート2で確認したこと）

シート3−①　今日決まったこと
保佐人に付与されている代理権と、同意権・取消権を見直しました。Cさんがこれからも保佐人にしてもらいたいことは、金銭管理の助言や必要なときの手助けと、事業所を変わるときの福祉サービスの利用契約や入院が必要になったときの医療契約などの手助けで、それ以外の代理権は必要ないということでした。同意権・取消権も必要ないということでした。この見直しをするためには、保佐から補助に類型を変更して、Cさんが必要なところだけを手伝えるようにする手続を家庭裁判所に行う必要があります。手続はCさんがすることもできますが、自分でやりますか？

シート3−②　今日決まったこと（シート3−①に記載した内容）について、本人への説明と同意の状況
上記のとおり説明したところ、Cさんは「手伝ってもらって手続したい。自分ができることは自分でして、できないところだけは手伝ってもらえるようにしたい」と話した。

シート3−③　今日決まったこと（シート3−①に記載した内容）を実行するための役割分担と、本人への説明と同意の状況

誰が	いつまでに、何をやるのか	本人への説明と同意の状況
社会福祉協議会（中核機関）社会福祉士	（3日以内）今日の話し合いの内容をまとめて、Cさんと参加者に確認してもらう。	左記を伝えたところ、Cさんは「わかりました。お願いします」と言う。
保佐人	（7日以内）「本人情報シート」を作成 （10日後）受診に同行して主治医に「本人情報シート」を渡し、診断書作成依頼 （1カ月以内）申立手続の支援	左記の説明を聞いてCさんは「病院にいっしょに行ってもらえるなら安心。一人ではうまく説明できないので、よろしくお願いします。手続も教えてください」と言う。
Cさん	（1カ月以内）申立手続の準備 （2カ月以内）申立手続	左記について、Cさんは、「教えてもらいながら自分でやってみます」と言う。
知人E	（1カ月以内）Cさんが行う申立手続の準備の手伝い、同行など	知人Eが「役所に行ったりする時、いっしょに行けるときは付き合うよ」と言うと、Cさんは「頼みます」と言った。
就労継続支援B型事業所サ責、障害者相談支援担当者	（3ヶ月以内）就労継続支援A型事業所の情報をCさんに提供する	左記について、Cさんは「（申立ての）手続で忙しいから、ゆっくりでいいです。でもいいところを教えてください」と言う。

シート3−④　やってみてからもう一度考えるのは　20XX年　月　日　家庭裁判所の審判後

- -

実施結果　20XX年7月25日記載　　　　　　　　　　　　　　　☞〈ポイント〉
　5/20保佐人が受診に同行し「本人情報シート」を主治医に提出、診断書の作成を依頼。7/5保佐人がCさんに同行して家庭裁判所に申立手続。7/20保佐終了、補助開始の審判
課題　（20XX年7月25日記載）　　　　　　　　　　　　　　　☞〈ポイント〉
　補助人の権限の範囲内での支援で問題がないか確認する。就労支援の事業所の検討を本格的に行う。
⇒しばらくしてから状況を確認する必要性　　　☑あり→いつ頃　3カ月　　　□なし

> ご本人の意思を確認し、ご本人の希望をどうすれば実現できるか話し合いができましたか？最後にもう一度、以下のような話し合いになっていないか、確認しましょう。
> ☑本人以外の関係者の問題を本人の問題としてすり替えていないか
> ☑本人の言葉をそのまま本人の自己決定と捉えていないか、本人の自己責任に帰していないか
> ☑支援のしやすさを優先していないか、支援者のための根拠付けになっていないか
> ☑サービス先にありきの、既存のサービスを当てはめるだけの検討に終わっていないか
> ☑結論が先にありきになっていないか、後付けの根拠資料として使われていないか

〈ポイント〉　今日の話し合いで決まったことを、その後どう実施したか、課題は何かを審判後に記載しました。次回の話し合いにつなげるための経過記録の記載となっています。

〈図 3 － 38〉 本人情報シート

モニタリングの
結果、類型変更
の申立て

本人情報シート（成年後見制度用）

※ この書面は，本人の判断能力等に関して医師が診断を行う際の補助資料として活用するとともに，家庭裁判所における審理のために提出していただくことを想定しています。
※ この書面は，本人を支える福祉関係者の方によって作成されることを想定しています。
※ 本人情報シートの内容についてさらに確認したい点がある場合には，医師や家庭裁判所から問合せがされることもあります。

作成日　20XX年　3 月　12 日

本人	作成者
氏　　名：＿＿＿＿C＿＿＿＿	氏　　名：＿＿○○　○○＿＿㊞
生年月日：＿0000年　○　月　○　日	職業(資格)：＿○○社会福祉士事務所（社会福祉士）＿
	連　絡　先：＿00-0000-0000＿
	本人との関係：＿保佐人＿

1　本人の生活場所について
　　☑　自宅（自宅での福祉サービスの利用　☑　あり　□　なし）
　　□　施設・病院
　　　　→施設・病院の名称　＿＿＿＿＿＿＿＿＿＿＿＿＿＿＿
　　　　　　住所　＿＿＿＿＿＿＿＿＿＿＿＿＿＿＿＿＿＿＿＿＿
2　福祉に関する認定の有無等について
　　□　介護認定（認定日：0000年○月）
　　　　□　要支援（1・2）　　　□　要介護（1・2・3・4・5）
　　　　□　非該当
　　☑　障害支援区分（認定日：　　年　　月）
　　　　□　区分（1・②・3・4・5・6）　　□　非該当
　　□　療育手帳・愛の手帳など　（手帳の名称　　　　　　　）（判定　　　　　）
　　☑　精神障害者保健福祉手帳　　（1・2・③　級）
3　本人の日常・社会生活の状況について
　(1)　身体機能・生活機能について
　　　　☑　支援の必要はない　□　一部について支援が必要　□　全面的に支援が必要
　　　　（今後，支援等に関する体制の変更や追加的対応が必要な場合は，その内容等）

> 本人はアパートで一人暮らしをしている。5 年前にクモ膜下出血を発症し高次脳機能障害と診断され、復職できず生活保護を受給している。記憶障害等があるが改善傾向にあり、日常生活の行為については自分でできる。日中は就労継続支援 B 型事業所を利用している。20XX年○月に保佐開始の審判を受け、本シート作成者である社会福祉士が保佐人に就任している。

　(2)　認知機能について
　　　　日によって変動することがあるか：□　あり　☑　なし
　　　　（※　ありの場合は，良い状態を念頭に以下のアからエまでチェックしてください。
　　　　　　エの項目は裏面にあります。）
　　　　ア　日常的な行為に関する意思の伝達について
　　　　　　☑　意思を他者に伝達できる　　□　伝達できない場合がある
　　　　　　□　ほとんど伝達できない　　　□　できない
　　　　イ　日常的な行為に関する理解について
　　　　　　☑　理解できる　　　　　　　　□　理解できない場合がある
　　　　　　□　ほとんど理解できない　　　□　理解できない
　　　　ウ　日常的な行為に関する短期的な記憶について
　　　　　　☑　記憶できる　　　　　　　　□　記憶していない場合がある
　　　　　　□　ほとんど記憶できない　　　□　記憶できない

1/2

〈ポイント〉　4　見える化シート 2 －②1 に対する本人の希望、思いの "これから何があるかわからないから、今のままの状態で、そのままでよい"、3 に対する本人の希望、思いの "契約は保佐人に関わってもらいたい" から記載。
　　5　見える化シート 2 －②2 に対する本人の希望、思いの "同じことが起こらないように相談するので、終

エ　本人が家族等を認識できているかについて
☑　正しく認識している　　　□　認識できていないところがある
□　ほとんど認識できていない　□　認識できていない

(3)　日常・社会生活上支障となる精神・行動障害について
□　支障となる行動はない　　　☑　支障となる行動はほとんどない
□　支障となる行動がときどきある　□　支障となる行動がある
(精神・行動障害に関して支援を必要とする場面があれば，その内容，頻度等)

> 保佐開始前は、知人の依頼を断れずに借金を肩代わりし債務が発生していた。保佐人選任後、債務整理を行った。知人に誘われて本人に不利益が生じそうになることもあったが、現在では知人に言われるまま行動することはなく、保佐人や関係者に相談ができる。一人で理解したり記憶したりすることが難しいことがあることも認識しており、必要に応じて助けを求めることができる。

(4)　社会・地域との交流頻度について
☑　週1回以上　□　月1回以上　□　月1回未満

(5)　日常の意思決定について
☑　できる　□　特別な場合を除いてできる　□　日常的に困難　□　できない

(6)　金銭の管理について
☑　本人が管理している　　□　親族又は第三者の支援を受けて本人が管理している
□　親族又は第三者が管理している
(支援（管理）を受けている場合には，その内容・支援者（管理者）の氏名等)

> 家賃については本人の依頼により、生活保護のケースワーカーが対応しているが、その他の日常的な生活費の金銭管理は本人が行っている。

4　本人にとって重要な意思決定が必要となる日常・社会生活上の課題　☞〈ポイント〉
(※ 課題については，現に生じているものに加え，今後生じ得る課題も記載してください。)

> 保佐人選任時の債務の整理は終了しており、現在負債はない。日常的な生活費に関する金銭管理は、本人の意思を尊重し本人が行っており、保佐人が権限を行使する必要は生じていない。現在本人は就労継続支援B型事業所を利用しているが、収入を増やしたいという希望があり、就労継続支援A型事業所への移行を検討している。本人の希望に沿った事業所への移行に向けて、情報収集や理解の手助け等の意思決定支援が必要である。

5　家庭裁判所に成年後見制度の利用について申立てをすることに関する本人の認識
☞〈ポイント〉

☑　申立てをすることを説明しており，知っている。
□　申立てをすることを説明したが，理解できていない。
□　申立てをすることを説明しておらず，知らない。
□　その他
(上記チェックボックスを選択した理由や背景事情等)

> 保佐類型の同意権・取消権は、本人は不要であると考えている。実際に保佐人が行使する必要は生じていない。代理権についても、債務整理が終わったため不要なものは削除してほしいと希望している。しかし、今後予想される福祉サービスの利用や金銭管理をはじめとする生活全般にわたる相談については、引き続き保佐人にかかわってほしいという意向がある。類型を補助に変更して、必要なことは支援を受けたいと望んでいる。

6　本人にとって望ましいと考えられる日常・社会生活上の課題への対応策　☞〈ポイント〉
(※御意見があれば記載してください。)

> 支援関係者のかかわりもあり、日常生活においては現在のところ特段の問題はない。また、これまでの経験から、わからないことがあると、本人自ら関係者に助言を求めることができる。しかし、いざというときに対応できる代理人は必要である。就労継続支援事業所を変更する際は、契約行為も発生するため、これについては代理権を有する代理人の存在が、本人の利益のためにも必要である。

わったからもういらないと思う”、4に対する本人の希望、思いの“自分が望んでいないことについて、保佐人ができることは自分にとっては不満がある。ちゃんと相談してやってきている”から記載。
6　上記のほか、見える化シート2－③“金銭管理については自分でできるが、いざというときは保佐人に助けてほしい等”から記載。

「モニタリング会議」の結果である、「意思決定支援プロセス見える化シート3」の記載内容のとおりに各自が役割を果たし、Cさんは類型変更の申立てを行いました。保佐人を引き続き補助人とする審判がなされ、Cさんが希望した事柄に限定して代理権が付与されました。保佐から補助への変更でCさんが必要とする支援が受けられるかどうか、引き続きモニタリングが必要ですが、今回の見直しでCさんの生活実態に適合した権限設定になったのではないかと、支援者は感じました。

(D) 【意思決定支援3　保佐人の権限の見直しに関するモニタリング】を振り返る

保佐人は、Cさんの生活状況の変化に伴い、権限を必要最小限に限定するための見直しが必要であると考えました。それを保佐人が一人で判断するのではなく、これまでのチームに加えて、中核機関の関与のもと客観的で専門的な判断を仰ぎました。

「モニタリング会議」（「意思決定支援のための話し合い」）を行うことで、Cさんへの説明の適切性と説明に対するCさんの意向を、参加者同席のもとで確認することができました。また参加者も、Cさんの意向に沿うことが望ましいと合意することができました。このプロセスを踏むことにより、保佐人の判断の妥当性が検証され、話し合いの記録が類型変更の申立ての際の「本人情報シート」の根拠資料となりました。

(5) 事例の経過から意思決定支援を振り返る

Cさんの発症から1年半後に保佐人が選任され、選任時の権限行使の仕方（支援方法）について確認しました（【意思決定支援1】）。その2年半後に「携帯電話の名義貸し」の誘いを受けたことがわかり、対応を検討しました。このときは取消権の行使には至らなかったものの、権限行使も検討せざるを得ない状況でした（【意思決定支援2】）。さらにその1年後、Cさんの生活の安定に伴い権限を見直し、保佐から補助へと類型が変更になりました（【意思決定支援3】）。

保佐人には、Cさんの生活状況や能力を把握して、その時々で「必要な支援」は何かを判断することが求められます。Cさんを取り巻くさまざまな関係者との関係性の中で、「必要な支援」の内容は変化することを理解し、人生の伴走者として本人の意向に寄り添いながらサポートしていく必要があります。付与された権限を行使して、単なる業務として事務を遂行することが、保佐人の仕事ではありません。

しかしこれは、保佐人が一人でできることではなく、チームによる支援がなければ成り立ちません。その時々において、Cさんに「必要な支援」が何であるかをチームで共有し、その支援は保佐人が権限を行使しなければできないことなのか、他の支援者では出来ないことなのかを確認することが重要です。なぜなら、現行の法定後見制度は、本人の自己決定に干渉できる法的な代行決定権限（法定代理権、取消権等）を行使して権利擁護を行う仕組みであり、法定権限の行使は少なからず本人の自己決定権を侵害することにほかならないからです。そのため「支援の第2ステージ（他者決定型の権利擁護）」での支援は限定的であるべきで、「支援の第2ステージ」での権限行使以外に方法はないと判断した場合においても、後見人等が専断独断で権限行使をするのではなく、チームで検討し、本人の意思を尊重する「支援の第1ステージ（自己決定支援型の権利擁護）」の支援を基本にすべ

きです（第1章5（18頁））。

　チームでの支援を考えるうえで、「ソーシャルサポートの機能」（第2章2(2)（33頁））を理解していることは大変有効です。特に、本人にとって「ネガティブソーシャルサポート」になっていないか、支援者は検証する必要があります。サポートは与えられさえすればよいというものではなく、本人がそれを役に立つものと感じているかどうかが重要です。チームでの支援を考える際、常に本人を中心に検討しているかを確認する必要があります。

　Cさんと保佐人や支援者との関係は、数年の経過の中で徐々に培われてきました。意思決定支援のプロセスを経てCさん自身も学び、支援者に信頼を寄せるようになったことがうかがえます。意思決定支援は、本人と関係者の関係性の中で展開されるプロセスといえます。

　Cさんの意思決定支援の経過の中で、Cさん自身も支援者も最大の学びとなったのは、「携帯電話の名義貸し」への対応でしょう。最終的にCさんは「携帯電話の名義貸し」は「契約しない」と自己決定し、幸いにも支援者の判断と一致しました。

　しかし、もしCさんが「契約する」と決めた場合は、支援者はどうしたでしょうか。保佐人が取消権を行使するという判断をしたかもしれません。しかし、それでCさんは被害を免れたとしても、保佐人や支援者との関係性の悪化というリスクを伴うかもしれません。あるいは「愚行権の行使」として容認することは可能でしょうか。「失敗から学ぶ機会」を保障するととらえることはできるでしょうか。その場合は、保佐人が義務を果たしているといえるかが問われるでしょう。Cさんの場合、事前に関係者から情報を得られたので、被害を未然に防ぐことができたといえますが、事後的に判明した場合はどうだったでしょうか。そのつど、状況に応じて、本人と支援者とで検討するしかありませんが、何を最優先に判断したのか、どのようなプロセスを経て、誰が何を判断したのかは、説明ができるようにしておく必要があります。

　緊急性が高い場合や損害が多大な場合などは、意思決定支援のプロセスに時間をかけることができないこともあります。その場合は、本人の意向を尊重することが難しく、本人の権利擁護の観点から権限を行使することも必要になりますが、判断の根拠を明確にしておくことが求められます。支援関係者の都合ではなく、あくまでも本人の権利擁護の観点から判断がなされ、結果が導かれなければならないと考えます。

　緊急性の高さや損害の大きさの判断基準は、虐待など法律を根拠に介入を判断できる場合もありますが、多くの場合は支援関係者の主観的判断による対応になっているのが現状ではないでしょうか。そしてその根底には、本人と支援関係者の意思決定支援のプロセスがどのようなものであったかが大きく影響している場合もあるかもしれません。単に「緊急性が高いから」あるいは「損害が大きいから」と判断するのではなく、そのことをきっかけに、本人との意思決定支援のプロセスを見直すことも大事な気づきです。そして本人の意向の尊重が難しく、本人の権利擁護の観点から権限を行使した場合も、あらためて今後の意思決定支援のあり方を本人、支援関係者と見つめ直すきっかけとしたいものです。

5　社会福祉士のソーシャルワーク実践における活用例

(1)　【Dさんの事例】　被災者の気持ちに寄り添いながら生活の場の選択を支える意思決定支援

事例の概要

　Dさんは60歳代前半の女性です。2年前に起きた大地震で自宅兼店舗が全壊しました。避難所での生活を経て、1年数カ月前から仮設住宅で生活をしてきましたが、2年間の入居期限が迫っており今後の生活の場の確保を余儀なくされています。地域包括支援センターの社会福祉士が、Dさん自身による生活の場の選択を支援するため、意思決定支援を開始しました。

事例の経過

　被災前は、夫、長男家族（長男、長男の妻、保育園児の孫二人）と同居し、自宅兼店舗で飲食店を営んでいました。夫、長男家族とともに避難所に避難しましたが、ほどなく長男家族は生活の再建と子ども（孫）の将来を考えて、隣市の知人宅で間借りをして、夫婦ともに仕事を探して働き始めました。

　Dさんと夫は仮設住宅で生活を始めましたが、半年後に夫が病死しました。Dさんには長男以外に子どもはなく、ほかに頼れる親族はいません。「被災者生活再建支援金」等の給付を受け、当面の生活を賄える程度の預貯金はありますが、老齢年金の給付までにはまだ数年あり、また将来年金だけで生活ができるのか不安を感じています。

　Dさんには不安、睡眠障害、食欲不振などの抑うつ症状がみられ、高血圧もあり、近医で薬を処方されています。閉じこもりがちな日々を過ごしているDさんを心配した友人Eさんが地域包括支援センターに相談し、社会福祉士が訪問するようになりました。

意思決定支援としてのかかわり

　最初は玄関先での挨拶程度で室内には入れてもらえませんでしたが、何度か訪問するうちに室内で話ができるようになりました。Dさんは「ここは仮の住まいだが、夫との最後の思い出の場所でもある。せっかく慣れたのにまた引っ越さなければならない。先が見えないし何もやる気が起きない。先のことは何も考えられない」と言います。社会福祉士はDさんの気持ちに共感しつつ、今後の生活についてDさんが一人で考えるのは難しいことなのでいっしょに考えていきたいと伝えたところ、Dさんからも「よろしくお願いします」との同意が得られました。Dさんへの意思決定支援は、次頁〈図3-39〉のような流れで行われました。

(2)　【ステップ1】　支援の開始

　地域包括支援センターの社会福祉士は複数回の訪問を通して、Dさんから次のような話を聞くことができました。

- 三人きょうだいの一番下で、上に年の離れた姉と兄がいる。心配して時々連絡をくれるが、二人とも遠方に住んでおり高齢でもあることから、頻繁に会うことは難しい。
- 自分の性格は頑張り屋で、人の面倒を見るのが好き。料理が得意で、店の馴染みのお

〈図3-39〉 「意思決定支援のためのツール」を活用した
Dさんが生活の場を選択するための意思決定支援の流れ

〈支援の流れ〉	〈意思決定支援の経過と活用したツール等〉	
発見・気付き相談	大地震で被災し自宅兼店舗を失う。避難所から仮設住宅へ入居。長男家族と別居。仮設住宅で夫が病死。閉じこもりがちな生活。友人Eが地域包括支援センターに相談。社会福祉士が訪問開始。	
ステップ1支援の開始	地域包括支援センターの社会福祉士が、収集した情報に基づきDさんの状況をアセスメント	「ソーシャルサポート・ネットワーク分析マップ」140頁
ステップ2の準備	地域包括支援センターの社会福祉士が、Dさんといっしょにマップを作成し、Dさんに話し合いの提案と参加者を確認 参加者に話し合いの趣旨を説明し事前に意見収集、シート1に記載	「ソーシャルサポート・ネットワーク分析マップ」142頁 「意思決定支援プロセス見える化シート1」145頁
ステップ2話し合い	地域包括支援センター社会福祉士が、Dさんが今後どのような生活をしていきたいか話を聞き、生活の場の具体的な選択肢をあげてDさんがどう思うか話し合いを開催（「意思決定支援のための話し合い」）	
目的の共有 ⇩	Dさんは今後どこで、どのような生活をしていきたいか。	「意思決定支援プロセス見える化シート1」145頁
本人との共同作業 ⇩	今後の生活の場についてどんな選択肢が考えられるか。その選択肢について、Dさんはどう思うか。	「シート2」146頁
確認と振り返り	次の話し合いを10日後に行う。分担して、公営住宅、民間住宅、高齢者対象住宅の情報を集める。今後の方針を長男と相談する。	「シート3」147頁

客さんがおいしそうに食べてくれる顔を見るのが何よりの喜びだった。飲食店の仕事は自分の生きがいだった。それができなくなり、何のために生きているのかわからない。

・地震で何もかも失ったが、家族写真がほんの数枚だけ残った。写真を見ると涙が出る。以前は毎朝仏壇に手を合わせるのが日課だった。お盆の墓参りは欠かさずに行っていたが、今はそれも思うようにできないのがつらい。

・長男夫婦は生活再建を目指して頑張っている。心配してくれるが迷惑をかけたくない。孫の面倒をみたいが、今の自分にはそれもできない。何もできない自分が不甲斐ない。

・仮設住宅に住むようになってから、たくさんの人が声をかけてくれた。本当にありがたいと思う。民生委員は今でも時々様子をみにきてくれて、頼りになる存在である。ボランティアは最近は少なくなった。誘われて社会福祉協議会のサロン活動や地域の行事に参加したこともあったが、そこで知り合った人が次の住まいに移っていき、会えなくなるのが寂しくて足が遠のいた。

・友人Eは古くからの知り合いで、仮設住宅に住んでいた時期もあった。引っ越してからも気遣ってたびたび訪ねてくれる。自分を一番理解してくれる唯一無二の友人である。

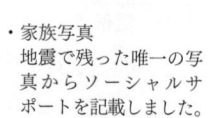

〈図３－40〉　Ｄさんのソーシャルサポート・ネットワーク分析マップ

作成日：20XX年10月１日
作成者：地域包括支援センター社会福祉士

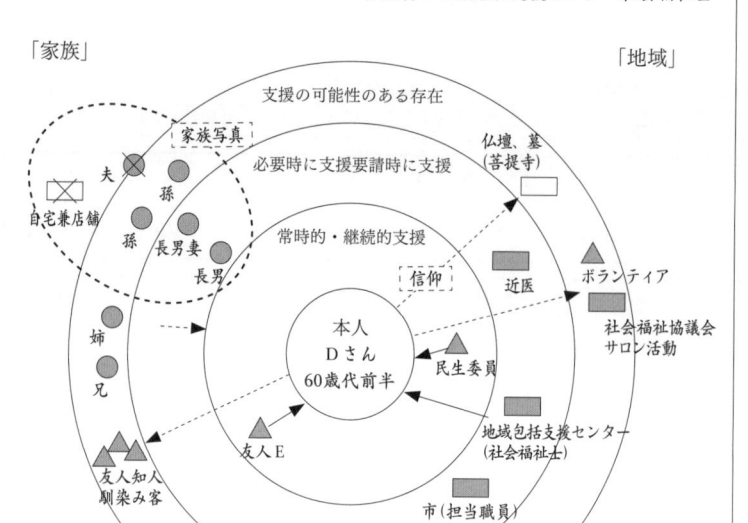

- 家族写真
  地震で残った唯一の写真からソーシャルサポートを記載しました。

- 仏壇・墓（菩提寺）
  毎朝手を合わせるという心の支え・信仰等を記載することもできます。

- 心の支え
  心の支えを---▶で表しました。

家族○、友人・知人、地域、公的資源は個人を△印、組織を□印

役割分析

必要な支援 （意思決定声援）	誰が （マップ上の存在）	引き受けている・期待されている役割
Ｄさんが生活の場を選択するための支援	亡夫（自宅兼店舗、家族写真）	心の支え→モチベーションのサポート
	長男、長男妻、孫	心の支え→モチベーションのサポート※現実的な課題に対する援助の提供（道具的サポート）の可能性は不明
	姉、兄	気遣い、声掛け→モチベーションのサポート
	友人Ｅ	話し相手、相談相手、理解者、心の支え→自己評価サポート、社会的コンパニオン、モチベーションのサポート
	友人知人、馴染客	心の支え→モチベーションのサポート
	仏壇、墓（菩提寺、信仰）	心の支え→モチベーションのサポート
	近医	診察、薬の処方 →道具的サポート（医療の提供）
	ボランティア、社会福祉協議会サロン活動	仮設住宅での心の支え →モチベーションのサポート ※今後の生活の場の選択への支援は困難か。
	民生委員	気遣い、声掛け、相談相手→自己評価サポート、モチベーションのサポート
	市（担当職員）	制度や手続の説明→情報のサポート ※現時点ではＤさんに役に立つ情報のサポートにはなっていない。
	地域包括支援センター社会福祉士	意思決定支援に向けたアセスメント、支援チームの形成、情報提供→自己評価サポート、情報のサポート、モチベーションのサポート

・以前、市の担当職員が制度や手続の説明に来て資料をたくさん置いていったが、その
ときは見る気持ちになれなかった。仮設住宅を退去しなければならないことは理解し
ているが、どうすればよいか見当もつかない。市の担当職員とは最近は会っていない。

> 　地域包括支援センターの社会福祉士は、Dさんの状況をアセスメントするため、D
> さんの話をもとに「ソーシャルサポート・ネットワーク分析マップ」を書きました（前
> 頁〈図3-40〉）。

> 　地域包括支援センターの社会福祉士は、作成した「ソーシャルサポート・ネットワー
> ク分析マップ」に基づき、ソーシャルサポート機能に着目しながらDさんの状況をア
> セスメントしました。

「ソーシャルサポート・ネットワーク分析マップ」に基づくアセスメント

・Dさんから遠ざかってしまった人や物を、マップでは点線の矢印で外向きに現した。D
さんの喪失感、孤独感は計り知れない。しかし、それらの人や物はDさんが生きてきた
証であり、人生そのものでもある。実生活での存在としては遠ざかっていても、Dさん
の心の支えとしては存在し続けているのではないか。遠ざかってしまった人や物につい
ても、Dさんが自分の気持ちを安心して語ることができ、自分の存在を再認識できるよ
うな「自己評価サポート」が必要である。

・Dさんはさまざまな人や物を喪失したが、それに伴う役割（飲食店経営者、妻、母、祖母、
姑等）の喪失が最大の喪失ではないか。自分が何らかの役割を果たしていることで得ら
れる「地位のサポート」が得られず、パワーレス状態に陥っていると考えられる。

・現在のDさんにとってキーパーソンとなるのは、友人Eおよび民生委員であると考えら
れる（マップでは実線の矢印で内向きに現した）。

・長男とは相互に気遣っていると思われるが、Dさんの今後の生活の場の選択の支援に向
けては、長男家族との関係性や長男家族の生活状況の確認が必要である。

・市の担当職員からの情報提供はあったものの、Dさんがそれを有効に活用できる状況で
はなかったことから、「情報のサポート」が得られたとはいえない（情報が与えられさえ
すればサポートがなされたとはいえない）。今後、Dさんにとって意味のある形で「情報
のサポート」がなされる必要がある。

・地域包括支援センター社会福祉士としては、Dさんの今後の生活の場の選択に向けて当
面の間、「常時的・継続的支援」を行う存在として機能すべく意図的に介入する（マッ
プの実線内向き矢印の意味）。Dさんの意思決定の支援者には、友人E、民生委員、長男
およびその家族、市担当職員、地域包括支援セン
ター社会福祉士が想定されるが、現在は別々にか
かわっておりつながりがないため、チームとして
支援できるよう働きかける（☞〈ポイント〉）。

> 〈ポイント〉　アセスメントから、本人の
> 意思決定支援のチームには誰が必要で
> しょうか。話し合いには誰が参加する
> とよいでしょうか。

(3) 【ステップ 2 の準備】

　地域包括支援センターの社会福祉士はアセスメントを踏まえて、次の訪問時に今後の支援についてＤさんと話し合いました。

　まず「ソーシャルサポート・ネットワーク分析マップ」をいっしょに書いてみることを提案しました。この作業は、Ｄさんが喪失体験を追体験することにもなりかねないため、過去ではなく現在および未来に焦点を当てることに留意しました。また、Ｄさんの意思決定の支援者に誰がなりうるのかをアセスメントするためにも、Ｄさんの思いを確認する必要があると考えました。

> 　未記入の「ソーシャルサポート・ネットワーク分析マップ」の用紙を置き、Ｄさんに「現在頼りにしている人が誰か」を聞き、Ｄさんといっしょに確認しながら社会福祉士がマップに記入をしていきました（〈図 3 −41〉）。

ステップ 2
の準備

〈図 3 −41〉　Ｄさんとの共同作業によるソーシャルサポート・ネットワーク分析マップ

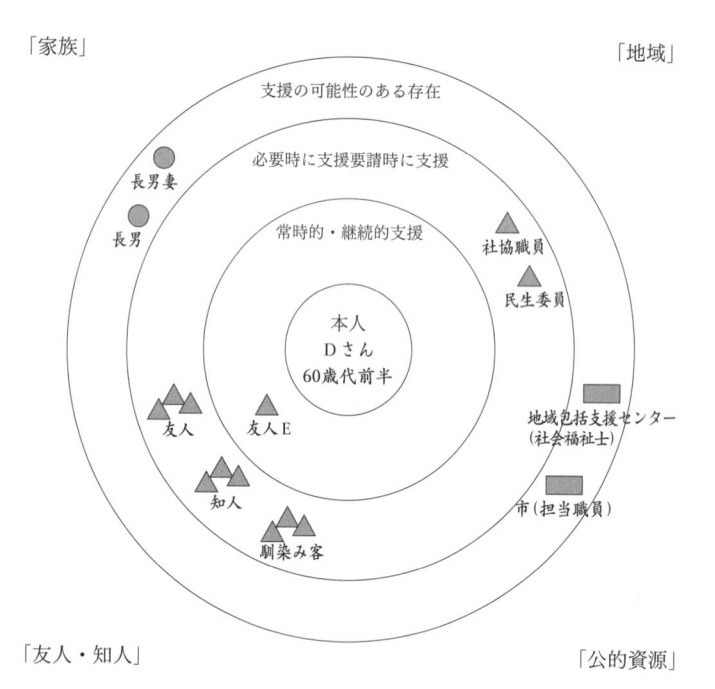

作成日：20XX年10月10日
作成者：Ｄさん、地域包括支援センター社会福祉士

「家族」　　　　　　　　　　　　　　　　　　　　　「地域」

支援の可能性のある存在

必要時に支援要請時に支援

常時的・継続的支援

本人
Ｄさん
60歳代前半

長男妻
長男
社協職員
民生委員
友人　友人Ｅ
地域包括支援センター
（社会福祉士）
知人
市（担当職員）
馴染み客

「友人・知人」　　　　　　　　　　　　　　　　　「公的資源」

家族〇、友人・知人、地域、公的資源は個人を△印、組織を□印

・長男・長男妻の位置
　Ｄさんは、長男夫婦を同心円の一番外側に迷いながら記入しました。

・友人・知人・馴染み客
　本人からみた関係性を記載してみると支援者が作成した140頁〈図 3 −40〉とは明らかに違いがありました。

> 〈ポイント〉　本人といっしょにマップを記入し、コミュニケーションツールとして活用しました（第 2 章（57頁）河野・特別寄稿参照）。ツールは状況に応じて、使い方を工夫できます。

　Dさんには友人Eさんのほかにも、心配してくれる友人、知人やかつての馴染み客がたくさんいることがわかりました。飲食店を営んでいたことで、交流のある人が多いようです。「こうやってあらためて書き出してみると一人ひとりの顔を思い出す」と言い、懐かしそうに話をします。話からは、Dさんの面倒見が良かったため、多くの人から慕われ頼りにされていたことが伝わってきました。友人Eさんにはやはり絶対的な信頼感があるようで、一番頼りになる理解者であると言います。

　民生委員のほかにもサロン活動で顔馴染みになった社会福祉協議会の職員が、定期的・継続的にDさんを訪問していることがわかりました。困ったことがあれば相談に乗るので、いつでも連絡してほしいと言われており、Dさんもいざというときに備えて連絡先を保管しているということでした。

　市（担当職員）には、自分から出向いて相談や手続をしなければならないことは理解しているが、今はまだ何を相談すればよいかもわからないこと、地域包括支援センターは介護が必要な高齢者の相談が専門で、自分は該当しないと思っていたことがわかりました。しかし、友人Eさんが地域包括支援センターに相談に行ってくれたことで、話を聞いてもらえるようになったことには大変感謝しているということでした。

　家族について尋ねると、長男と長男の妻は孫のために本当に一生懸命働いているので、自分のことで心配をかけたくないということで、一番外側の同心円に起きたいということでした。Dさんに、「一番望むことは何か」と尋ねたところ、被災前のように家族揃って暮らしたいというのが本心であると言うものの、夫も亡くなり家も店も失った今となっては、それはかなわない望みであると言います。長男に心配をかけず、自分のことは自分で何とかしたいという思いが強いものの、そう思えば思うほど焦るばかりで、何をどうすればよいかがわからなくなるということでした。

話し合いに向けてDさんの意向を確認

　地域包括支援センターの社会福祉士は、Dさんといっしょに「ソーシャルサポート・ネットワーク分析マップ」を作成したことを踏まえて、Dさんがこれまでの人生で築いてきたさまざまな人々との交流はDさん自身が築いた財産であること、Dさんの自立心、自尊心は尊重したいことを伝えたうえで、Dさんに次のことを提案しました。

- ・地域包括支援センターは、介護の要否にかかわらず相談に乗ること
- ・Dさんが今後の生活の場を選択するために必要であれば、引き続き支援をしたいこと
- ・Dさんにはかかわってくれる人が大勢いるが、それぞれが別々にかかわっているので、Dさんが信頼できる人に参加してもらいいっしょに話し合いをしてはどうか。
- ・その話し合いはDさんに選択を強要するものではなく、Dさんが必要な時間をかけて自分で納得して意思決定ができるよう、いっしょに考えることが目的であること
- ・今後の生活の場を選択するのはDさん自身であり、Dさんの意思が尊重されること

　説明を聞いてDさんは、少し躊躇しながら遠慮がちに、「皆さんに助けてもらえるのは心強いです。ご迷惑をおかけして申し訳ありませんが、お願いします」と答えました。

Dさんと話し合いの手順の確認

　これを受けて地域包括支援センターの社会福祉士は、初回の話し合いを次のとおり行うことをDさんと確認します。

- ・話し合いの目的は、Dさんが今後の生活の場を選択できるよういっしょに考えること

で、初回はどんな選択肢があるかをあげて、Dさんがどう思うか聞かせてもらうこと。

・一回の話し合いで何かを決めなければならないということはない。必要に応じて繰り返し行うことができる。

・日時は平日の午後に45分程度、場所はDさんが話しやすい仮設住宅の自室とする。

・Dさんの希望で、話し合いにはDさんが信頼する友人Eさんと、これまで心配して様子を見にきてくれた民生委員に参加を依頼する。

・社会福祉士が話し合いの進行管理に責任を持つ。事前に参加者にも話し合いの趣旨を説明し了解を得る。その際、Dさんに伝えたいことがあれば聞いておく。友人Eさんにはデさんからも連絡する。

・話し合いには「意思決定支援プロセス見える化シート」を用いる。シートに沿って話し合いを進め、社会福祉士が記録をしてDさんと参加者に後日内容を確認してもらう。

・地域包括支援センターが把握している役立ちそうな情報は、必要であれば提供できるよう資料を用意しておく。

参加者との事前準備

Dさんと確認した内容を、地域包括支援センターの社会福祉士が友人Eさんと民生委員に説明したところ、参加について快諾が得られました。友人Eさんには早々にDさんからも連絡があったそうです。社会福祉士は参加を依頼する際、Dさんに選択を強要するものではないこと、Dさんが自分で意思決定をするためのサポートであり、Dさん自身に考えてもらい、話をしてもらうことが集まる目的であることを丁寧に説明しました。また、参加者からDさんに伝えたいことを聴き取りました。

社会福祉士が行った話し合いの直前準備

Dさんには、友人Eさんと民生委員から快く参加の承諾が得られたことを伝え、話し合いの日時を再度確認しました。

社会福祉士は話し合いの準備として、「意思決定支援プロセス見える化シート1」にDさんや参加者から聴き取った内容を事前に記入しておき、当日Dさんと参加者に配付することにしました。

シート2-②の「考えられる方法」としては、公営住宅への入居申込み、民間の賃貸住宅を探す、高齢者対象住宅の利用等が考えられ、Dさんが混乱しないよう選択肢はシンプルに提示して、Dさん自身がそれぞれの方法についてどう思うかを話してもらうことに重点を置くこととしました。この部分については、話の内容を付箋紙に書き出し、話し合いの「見える化」を工夫することにしました。

また話し合いの中で、生活の場の選択にとどまらず、今後の生活全般に話が広がることが想定されましたが、Dさん自身が自分の気持ちや願いについて自分の言葉で話してもらうことを優先し、次につながるような話し合いとなるよう進行することにしました。

(4) 【ステップ2】 話し合い

話し合いでは、事前に記入した「意思決定支援プロセス見える化シート1」の内容を確認した後、シート2と3の項目に沿って話を進めました。終了後に社会福祉士が話し合いの内容を記録し、Dさんと参加者に配付しました（次頁以下〈図3－42〉～〈図3－44〉）。

事前に記載済み〈意思決定プロセス見える化　シート1〉
どんな意思決定を支援するのかを確認する→本人の思いを聴く、支援者の考えを述べる

> この「意思決定支援プロセス見える化シート」は、ご本人の意思を確認し、ご本人の希望をどうすれば実現できるかを話し合うために使います。
> ☑意思決定の主体は本人です。意思決定とは、本人が自分のことを自分で決めることです。
> ☑支援者が代わりに決めたり、良いと考える方法を強要したり、決めることを強制したりしません。
> ☑本人を中心とした話し合いになるようにします。話し合いの内容は記録します。
> ☑話し合いで決まったことを実行してみて再度話し合い、より良い方法がないか見直します。
> ☑一度の話し合いで結論を出す必要はありません。必要に応じて話し合いを繰り返し行います。

シート1−①　このシートのテーマまたは検討課題　第 1 回　　通算シートNo. 1
　　Dさんは今後どこで、どのような生活をしていきたいか。

シート1−②　シート作成者（職名及び氏名）　地域包括支援センター社会福祉士

シート1−③　今日の話し合い　20××年10月20日14時 ～ 14時15分　　場所　Dさん宅

シート1−④　今日の参加者名　Dさん、友人Eさん、民生委員、地域包括支援センター社会福祉士

シート1−⑤　Dさんの思い（このシートのテーマまたは検討課題に関する本人の希望や意見）

> 　長男に心配をかけず、自分のことは自分で何とかしたいと思うが、気持ちばかりが焦り、何をどうすればよいか考えられない。いっしょに考えてもらえると心強い。

シート1−⑥　Dさん以外の参加者及び関係者の意見

意見を言った人	このシートのテーマまたは検討課題についての意見
友人Eさん	Dさんとは古い付き合いで、困ったときに助けてもらった。困ったときはお互い様、できることは協力したい。Dさんは頑張り屋なので、息子さんに心配をかけたくないのだろうが、息子さんも心配していると思う。息子さんと話し合うことを勧めたい。もともと料理が得意なので、料理をふるまうような機会があるとDさんも元気が出るのではないか。
民生委員	Dさんには、仮設住宅入居以降、時々声を掛けさせてもらった。一人で心細い思いをされているのではないかと、気になっていた。生活の場を決めるのは人それぞれなので、Dさんも自分が納得できるような方法で次の生活を始められるとよい。できることがあれば協力したい。地元の不動産屋の情報などは伝手があるので提供できる。
地域包括支援センター社会福祉士	今後の生活の場の選択について、Dさん自身が納得して決められるよう、Dさんの意思を尊重しながら必要なお手伝いをしていきたい。必要な情報提供もしていきたい。

〈図3－43〉 意思決定支援プロセス見える化シート2

ステップ2
話し合い

〈意思決定プロセス見える化　シート2〉
考えられる選択肢の検討→本人による選択の支援→緊急性・法定権限行使の必要性の検討

シート2－①　Dさんの思い（シート1－⑤に記載した内容）に沿って、これから何をすれば良いか話し合います。そのうち今日話し合うことは、
今後の生活の場についてどんな選択肢が考えられるか。
その選択肢について、Dさんはどう思うか。

シート2－②　Dさんの思いに沿って「今後の生活の場の選択肢とDさんはどう思うか」（シート2－①に記載した内容）がどうすればできるか、その方法を考えます。

考えられる方法(情報)	誰が	どのように伝えたか	Dさんの希望、思い（反応）
1　公営住宅への入居を申し込む	社会福祉士	家賃が安価。市に相談してみてはどうか。	家賃が安いのは助かるが、希望すれば入居できるのか不安。市にどうやって相談すればよいかわからない。
2　民間の賃貸住宅を探す	民生委員	地元の不動産屋に相場を聞くことができる。公営住宅より自由に選べる。	家賃の相場を知りたい。どこにどんな物件があるか知りたい。探すなら、長男家族の近くがよい。
3　高齢者対象住宅の利用を検討する	社会福祉士	介護が必要でなくても利用できるところがある。必要であればサポートも受けられる。	介護が必要な人でなければ利用できないと思っていた。将来に備えることにもなるが、まだ抵抗がある。参考までに情報は知りたい。
4　長男家族との生活を検討する	友人Eさん	息子さんも今は仮住まいなので、引越しが必要。息子さんの考えも聞いてみてはどうか。	家族といっしょであれば一番安心。同居が無理でも近くにいれば、孫の世話もできる。でも長男家族、特にお嫁さんの負担にはなりたくない。

シート2－③　シート2－②で話し合った方法について、Dさんはどうしたいか

今日はまだ決められない。
一番の希望は長男家族との生活だが、一方的に決めることはできない。

シート2－④　シート2－③で、Dさんが自分で決めるのが難しい場合、その状況

公営住宅、民間住宅、高齢者対象住宅の詳しい情報がわからないので、具体的な情報を集めて検討しなければ決められない。長男家族との生活は一方的には決められない。いずれの方法を選ぶにせよ、長男と相談せずに決めることはできない。

シート2－⑤　Dさんの「今後の生活の場の選択肢とDさんはどう思うか」（シート2－①に記載した内容）について、いつまでに決める必要があるか。

仮設住宅の入居期限はあるのもの、まだ数カ月は時間をかけることができる。引き続き話し合いを続けていく。

シート2－⑥　Dさんの「今後の生活の場の選択肢とDさんはどう思うか」（シート2－①に記載した内容）について、後見人等が代理権等を行使する必要があるか。ある場合、その理由は何か。

Dさんが情報を得て、長男家族と相談しながら自ら決めていけると思われるので、現時点で成年後見制度の利用の検討は要しない。

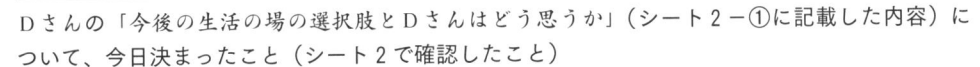

〈意思決定プロセス見える化　シート3〉
今日決まったことの確認→本人への説明と同意の有無の確認

Dさんの「今後の生活の場の選択肢とDさんはどう思うか」（シート2-①に記載した内容）について、今日決まったこと（シート2で確認したこと）

シート3-①　今日決まったこと
次の話し合いを10日後の20XX年10月30日14時〜14時45分に行う。 それまでに、公営住宅、民間住宅、高齢者対象住宅の情報を集める。 今後の方針について、長男と相談する。

シート3-②　今日決まったこと（シート3-①に記載した内容）について、本人への説明と同意の状況
上記の内容を口頭で確認し、Dさんからも「わかりました」と同意が得られた。

シート3-③　今日決まったこと（シート3-①に記載した内容）を実行するための役割分担と、本人への説明と同意の状況

誰が	いつまでに、何をやるのか	本人への説明と同意の状況
Dさんと友人Eさん	次の話し合いまでに、いっしょに市役所へ行き、公営住宅の情報を確認する。	左記を口頭で確認し、Dさんからも「わかりました」と同意が得られた。
民生委員	次の話し合いまでに、地元の不動産業者に民間の賃貸住宅の物件情報と家賃相場を確認する。	同上
地域包括支援センター社会福祉士	次の話し合いまでに、近隣の高齢者対象住宅の情報を確認する。	同上
Dさん 必要に応じて友人Eさんまたは社会福祉士がサポートも可	次の話し合いまでに、長男と相談する。 または話し合いに長男に参加してもらえるよう依頼する。場合によっては長男の都合に合わせて話し合いを設定する。	同上

シート3-④　やってみてからもう一度考えるのは　　20XX年10月30日　14時〜　14時45分

- -

実施結果　10/30記載　　　　　　　　　　　　　　　　　　　☞〈ポイント〉
　公営住宅、民間の賃貸住宅、高齢者対象住宅の情報を持ち寄り、検討した。
　Dさんが長男に電話をして、話し合いをしていることを伝えた。次回の話し合いには参加したいので、日程を調整してほしいということだった。
課題　　　　　　　　　　　　　　　　　　　　　　　　　　　☞〈ポイント〉
　長男も交えた話し合いを行う。引き続き家族以外の支援が必要かどうかは、Dさんの意向を尊重する。
⇒しばらくしてから状況を確認する必要性　　☑あり→いつ頃　長男と日程調整　　□なし

ご本人の意思を確認し、ご本人の希望をどうすれば実現できるか話し合いができましたか？ 最後にもう一度、以下のような話し合いになっていないか、確認しましょう。
☑本人以外の関係者の問題を本人の問題としてすり替えていないか ☑本人の言葉をそのまま本人の自己決定と捉えていないか、本人の自己責任に帰していないか ☑支援のしやすさを優先していないか、支援者のための根拠付けになっていないか ☑サービス先にありきの、既存のサービスを当てはめるだけの検討に終わっていないか ☑結論が先にありきになっていないか、後付けの根拠資料として使われていないか

> 〈ポイント〉　今日の話し合いで決まったことを、その後どう実施したか、課題は何かを、次の話し合いの時に確認して記載しました。次回の話し合いにつなげるための経過記録の記載となります。

「意思決定支援のための話し合い」を振り返る

話し合い終了後、Dさんに感想を聞いたところ、友人Eさんや民生委員がいっしょに考えてくれたことがとても心強かったこと、一つひとつ付箋紙に書きながら整理してもらったことで、何を考えればよいのかが目に見えてわかりやすかったとのことでした。また友人Eさんが言うとおり、いずれにしても一人で決めるべきことではなく、長男と相談しなければならないことがはっきりわかり、自分でもそれは心のどこかでわかってはいたものの、迷惑をかけたくないと思うあまり、自分のほうが壁をつくっていたのかもしれないと言いました。情報収集についても、一人では思いつかないことまで提案してもらえ、しかも分担して手伝ってもらえることが何より心強く、一人で抱え込まず助けてもらうことで自分も気持ちが救われて頑張れるような気持ちになったと話しました。

地域包括支援センターの社会福祉士はDさんの感想を聞いて、初回の話し合いは今後につながる、Dさんにも意味のあるものになり得たのではないかと評価しました。Dさんには判断能力はありますが、パワーレスの状態に陥っていて、自分で考えて情報を集めたり行動したりすることができなかったと思われます。そこを少し手助けすることで、Dさん自らが行動し、意思決定ができるようになるのではないかと考えました。また、Dさんの感想から、「見える化」の工夫があると話し合いの内容がわかりやすく、考えをまとめやすいこともわかりました。「意思決定支援のためのツール」は「見える化」と共通理解を図るためのコミュニケーションツールとして活用できると思われました。

(5) Dさんの事例から考える意思決定支援

このような事例の場合、専門職は家族でよく話し合って決めるよう促し、本人および家族（当事者）に決断を委ねて決定を待つ、それが意思決定支援であると考えることもあるでしょう。決定の主体は当事者であることに間違いありませんが、意思決定支援とは誰が何をどこまで支援することなのか、かかわる専門職にはアセスメントが欠かせません。

今回の話し合いでは家族に対するDさんの思いを尊重し、初めから家族の参加を求めることはしませんでした。家族には面と向かって話せないことも、Dさんが信頼する友人Eさんの参加があったからこそ、Dさんは家族に対する思いを率直に語ることができ、自らも気付きに至ったものと思われます。このことから、意思決定支援とは、本人や家族にただ決定を委ねるものでも、専門職だけが行うものでもなく、本人が信頼を寄せる人の参加があって成り立つものであり、本人にとって意味のある支援チームの存在が重要であることがわかりました。「ソーシャルサポートネットワーク」を理解することが必要です。

支援チームが機能するためには、話し合いの事前準備が重要であり、話し合いの場では参加者が本人にサポーティブな態度でかかわることができるか否かが、意思決定支援の成否に大きくかかわります。Dさんへの支援を通して、社会福祉士には本人の意思決定にかかわる周囲の人々を「環境」ととらえて調整する能力や、話し合いを本人主体で進めることができるよう、権利擁護の視点に根差したネゴシエーションスキルが求められることも再認識しました。

また社会福祉士は、友人Eさんの相談でDさんと出会い、話し合いに至る事前準備の段階から、Dさんに丁寧に説明し意向を尊重するという、本人主体の姿勢でかかわりました。意思決定支援は単に話し合いの場面だけではなく、社会福祉士等が行うソーシャルワーク

実践としてのすべてのかかわりの根底にあるものだと考えます。

そもそもソーシャルワーク実践は、本人主体、本人中心に本人の意思を尊重して自己決定を保障するものであり、社会福祉士の倫理綱領にも明示されています。したがって、社会福祉士等が行うすべてのソーシャルワーク実践には、常に意思決定支援が内包されているといえます。その中で、特に重要な意思決定の場面や、本人と関係者の考えを整理する必要がある場面などに「意思決定支援のためのツール」を活用し、ソーシャルワーク実践における意思決定支援のプロセスを「見える化」することで、本人を主体にした意思決定支援が保障され、専門職が説明責任を果たすための根拠資料にもなり得ることがわかりました。

終章 これからの意思決定支援の発展に向けて

　本人のためによかれと思って保護的に代行決定をすることよりもはるかに大きな社会的コストがかかる、あらゆる人の自己決定を可能な限り追求する社会的包摂の理念を実現する意思決定支援という考え方に日本は舵を切ったといえます（第1章5（20頁）より）。

　その意思決定支援に誰がどのような役割のもとにかかわったのか、支援方針の検討のプロセスはどのようなものであったのか、その可視化を試みたのが二つのツールです。

　しかし繰り返し述べられているように、ツールは道具であり、ツールの目的や意思決定支援の原則を踏まえた用い方がなされない誤った使い方は、本人の意思決定支援という本来求められたことから遠く離れてしまいます。

　ツールを作成することが目的ではなく、ツールを使おうとしたときに生じる葛藤（ジレンマ）から目をそらさないことこそが大事です。

　葛藤が生じる場面はさまざまでしょう。判断能力の程度だけではなく、支援関係者とのネットワーク構成場面において、また、本人や親族との関係性において、対象者や場面を限定せずに、まずは活用してみることをお勧めします。特に、成年後見人等の立場で関与している方々には、このツールを活用されることで自らの実践を振り返り、今後の意思決定支援のあり方に向けて新たな気づきを得ることが期待されます。裁判所への定期報告の際の根拠資料としての活用も見込まれます。もちろん、意思決定支援に関与するすべての関係者にとっても大きな気づきが生まれ、本人を中心とした支援関係の変化やさらなる可能性が生じることが予測されます。

　本書は、このツールを活用してさまざまな支援対象者や機関において、意思決定支援のさらなる発展に向けて研修をすることが可能な構成になっています。最高裁判所が提示した「本人情報シート」とのつながりも学ぶことができ、成年後見制度の適否の判断や成年後見人等が選任された後のモニタリングにも活用できます。実際に使用してみることで、ツールの書式や使用方法についてさらなる改善点が見えてくると考えます。

　ツールが多くの方々に活用され、意思決定支援の発展に向けて寄与することができることを心より願っております。

資料　意思決定支援をめぐる動向

【年表】　意思決定支援に関連した近年の国内外の動き

年	国　　内	国外（日本の活動、国内開催等）
2000 平成12	「介護保険法」施行「民法の一部を改正する法律」等成年後見制度改正部分施行	
2003 平成15	身体障害者、知的障害者の福祉サービスが「措置制度」から「支援費制度」に移行	
2005 平成17	「障害者自立支援法」成立（平成18年4月1日施行）「高齢者虐待防止法」成立（平成18年4月1日施行）	イギリス：「2005年意思能力法・行動指針」成立【資料1】
2006 平成18		国連：「障害者権利条約」採択【資料2】
2007 平成19		日本：「障害者権利条約」署名
2008 平成20		国連：「障害者権利条約」効力発生
2010 平成22	「障害者自立支援法」改正	第1回成年後見法世界会議（横浜開催）で「横浜宣言」採択【資料3】（→2016年改訂）
2011 平成23	「障害者虐待防止法」成立（平成24年10月1日施行）「障害者基本法」改正【資料4】	
2012 平成24	「障害者自立支援法」を改正し「障害者総合支援法」に改称【資料5】 「知的障害者福祉法」改正【資料6】 「認知症施策推進5か年計画（オレンジプラン）」策定	
2013 平成25	「障害者雇用促進法」改正 「障害者差別解消法」成立（平成28年4月1日施行） 「障害者権利条約」国会承認	
2014 平成26		日本：「障害者権利条約」締結国連：「一般的意見第1号」採択【資料7】
2015 平成27	「認知症施策推進総合戦略（新オレンジプラン）～認知症高齢者等にやさしい地域づくりに向けて～」策定（→2017年改訂）	
2016 平成28	「成年後見制度利用促進法」成立【資料8】 「障害者総合支援法」改正（平成30年4月1日施行、一部平成28年6月3日施行）	日本：「障害者権利条約第1回日本政府報告」を国連権利委員会に提出 第4回成年後見法世界会議（ベルリン開催）で「横浜宣言」改訂【資料9】
2017 平成29	「成年後見制度利用促進基本計画」閣議決定【資料10】 「障害福祉サービス等の提供に係る意思決定支援ガイドライン」【資料11】 「認知症施策推進総合戦略（新オレンジプラン）～認知症高齢者等にやさしい地域づくりに向けて～)」改訂【資料12】	
2018 平成30	「人生の最終段階における医療・ケアの決定プロセスに関するガイドライン」【資料13】 「意思決定支援を踏まえた成年後見人等事務に関するガイドライン」【資料14】 「地域における成年後見制度利用促進に向けた体制整備のための手引き」【資料15】 厚生労働省に成年後見制度利用促進室設置 「認知症の人の日常生活・社会生活における意思決定支援ガイドラン」【資料16】	
2019 平成31 令和元	診断書の書式改定と本人情報シートの導入【資料17】 「地域における成年後見制度利用促進に向けた実務のための手引き」【資料18】 「身寄りがない人の入院及び医療に係る意思決定が困難な人への支援に関するガイドライン」【資料19】	

㊟　名称のみのものは公表年。

以下は各資料から、本書の内容と特にかかわりが深い部分や目次の一部等を抜粋して掲載しています。各資料の全容は出典（URL および参考文献等）から原典を参照してください。

【資料１】　イギリス2005年意思能力法（Mental Capacity Act 2005）

2005年４月７日成立、2007年10月１日施行

第１条　諸原則

１　以下の諸原則は本法の目的のために適用される。

２　能力を欠くと確定されない限り、人は能力を有すると推定されなければならない。

３　本人の意思決定を助けるあらゆる実行可能な方法が功を奏さなかったのでなければ、人は意思決定ができないとみなされてはならない。

４　人は単に賢明でない判断をするという理由のみによって意思決定ができないとみなされてはならない。

５　能力を欠く人のために、あるいはその人に代わって、本法の下でなされる行為又は意思決定は、本人の最善の利益のために行われなければならない。

６　当該行為又は当該意思決定が行われる前に、その目的が、本人の権利及び行動の自由に対して、より一層制約の小さい方法で達せられないかを考慮すべきである。

出典：新井誠（監訳）＝紺野包子（訳）『イギリス2005年意思能力法・行動指針』７頁（民事法研究会、2009年）

【資料２】　障害者の権利に関する条約（障害者権利条約）

平成18年12月13日　ニューヨークで採択　　平成20年５月３日　効力発生

平成25年12月４日　国会承認　　平成26年１月17日　批准の閣議決定

平成26年１月20日　批准書寄託　　平成26年１月22日　公布（条約第１号）

平成26年２月19日　我が国について効力発生（平成26年１月22日外務省告示第28号）

第１条　目的

この条約は、全ての障害者によるあらゆる人権及び基本的自由の完全かつ平等な享有を促進し、保護し、及び確保すること並びに障害者の固有の尊厳の尊重を促進することを目的とする。

障害者には、長期的な身体的、精神的、知的又は感覚的な機能障害であって、様々な障壁との相互作用により他の者との平等を基礎として社会に完全かつ効果的に参加することを妨げ得るものを有する者を含む。

第２条　定義（抜粋）

「障害に基づく差別」とは、障害に基づくあらゆる区別、排除又は制限であって、政治的、経済的、社会的、文化的、市民的その他のあらゆる分野において、他の者との平等を基礎として全ての人権及び基本的自由を認識し、享有し、又は行使することを害し、又は妨げる目的又は効果を有するものをいう。障害に基づく差別には、あらゆる形態の差別（合理的配慮の否定を含む。）を含む。

「合理的配慮」とは、障害者が他の者との平等を基礎として全ての人権及び基本的自由を享有し、又は行使することを確保するための必要かつ適当な変更及び調整であって、特定の場合において必要とされるものであり、かつ、均衡を失した又は過度の負担を課さないものをいう。

第３条　一般原則

この条約の原則は、次のとおりとする。

(a)　固有の尊厳、個人の自律（自ら選択する自由を含む。）及び個人の自立の尊重

(b)　無差別

(c)　社会への完全かつ効果的な参加及び包容

(d)　差異の尊重並びに人間の多様性の一部及び人類の一員としての障害者の受入れ

(e)　機会の均等

(f)　施設及びサービス等の利用の容易さ

(g)　男女の平等

(h)　障害のある児童の発達しつつある能力の尊重及び障害のある児童がその同一性を保持する権利の尊重

第12条　法律の前にひとしく認められる権利

1　締約国は、障害者が全ての場所において法律の前に人として認められる権利を有することを再確認する。

2　締約国は、障害者が生活のあらゆる側面において他の者との平等を基礎として法的能力を享有することを認める。

3　締約国は、障害者がその法的能力の行使に当たって必要とする支援を利用する機会を提供するための適当な措置をとる。

4　締約国は、法的能力の行使に関連する全ての措置において、濫用を防止するための適当かつ効果的な保障を国際人権法に従って定めることを確保する。当該保障は、法的能力の行使に関連する措置が、障害者の権利、意思及び選好を尊重すること、利益相反を生じさせず、及び不当な影響を及ぼさないこと、障害者の状況に応じ、かつ、適合すること、可能な限り短い期間に適用されること並びに権限のある、独立の、かつ、公平な当局又は司法機関による定期的な審査の対象となることを確保するものとする。当該保障は、当該措置が障害者の権利及び利益に及ぼす影響の程度に応じたものとする。

5　締約国は、この条の規定に従うことを条件として、障害者が財産を所有し、又は相続し、自己の会計を管理し、及び銀行貸付け、抵当その他の形態の金融上の信用を利用する均等な機会を有することについての平等の権利を確保するための全ての適当かつ効果的な措置をとるものとし、障害者がその財産を恣意的に奪われないことを確保する。

【資料3】　成年後見制度に関する横浜宣言

第1回成年後見法世界会議2010年10月4日（横浜開催）

1．（共通する認識）

　2010年10月2日より4日まで日本国横浜にて開催された2010年成年後見法世界会議の参加者たる私達は、次の事実を共通に認識するものである。

(1)～(5)　（略）

(6)　人権の保護は世界的潮流としては改善されつつあるものの、いまだ多くの国では成年後見関連の法整備は等閑視されたり、立ち遅れたりしており、事前の意思決定、能力判定時のベスト・プラクティス、能力を欠く成年者のための代替的意思決定の仕組みといった最新の考え方が考慮されるには至っていない。

2．（2条約への賛意）

　加えて、私達は次の2条約の指導原理と条項に賛意を表する。

(1)　2009年1月1日に発効し、管轄権、準拠法、承認と執行、国家間協力を一元化した2000年1月13日ハーグ国際私法会議「成年者の国際的保護に関する条約」

(2)人権の普遍性、不可分性、相互依存性、相関性への支持、および障害を有する人が偏見なしに人権を享受できることの保障を条約締結国々に要求する2006年12月13日国際連合「障害者権利条約」

３．（成年後見制度の基本原則）

そのうえで次の５点をここに宣言する。

(1)　人は能力を欠くと確定されない限り特定の意思決定を行う能力を有すると推定されなければならない。

(2)　本人の意思決定を支援するあらゆる実行可能な方法が功を奏さなかったのでなければ、人は意思決定ができないとみなされてはならない。

(3)　意思能力とは「特定の事柄」「特定の時」の両方に関連するものであり、行なおうとする意思決定の性質および効果によって異なること、また同じ人でも一日の中で変動し得ることを立法にあたっては可能な限り認識すべきである。

(4)　保護の形態は、本人を守ろうとするあまり全面的に包み込み、結果としてあらゆる意思決定能力を奪うものであってはならず、かつ本人の意思決定能力への制約は本人または第三者の保護に必要とされる範囲に限定されるべきである。

(5)　保護の形態は適切な時期に独立した機関により定期的に見直されるべきである。

４．（成年後見人の行動規範）

特定の時に特定の意思決定を行う能力を欠くすべての成年者は、意思決定過程において他に支援や代理を得ることができない場合には次のような資質を有する後見人を持つ権利があることを、更に宣言する。（以下略）

出典：一般社団法人日本成年後見法学会ホームページ

〈http://jaga.gr.jp/wp-content/uploads/7879319402f97d8235d199cdd73868ed.pdf〉

【資料４】　障害者基本法

昭和45年法律第84号

（注）　平成23年法律第90号により下記規定は大幅改正または新設がされたものである。

（目的）

第１条　この法律は、全ての国民が、障害の有無にかかわらず、等しく基本的人権を享有するかけがえのない個人として尊重されるものであるとの理念にのつとり、全ての国民が、障害の有無によって分け隔てられることなく、相互に人格と個性を尊重し合いながら共生する社会を実現するため、障害者の自立及び社会参加の支援等のための施策に関し、基本原則を定め、及び国、地方公共団体等の責務を明らかにするとともに、障害者の自立及び社会参加の支援等のための施策の基本となる事項を定めること等により、障害者の自立及び社会参加の支援等のための施策を総合的かつ計画的に推進することを目的とする。

（定義）

第２条　この法律において、次の各号に掲げる用語の意義は、それぞれ当該各号に定めるところによる。

一　障害者　身体障害、知的障害、精神障害（発達障害を含む。）その他の心身の機能の障害（以下「障害」と総称する。）がある者であつて、障害及び社会的障壁により継続的に日常生活又は社会生活に相当な制限を受ける状態にあるものをいう。

二　社会的障壁　障害がある者にとつて日常生活又は社会生活を営む上で障壁となるような社会における事物、制度、慣行、観念その他一切のものをいう。

（地域社会における共生等）

第３条　第１条に規定する社会の実現は、全ての障害者が、障害者でない者と等しく、基本的人権を享有する個人としてその尊厳が重んぜられ、その尊厳にふさわしい生活を保障される権利を有することを前提としつつ、次に掲げる事項を旨として図られなければならない。

一　全て障害者は、社会を構成する一員として社会、経済、文化その他あらゆる分野の活動に参加する機会が確保されること。

二　全て障害者は、可能な限り、どこで誰と生活するかについての選択の機会が確保され、地域社会において他の人々と共生することを妨げられないこと。

三　全て障害者は、可能な限り、言語（手話を含む。）その他の意思疎通のための手段についての選択の機会が確保されるとともに、情報の取得又は利用のための手段についての選択の機会の拡大が図られること。

（差別の禁止）

第4条　何人も、障害者に対して、障害を理由として、差別することその他の権利利益を侵害する行為をしてはならない。

2　社会的障壁の除去は、それを必要としている障害者が現に存し、かつ、その実施に伴う負担が過重でないときは、それを怠ることによって前項の規定に違反することとならないよう、その実施について必要かつ合理的な配慮がされなければならない。

3　国は、第1項の規定に違反する行為の防止に関する啓発及び知識の普及を図るため、当該行為の防止を図るために必要となる情報の収集、整理及び提供を行うものとする。

（相談等）

第23条　国及び地方公共団体は、障害者の意思決定の支援に配慮しつつ、障害者及びその家族その他の関係者に対する相談業務、成年後見制度その他の障害者の権利利益の保護等のための施策又は制度が、適切に行われ又は広く利用されるようにしなければならない。

2　国及び地方公共団体は、障害者及びその家族その他の関係者からの各種の相談に総合的に応ずることができるようにするため、関係機関相互の有機的連携の下に必要な相談体制の整備を図るとともに、障害者の家族に対し、障害者の家族が互いに支え合うための活動の支援その他の支援を適切に行うものとする。

【資料5】　障害者の日常生活及び社会生活を総合的に支援するための法律 （障害者総合支援法）

平成17年法律第123号

（注）　本法は成立時は「障害者自立支援法」という名称であったが、平成24年法律第51号による改正で現在の法律名にに変更された。

（目的）

第1条　この法律は、障害者基本法（昭和45年法律第84号）の基本的な理念にのっとり、身体障害者福祉法（昭和24年法律第283号）、知的障害者福祉法（昭和35年法律第37号）、精神保健及び精神障害者福祉に関する法律（昭和25年法律第123号）、児童福祉法（昭和22年法律第164号）その他障害者及び障害児の福祉に関する法律と相まって、障害者及び障害児が基本的人権を享有する個人としての尊厳にふさわしい日常生活又は社会生活を営むことができるよう、必要な障害福祉サービスに係る給付、地域生活支援事業その他の支援を総合的に行い、もって障害者及び障害児の福祉の増進を図るとともに、障害の有無にかかわらず国民が相互に人格と個性を尊重し安心して暮らすことのできる地域社会の実現に寄与することを目的とする。

（基本理念）

第1条の2　障害者及び障害児が日常生活又は社会生活を営むための支援は、全ての国民が、障害の有無にかかわらず、等しく基本的人権を享有するかけがえのない個人として尊重されるものであるとの理念にのっとり、全ての国民が、障害の有無によって分け隔てられることなく、相互に人格と個性を尊重し合いながら共生する社会を実現するため、全ての障害者及び障害児

が可能な限りその身近な場所において必要な日常生活又は社会生活を営むための支援を受けられることにより社会参加の機会が確保されること及びどこで誰と生活するかについての選択の機会が確保され、地域社会において他の人々と共生することを妨げられないこと並びに障害者及び障害児にとって日常生活又は社会生活を営む上で障壁となるような社会における事物、制度、慣行、観念その他一切のものの除去に資することを旨として、総合的かつ計画的に行わなければならない。

（指定障害福祉サービス事業者及び指定障害者支援施設等の設置者の責務）

第42条　指定障害福祉サービス事業者及び指定障害者支援施設等の設置者（以下「指定事業者等」という。）は、障害者等が自立した日常生活又は社会生活を営むことができるよう、障害者等の意思決定の支援に配慮するとともに、市町村、公共職業安定所その他の職業リハビリテーションの措置を実施する機関、教育機関その他の関係機関との緊密な連携を図りつつ、障害福祉サービスを当該障害者等の意向、適性、障害の特性その他の事情に応じ、常に障害者等の立場に立って効果的に行うように努めなければならない。

2　指定事業者等は、その提供する障害福祉サービスの質の評価を行うことその他の措置を講ずることにより、障害福祉サービスの質の向上に努めなければならない。

3　指定事業者等は、障害者等の人格を尊重するとともに、この法律又はこの法律に基づく命令を遵守し、障害者等のため忠実にその職務を遂行しなければならない。

（指定一般相談支援事業者及び指定特定相談支援事業者の責務）

第51条の22　指定一般相談支援事業者及び指定特定相談支援事業者（以下「指定相談支援事業者」という。）は、障害者等が自立した日常生活又は社会生活を営むことができるよう、障害者等の意思決定の支援に配慮するとともに、市町村、公共職業安定所その他の職業リハビリテーションの措置を実施する機関、教育機関その他の関係機関との緊密な連携を図りつつ、相談支援を当該障害者等の意向、適性、障害の特性その他の事情に応じ、常に障害者等の立場に立って効果的に行うように努めなければならない。

2　指定相談支援事業者は、その提供する相談支援の質の評価を行うことその他の措置を講ずることにより、相談支援の質の向上に努めなければならない。

3　指定相談支援事業者は、障害者等の人格を尊重するとともに、この法律又はこの法律に基づく命令を遵守し、障害者等のため忠実にその職務を遂行しなければならない。

【資料6】　知的障害者福祉法

昭和35年法律第37号

（注）　平成24年法律第51号の改正で、15条の3に「知的障害者の意思決定の支援に配慮しつつ」の語句が追加された。

（支援体制の整備等）

第15条の3　市町村は、知的障害者の意思決定の支援に配慮しつつ、この章に規定する更生援護、障害者の日常生活及び社会生活を総合的に支援するための法律の規定による自立支援給付及び地域生活支援事業その他地域の実情に応じたきめ細かな福祉サービスが積極的に提供され、知的障害者が、心身の状況、その置かれている環境等に応じて、自立した日常生活及び社会生活を営むために最も適切な支援が総合的に受けられるように、福祉サービスを提供する者又はこれらに参画する者の活動の連携及び調整を図る等地域の実情に応じた体制の整備に努めなければならない。

2　市町村は、前項の体制の整備及びこの章に規定する更生援護の実施に当たつては、知的障害者が引き続き居宅において日常生活を営むことができるよう配慮しなければならない。

仮訳：公益財団法人　日本障害者リハビリテーション協会
2014年4月11日採択、2014年5月19日版 2018年1月26日訂正（パラグラフ27）

II．第12条の規範的内容

第12条第2項

13．法的能力と意思決定能力とは、異なる概念である。法的能力は、権利と義務を所有し（法的
　　地位）、これらの権利と義務を行使する（法的主体性）能力である。（中略）意思決定能力とは、
　　個人の意思決定スキルを言い、当然、人によって異なり、同じ人でも、環境要因及び社会的要
　　因など、多くの要因によって変化する可能性がある。（中略）条約第12条の下では、認識された、
　　あるいは実際の意思決定能力の不足が、法的能力の否定を正当化するものとして利用されては
　　ならない。

15．これまで委員会が審査してきた締約国の報告の大半において、意思決定能力と法的能力の概
　　念は同一視され、多くの場合、認知障害又は心理社会的障害により意思決定スキルが低下して
　　いると見なされた者は、結果的に、特定の決定を下す法的能力を排除されている。これは単純
　　に、機能障害という診断に基づいて（状況に基づくアプローチ）、あるいは、否定的な結果を
　　もたらすと考えられる決定を本人が行っている場合（結果に基づくアプローチ）、もしくは、
　　本人の意思決定スキルが不足していると見なされる場合（機能に基づくアプローチ）に決定さ
　　れる。機能に基づくアプローチでは、意思決定能力の評価と、その結果としての法的能力の否
　　定が試みられる。ある決定の性質と結果を理解できるかどうか、及び／又は関連情報を利用し
　　たり、比較検討したりできるかどうかによって決まることが多い。機能に基づくこのアプロー
　　チは、二つの重要な理由から誤っている。(a)それは障害のある人に対して差別的な方法で適用
　　されている。(b)それは人間の内なる心の動きを正確に評価できるということと、その評価に合
　　格しない場合、法の前における平等な承認の権利という、中核となる人権を否定できるという
　　ことを前提としている。これらのアプローチのすべてにおいて、障害及び／又は意思決定スキ
　　ルが、個人の法的能力を否定し、法律の前における人としての地位を下げる合法的な理由と見
　　なされている。第12条は、法的能力に対するそのような差別的な否定を許容するものではなく、
　　むしろ、法的能力の行使における支援の提供を義務付けるものである。

第12条第3項

17．法的能力の行使における支援では、障害のある人の権利、意思及び選好を尊重し、決して代
　　理人による意思決定を行うことになってはならない。（中略）「支援」とは、さまざまな種類と
　　程度の非公式な支援と公式な支援の両方の取り決めを包含する、広義の言葉である。たとえば、
　　障害のある人は、1人又はそれ以上の信頼のおける支援者を選び、特定の種類の意思決定にか
　　かわる法的能力の行使を援助してもらうことや、ピアサポート、（当事者活動の支援を含む）
　　権利擁護、あるいはコミュニケーション支援など、その他の形態の支援を求めることができる。
　　障害のある人の法的能力の行使における支援には、例えば、銀行及び金融機関などの官民のア
　　クターに対し、障害のある人が銀行口座の開設や、契約の締結、あるいはその他の社会的取引
　　の実行に必要な法的行為を遂行できるように、理解しやすいフォーマットでの提供や専門の手
　　話通訳者の提供を義務付けるなど、ユニバーサルデザインとアクセシビリティに関する措置も
　　含まれる場合がある。また、特に意思と選好を表明するために非言語型コミュニケーション形
　　式を使用している者にとっては、従来にない多様なコミュニケーション方法の開発と承認も支
　　援となり得る。（以下、略）

18．提供される支援の種類と程度は、障害のある人の多様性のために、人によって著しく異なる。

（中略）個人の自律と障害のある人の意思決定能力は、危機的状況下を含め、常に尊重されなければならない。

19. 障害のある人の中には、第12条第2項にある、他の者との平等を基礎とした法的能力の権利の承認のみを追求し、第12条第3項に規定されている支援を受ける権利の行使を希望しない者もいる。

第12条第4項

20. 第12条第4項は、法的能力の行使を支援するシステムになくてはならない保護措置の概要を説明している。（中略）これらの保護措置のおもな目的は、個人の権利、意思及び選好の尊重を確保することでなければならない。これを達成するために、保護措置により、他の者との平等を基礎として、濫用からの保護を提供しなければならない。

21. 著しい努力がなされた後も、個人の意思と選好を決定することが実行可能ではない場合、「意思と選好の最善の解釈」が「最善の利益」の決定に取ってかわらなければならない。これにより、第12条第4項に従い、個人の権利、意思及び選好が尊重される。「最善の利益」の原則は、成人に関しては、第12条に基づく保護措置ではない。障害のある人による、他の者との平等を基礎とした法的能力の権利の享有を確保するには、「意思と選好」のパラダイムが「最善の利益」のパラダイムに取ってかわらなければならない。

22. すべての人は「不当な影響」の対象となる危険があるが、意思決定を他者の支援に依存している者の場合、これが悪化する可能性がある。不当な影響は、支援者と被支援者の相互作用の質として、恐怖、敵意、脅威、欺瞞又は改ざんの兆候が見られることを特徴とする。法的能力の行使に関する保護措置には、不当な影響からの保護を含めなければならない。しかし、この保護は、危険を冒し、間違いを犯す権利を含む、個人の権利、意思及び選好を尊重するものでもなければならない。

Ⅲ．締約国の義務

26. 障害者権利委員会は、第12条に関する締約国の最初の報告の総括所見において、関係締約国は「後見人制度及び信託制度を許可する法律を見直し、代理人による意思決定制度を、個人の自律、意思及び選好を尊重した支援付き意思決定に置き換える法律と政策を開発する行動を起こす」必要がある、と繰り返し述べてきた。

27. 代理人による意思決定制度は、全権後見人、裁判所による禁治産宣告、限定後見人など、多種多様な形態をとり得る。しかし、これらの制度には、ある共通の特徴がある。すなわち、これらは以下のシステムとして定義できる。(a)個人の法的能力は、たとえそれが1つの決定にのみかかわりのある法的能力であっても、排除される。(b)当事者以外の者が代理意思決定者を任命できる。しかも、当事者の意思に反してこれを行うことができる。または、(c)代理意思決定者によるいかなる決定も、当事者の意思と選好ではなく、客観的に見てその「最善の利益」となると思われることに基づいて行われる。

28. 代理人による意思決定制度を支援付き意思決定に置き換えるという締約国の義務では、代理人による意思決定制度の廃止と、支援付き意思決定による代替策の開発の両方が義務付けられている。代理人による意思決定制度を維持しながら支援付き意思決定システムを開発しても、条約第12条の順守には十分ではない。

29. 支援付き意思決定制度は、個人の意思と選好に第一義的重要性を与え、人権規範を尊重するさまざまな支援の選択肢から成る。それは、自律に関する権利（法的能力の権利、法律の前における平等な承認の権利、居所を選ぶ権利など）を含むすべての権利と、虐待及び不適切な扱いからの自由に関する権利（生命に対する権利、身体的なインテグリティを尊重される権利など）を保護するものでなければならない。さらに、支援付き意思決定システムは、障害のある人の

生活を過剰に規制するものであってはならない。支援付き意思決定制度は、多様な形態をとる可能性があり、それらすべてに、条約第12条の順守を確保するための特定の重要な規定が盛り込まれなければならない。それには、以下が含まれる。

(a)　支援付き意思決定は、すべての人が利用可能でなければならない。個人の支援ニーズのレベル（特にニーズが高い場合）が、意思決定の支援を受ける上での障壁となってはならない。

(b)　法的能力の行使におけるあらゆる形式の支援（より集約的な形式の支援を含む。）は、客観的に見て個人の最善の利益と認識されることではなく、個人の意思と選好に基づいて行われなければならない。

(c)　個人のコミュニケーション形態は、たとえそのコミュニケーションが従来にないものであっても、あるいは、ほとんどの人に理解されないものであっても、意思決定の支援を受ける上での障壁となってはならない。

(d)　個人によって正式に選ばれた支援者の法的承認が利用可能であり、かつ、これを利用する機会が与えられなければならず、国は、特に孤立しており、地域社会で自然に発生する支援へのアクセスを持たない可能性がある人々のために、支援の創出を促進する義務を有する。これには、第三者が支援者の身元を確認する仕組みと、支援者が当事者の意思と選好に基づいた行動をしていないと第三者が考える場合、支援者の行動に対して第三者が異議を申し立てられる仕組みを含めなければならない。

(e)　条約第12条第3項に定められている、締約国は必要とする支援に「アクセスすることができるようにするための」措置をとらなければならないという要件に従うため、締約国は、障害のある人がわずかな料金で、あるいは無料で、支援を利用でき、財源不足が法的能力の行使における支援にアクセスする上での障壁とならないことを確保しなければならない。

(f)　意思決定の支援は、障害のある人の他の基本的権利、特に、投票する権利、婚姻をし（あるいは市民パートナーシップを確立し）、家族を形成する権利、性と生殖の権利、親の権利、親密な関係と医学的治療に関して同意する権利、自由の権利を制限する正当な理由として、利用されてはならない。

(g)　人は、いかなる時点でも、支援を拒否し、支援関係を終了し、あるいは変更する権利を持つものとする。

(h)　法的能力と、法的能力の行使における支援にかかわるあらゆるプロセスについて、保護措置が設けられなければならない。保護措置の目標は、個人の意思と選好の尊重を確保することである。

(i)　法的能力の行使における支援の提供は、意思決定能力の評価に左右されるべきではない。法的能力の行使における支援の提供では、支援のニーズに関する新しい非差別的な指標が必要とされている。

　　出典：障害保健福祉研究情報システムホームページ〈http://www.dinf.ne.jp/doc/japanese/rights/rightafter/crpd_gc 1 _2014_article12_0519.html〉

（注）　出典原文中の「意志」とある箇所は編者の責任において「意思」と変更した。

【資料8】　成年後見制度の利用の促進に関する法律（成年後見制度利用促進法）

平成28年法律第29号

（注）　本法は附則3条の施行により、成年後見制度利用促進会議の事務局の内閣府から厚生労働省への移管、成年後見制度利用促進委員会に代わる成年後見制度利用促進専門家会議の設置などが規定された。

第1章　総則

（目的）

第1条 この法律は、認知症、知的障害その他の精神上の障害があることにより財産の管理又は日常生活等に支障がある者を社会全体で支え合うことが、高齢社会における喫緊の課題であり、かつ、共生社会の実現に資すること及び成年後見制度がこれらの者を支える重要な手段であるにもかかわらず十分に利用されていないことに鑑み、成年後見制度の利用の促進について、その基本理念を定め、国の責務等を明らかにし、及び基本方針その他の基本となる事項を定めること等により、成年後見制度の利用の促進に関する施策を総合的かつ計画的に推進することを目的とする。

（基本理念）

第3条 成年後見制度の利用の促進は、成年被後見人等が、成年被後見人等でない者と等しく、基本的人権を享有する個人としてその尊厳が重んぜられ、その尊厳にふさわしい生活を保障されるべきこと、成年被後見人等の意思決定の支援が適切に行われるとともに、成年被後見人等の自発的意思が尊重されるべきこと及び成年被後見人等の財産の管理のみならず身上の保護が適切に行われるべきこと等の成年後見制度の理念を踏まえて行われるものとする。

2 成年後見制度の利用の促進は、成年後見制度の利用に係る需要を適切に把握すること、市民の中から成年後見人等の候補者を育成しその活用を図ることを通じて成年後見人等となる人材を十分に確保すること等により、地域における需要に的確に対応することを旨として行われるものとする。

3 成年後見制度の利用の促進は、家庭裁判所、関係行政機関（法務省、厚生労働省、総務省その他の関係行政機関をいう。以下同じ。）、地方公共団体、民間の団体等の相互の協力及び適切な役割分担の下に、成年後見制度を利用し又は利用しようとする者の権利利益を適切かつ確実に保護するために必要な体制を整備することを旨として行われるものとする。

第2章　基本方針

第11条 成年後見制度の利用の促進に関する施策は、成年後見制度の利用者の権利利益の保護に関する国際的動向を踏まえるとともに、高齢者、障害者等の福祉に関する施策との有機的な連携を図りつつ、次に掲げる基本方針に基づき、推進されるものとする。

一 成年後見制度を利用し又は利用しようとする者の能力に応じたきめ細かな対応を可能とする観点から、成年後見制度のうち利用が少ない保佐及び補助の制度の利用を促進するための方策について検討を加え、必要な措置を講ずること。

二 成年被後見人等の人権が尊重され、成年被後見人等であることを理由に不当に差別されないよう、成年被後見人等の権利に係る制限が設けられている制度について検討を加え、必要な見直しを行うこと。

三 成年被後見人等であって医療、介護等を受けるに当たり意思を決定することが困難なものが円滑に必要な医療、介護等を受けられるようにするための支援の在り方について、成年後見人等の事務の範囲を含め検討を加え、必要な措置を講ずること。

四 成年被後見人等の死亡後における事務が適切に処理されるよう、成年後見人等の事務の範囲について検討を加え、必要な見直しを行うこと。

五 成年後見制度を利用し又は利用しようとする者の自発的意思を尊重する観点から、任意後見制度が積極的に活用されるよう、その利用状況を検証し、任意後見制度が適切にかつ安心して利用されるために必要な制度の整備その他の必要な措置を講ずること。

六 成年後見制度に関し国民の関心と理解を深めるとともに、成年後見制度がその利用を必要とする者に十分に利用されるようにするため、国民に対する周知及び啓発のために必要な措置を講ずること。

七　成年後見制度の利用に係る地域住民の需要に的確に対応するため、地域における成年後見制度の利用に係る需要の把握、地域住民に対する必要な情報の提供、相談の実施及び助言、市町村長による後見開始、保佐開始又は補助開始の審判の請求の積極的な活用その他の必要な措置を講ずること。

八　地域において成年後見人等となる人材を確保するため、成年後見人等又はその候補者に対する研修の機会の確保並びに必要な情報の提供、相談の実施及び助言、成年後見人等に対する報酬の支払の助成その他の成年後見人等又はその候補者に対する支援の充実を図るために必要な措置を講ずること。

九　前二号の措置を有効かつ適切に実施するため、成年後見人等又はその候補者の育成及び支援等を行う成年後見等実施機関の育成、成年後見制度の利用において成年後見等実施機関が積極的に活用されるための仕組みの整備その他の成年後見等実施機関の活動に対する支援のために必要な措置を講ずること。

十　成年後見人等の事務の監督並びに成年後見人等に対する相談の実施及び助言その他の支援に係る機能を強化するため、家庭裁判所、関係行政機関及び地方公共団体における必要な人的体制の整備その他の必要な措置を講ずること。

十一　家庭裁判所、関係行政機関及び地方公共団体並びに成年後見人等、成年後見等実施機関及び成年後見関連事業者の相互の緊密な連携を確保するため、成年後見制度の利用に関する指針の策定その他の必要な措置を講ずること。

第3章　成年後見制度利用促進基本計画

第12条　政府は、成年後見制度の利用の促進に関する施策の総合的かつ計画的な推進を図るため、成年後見制度の利用の促進に関する基本的な計画（以下「成年後見制度利用促進基本計画」という。）を定めなければならない。

2　成年後見制度利用促進基本計画は、次に掲げる事項について定めるものとする。

一　成年後見制度の利用の促進に関する目標

二　成年後見制度の利用の促進に関し、政府が総合的かつ計画的に講ずべき施策

三　前2号に掲げるもののほか、成年後見制度の利用の促進に関する施策を総合的かつ計画的に推進するために必要な事項

3　法務大臣、厚生労働大臣及び総務大臣は、成年後見制度利用促進基本計画を変更しようとするときは、成年後見制度利用促進基本計画の変更の案につき閣議の決定を求めなければならない。

4　法務大臣、厚生労働大臣及び総務大臣は、前項の規定による閣議の決定があったときは、遅滞なく、変更後の成年後見制度利用促進基本計画をインターネットの利用その他適切な方法により公表しなければならない。

第5章　地方公共団体の講ずる措置

（市町村の講ずる措置）

第14条（旧第23条）　市町村は、成年後見制度利用促進基本計画を勘案して、当該市町村の区域における成年後見制度の利用の促進に関する施策についての基本的な計画を定めるよう努めるとともに、成年後見等実施機関の設立等に係る支援その他の必要な措置を講ずるよう努めるものとする。

2　市町村は、当該市町村の区域における成年後見制度の利用の促進に関して、基本的な事項を調査審議させる等のため、当該市町村の条例で定めるところにより、審議会その他の合議制の機関を置くよう努めるものとする。

（都道府県の講ずる措置）

第15条（旧第24条）　都道府県は、市町村が講ずる前条の措置を推進するため、各市町村の区域を超えた広域的な見地から、成年後見人等となる人材の育成、必要な助言その他の援助を行うよう努めるものとする。

【資料9】　横浜宣言〔改訂版〕

第4回成年後見法世界会議2016年9月16日（ベルリン開催）

Ⅱ. 世界の課題

1.（共通する認識）

2016年世界会議の参加者たる私達は、次の事実を共通に認識するものである。

(1)〜(3)（略）

(4)　人権の保護は世界的潮流としては改善されつつあるものの、いまだ多くの国では法的能力を行使するための法整備は等閑視されたり、立ち遅れたりしており、自律的で事前の意思決定、法的能力を行使するための支援の必要性の判定、そのような支援と必須の保護を準備する手段確保のベスト・プラクティスに関する最新の考え方が考慮されるには至っていない。

2.（条約・憲章への賛意）

加えて、私達は次の条約と憲章の指導原理と条項に賛意を表する。

(1)　1948年12月10日国際連合「世界人権宣言」およびそれに続く2006年12月13日国際連合「障害者の権利に関する条約」は、あらゆる人権の普遍性、不可分性、相互依存性、相互関連性を改めて確認し、そのような人権が差別なく完全に享受されるべきであることも改めて確認することを締約国に要請している。

(2)　2000年1月13日ハーグ国際私法会議「成年者の国際的保護に関する条約」は管轄権、準拠法、承認と執行、国家間協力を一元化している。

(3)　1950年「人権と基本的自由の保護のための欧州条約」、1981年「人および人民の権利に関するアフリカ憲章」、1982年「権利および自由に関するカナダ憲章」は、それらの適用領域において重要な地域的、国家的な人権規約である。

3.（基本原則）

成年者の法的支援と保護に関する基本原則をここに宣言する。

(1)　すべての成年者は、ある特定の行為または決定に関して支援と保護が必要であると確定されない限り、支援なしに法的能力を行使する能力を有すると推定されなければならない。

(2)　支援と保護は、成年者がその法的能力を行使することを可能にするあらゆる実際的な手段を取ることを含んでいる。

(3)　法と実務は、支援と保護のための要請が特定の事柄、特定の時に関連するものであり、その力点は変化しうるものであり、なすべき特定の行為と決定もまたその性格と効果に応じて変化しうるものであり、ひとりの個人においても随時変化することを認識すべきである。

(4)　法的能力の行使に関連して成年者によって自立的に講じられた措置は他の措置に優先する。

(5)　支援と保護の措置が個別事案に適用される場合には、当該措置の目的を達するために必要最小限の介入に限定されなければならない。

(6)　支援と保護の措置は定期的に独立した当局の検証を受けなければならない。成年者は法的能力の如何にかかわらず、このような検証を受ける正当な権利を有する。

(7)　法的能力を行使するために取られる措置はそれが必要であり、かつ国際人権法に合致すると確認される場合にのみ講じられる。当該措置は第三者保護のためであってはならない。

(8)　成年者が現に有する能力にかかわらず法的能力を制限するいかなる形態の能力剥奪制度も撤廃されるべきである。

4.（行動規範）

　どのような事柄であれ法的能力を行使するために支援と保護を要請する成年者は必要なときには法定代理人を選任してもらう権利があることを、更に宣言する。法定代理人および成年者本人のために法的能力を行使する者は誰であれ以下の義務を負うことを確認する。（以下略）

Ⅲ．日本の課題

　2016年成年後見法世界会議における日本からの参加者は、改訂された本宣言の趣旨に全面的な賛意を表明したうえで、日本政府が早期に成年者の法的支援と保護に関する現行法制を改正し、改善することを要望し、以下の事項を「横浜宣言」に含めることを確認し、これに海外からの参加者も全面的な賛意を表明した。

1．基本原則

(1)　かつての禁治産宣告のような意思決定のあらゆる分野において能力を剥奪する制度は廃止されるべきである。

(2)　成年者の法的支援と保護に必要な範囲における最も制約の少ない制度としてのみ能力制限は許容されるべきである。

2．障害者権利条約の理念の評価

(1)　支援付き意思決定という考え方の重要性は尊重されるべきである。

(2)　認知症、知的障害、精神障害等の障害別の支援付き意思決定を用いた支援手法が開発されるべきである。

(3)　支援付き意思決定者の権限濫用を防止し、不当威圧を規制する措置を講じるべきである。

(4)　成年者の安全、法的支援と保護を確保するための実効的な措置を講じるべきである。

(5)　障害者権利条約の下においても最も制約の少ない制度としての法定代理制度は許容される。

（以下略）

　　　　　　　　出典：一般社団法人 日本成年後見法学会ホームページ〈http://jaga.gr.jp/wp-content/uploads/yokohama_20170106.pdf〉

【資料10】　成年後見制度利用促進基本計画

平成29年3月24日閣議決定

　以下は、「成年後見制度利用促進基本計画の策定について」（平成29年3月24日府成担第5号各都道府県知事あて内閣府大臣官房成年後見制度利用促進担当室長通知）から基本計画のポイントを抜粋

Ⅰ．基本計画のポイント

1．利用者がメリットを実感できる制度・運用の改善

・財産管理のみならず、意思決定支援・身上保護も重視した適切な後見人の選任・交代

・本人の置かれた生活状況等を踏まえた診断内容について記載できる診断書の在り方の検討

2．権利擁護支援の地域連携ネットワークづくり

・①制度の広報②制度利用の相談③制度利用促進（マッチング）④後見人支援等の機能を整備

・本人を見守る「チーム」、地域の専門職団体の協力体制（「協議会」）、コーディネートを行う「中核機関（センター）」の整備

3．不正防止の徹底と利用しやすさとの調和

・後見制度支援信託に並立・代替する新たな方策（※預貯金の払戻しに後見監督人等が関与するイメージ）の検討

Ⅱ．都道府県の役割（略）

Ⅲ．市区町村の役割（略）

Ⅳ．今後の進め方等（略）

成年後見制度利用促進基本計画の工程表

		29年度	30年度	31年度※	32年度	33年度
Ⅰ	制度の周知	パンフレット、ポスターなどによる制度周知				
Ⅱ	市町村計画の策定	国の計画の周知、市町村計画の策定働きかけ、策定状況のフォローアップ				
Ⅲ	利用者がメリットを実感できる制度の運用 ・適切な後見人等の選任のための検討の促進 ・診断書の在り方等の検討 ・高齢者と障害者の特性に応じた意思決定支援の在り方についての指針の策定等の検討、成果の共有等	適切な後見人等の選任のための検討の促進		新たな運用等の開始、運用状況のフォローアップ		
		診断書の在り方等の検討				
		意思決定支援の在り方についての指針の策定等の検討、成果の共有等				
Ⅳ	地域連携ネットワークづくり ・市町村による中核機関の設置 ・地域連携ネットワークの整備に向けた取組の推進	中核機関の設置・運営、地域連携ネットワークの整備				
		相談体制・地域連携ネットワーク構築支援（各地域の取組例の収集・紹介、試行的な取組への支援等）		相談体制の強化、地域連携ネットワークの更なる構築		
Ⅴ	不正防止の徹底と利用しやすさの調和 ・金融機関における預貯金等管理に係る自主的な取組のための検討の促進等 ・取組の検討状況等を踏まえたより効率的な不正防止の在り方の検討	金融機関における自主的取組のための検討の促進		取組の検討状況・地域連携ネットワークにおける不正防止効果を踏まえたより効率的な不正防止の在り方の検討		
		専門職団体等による自主的な取組の促進				
Ⅵ	成年被後見人等の医療・介護等に係る意思決定が困難な人への支援等の検討	医療・介護等の現場において関係者が対応を行う際に参考となる考え方の整理		参考となる考え方の周知、活用状況を踏まえた改善		
Ⅶ	成年被後見人等の権利制限の措置の見直し	成年被後見人等の権利制限の措置について法制上の措置等　目途：平成31年5月まで				

施策の進捗状況については、随時、国において把握・評価し、必要な対応を検討する。
※基本計画の中間年度である平成31年度においては、各施策の進捗状況を踏まえ、個別の課題の整理・検討を行う。

　（注）　成年後見制度利用促進基本計画についていは、内閣府ホームページ〈http://www.cao.go.jp/seinenkouken/keikaku/index.html〉または厚生労働省ホームページ〈https://www.mhlw.go.jp/stf/seisakunitsuite/bunya/0000202622.html〉参照。

【資料11】　障害福祉サービス等の提供に係る意思決定支援ガイドライン

平成29年3月31日障発0331第15号

各都道府県知事・指定都市市長・中核市市長あて

厚生労働省社会・援護局障害保健福祉部長通知

Ⅰ．はじめに

　1．ガイドラン策定の背景

　「地域社会における共生の実現に向けて新たな障害保健福祉施策を講ずるための関係法律の整備に関する法律」の附則第3条においては、法施行後3年を目途として障害福祉サービスの在り方等について検討を加え、その結果に基づいて所要の措置を講ずることとされており、「障害者の意思決定支援の在り方」が見直し事項の一つに挙げられている。

　社会保障審議会障害者部会では、平成27年4月から見直しに向けた検討を行い、平成27年12月に今後の取組について報告書を取りまとめた。同報告書では、障害者の意思決定支援の今後の取組について以下の記載が盛り込まれており、「障害福祉サービス等の提供に係る意思決定支援ガイドライン」は、これらの内容を踏まえて作成されたものである。

　（以下、略）

　2．ガイドランの趣旨　（略）

Ⅱ．総論

　1．意思決定支援の定義

本ガイドラインにおける意思決定支援は、障害者への支援の原則は自己決定の尊重であることを前提として、自ら意思を決定することが困難な障害者に対する支援を意思決定支援として次のように定義する。

意思決定支援とは、自ら意思を決定することに困難を抱える障害者が、日常生活や社会生活に関して自らの意思が反映された生活を送ることができるように、可能な限り本人が自ら意思決定できるよう支援し、本人の意思の確認や意思及び選好を推定し、支援を尽くしても本人の意思及び選好の推定が困難な場合には、最後の手段として本人の最善の利益を検討するために事業者の職員が行う支援の行為及び仕組みをいう。

　２．意思決定を構成する要素
　（1）　本人の判断能力（略）
　（2）　意思決定支援が必要な場面（略）
　　①　日常生活における場面（略）
　　②　社会生活における場面（略）
　（3）　人的・物理的環境による影響（略）
　３．意思決定支援の基本的原則
　（1）　本人への支援は、自己決定の尊重に基づき行うことが原則である。（以下、略）
　（2）　職員等の価値観においては不合理と思われる決定でも、他者への権利を侵害しないのであれば、その選択を尊重するよう努める姿勢が求められる。（以下、略）
　（3）　本人の自己決定や意思確認がどうしても困難な場合は、本人をよく知る関係者が集まって、本人の日常生活の場面や事業者のサービス提供場面における表情や感情、行動に関する記録などの情報に加え、これまでの生活史、人間関係等様々な情報を把握し、根拠を明確にしながら障害者の意思及び選好を推定する。（以下、略）
　４．最善の利益の判断

本人の意思を推定することがどうしても困難な場合は、関係者が協議し、本人にとっての最善の利益を判断せざるを得ない場合がある。最善の利益の判断は最後の手段であり、次のような点に留意することが必要である。
　（1）　メリット・デメリットの検討（略）
　（2）　相反する選択肢の両立（略）
　（3）　自由の制限の最小化（略）
　５．事業者以外の視点からの検討
　６．成年後見人等の権限との関係

法的な権限を持つ成年後見人等には、法令により財産管理権とともに身上配慮義務が課されている。一方、事業者が行う意思決定支援においても、自宅からグループホームや入所施設等への住まいの場の選択や、入所施設からの地域移行等、成年後見人等が担う身上配慮義務と重複する場面が含まれている。意思決定支援の結果と成年後見人等の身上配慮義務に基づく方針が齟齬をきたさないよう、意思決定支援のプロセスに成年後見人等の参画を促し、検討を進めることが望ましい。（以下、略）

Ⅲ．各論（以下、項目のみ抜粋）
　１．意思決定支援の枠組み
　（1）　意思決定支援責任者の役割
　（2）　意思決定支援会議の開催
　（3）　意思決定が反映されたサービス等利用計画や個別支援計画（意思決定支援計画）の作成とサービスの提供

(4)　モニタリングと評価及び見直し

2．意思決定支援における意思疎通と合理的配慮

3．意思決定支援の根拠となる記録の作成

4．職員の知識・技術の向上

5．関係者、関係機関との連携

6．本人と家族等に対する説明責任等

出典：厚生労働省ホームページ〈https://www.mhlw.go.jp/file/06-Seisakujouhou-12200000-Shakaiengokyokushougaihokenfukushibu/0000159854.pdf〉

【資料12】　認知症施策推進総合戦略（新オレンジプラン）～認知症高齢者等にやさしい地域づくりに向けて～

平成27年1月27日、平成29年7月5日改訂

第2．具体的な施策

2．認知症の容態に応じた適時・適切な医療・介護等の提供

(6)　人生の最終段階を支える医療・介護等の連携

○　人生の最終段階にあっても本人の尊厳が尊重された医療・介護等が提供されることが重要である。特に認知症の人には意思能力の問題があることから、例えば療養する場所や延命処置など、将来選択を行わなければならなくなる場面が来ることを念頭に、その在り方について検討する。また、多職種協働により、あらかじめ本人の意思決定の支援を行っておく等の取組を推進する。さらに、本人の特性に応じた意思決定支援を行うための指針の策定等に向けた検討や検討の成果の共有・活用を行う。

5．認知症の人を含む高齢者にやさしい地域づくりの推進

(4)　安全確保

（権利擁護）

○　成年後見制度の利用の促進に関する法律（平成28年法律第29号）に基づき策定された「成年後見制度利用促進基本計画」（平成29年3月24日閣議決定）に沿って、成年被後見人の財産管理のみならず意思決定支援・身上保護も重視した適切な支援に繋がるよう、成年後見制度の利用促進に関する施策を総合的・計画的に推進していく。特に全国どの地域においても必要な人が成年後見制度を利用できるよう、各地域において、権利擁護支援の地域連携ネットワークの構築を段階的・計画的に図る。

本人の特性に応じた意思決定支援を行うための指針の策定等に向けた検討や検討の成果の共有・活用を行う。

出典：厚生労働省ホームページ〈https://www.mhlw.go.jp/stf/seisakunitsuite/bunya/0000076236.html〉

【資料13】　人生の最終段階における医療・ケアの決定プロセスに関するガイドライン

厚生労働省、「終末期医療の決定プロセスに関するガイドライン」（平成19年）を平成27年3月に「人生の最終段階の決定プロセスに関するガイドライン」に名称変更、さらに平成30年3月改訂

1　人生の最終段階における医療・ケアの在り方（略）

2　人生の最終段階における医療・ケアの方針の決定手続

（略）

(1)　本人の意思の確認ができる場合

① 　方針の決定は、本人の状態に応じた専門的な医学的検討を経て、医師等の医療従事者から適切な情報の提供と説明がなされることが必要である。そのうえで、本人と医療・ケアチームとの合意形成に向けた十分な話し合いを踏まえた本人による意思決定を基本とし、多専門職種から構成される医療・ケアチームとして方針の決定を行う。

② 　時間の経過、心身の状態の変化、医学的評価の変更等に応じて本人の意思が変化しうるものであることから、医療・ケアチームにより、適切な情報の提供と説明がなされ、本人が自らの意思をその都度示し、伝えることができるような支援が行われることが必要である。この際、本人が自らの意思を伝えられない状態になる可能性があることから、家族等も含めて話し合いが繰り返し行われることも必要である。

③ 　このプロセスにおいて話し合った内容は、その都度、文書にまとめておくものとする。

(2)　本人の意思の確認ができない場合

本人の意思確認ができない場合には、次のような手順により、医療・ケアチームの中で慎重な判断を行う必要がある。

① 　家族等が本人の意思を推定できる場合には、その推定意思を尊重し、本人にとっての最善の方針をとることを基本とする。

② 　家族等が本人の意思を推定できない場合には、本人にとって何が最善であるかについて、本人に代わる者として家族等と十分に話し合い、本人にとっての最善の方針をとることを基本とする。時間の経過、心身の状態の変化、医学的評価の変更等に応じて、このプロセスを繰り返し行う。

③家族等がいない場合及び家族等が判断を医療・ケアチームに委ねる場合には、本人にとっての最善の方針をとることを基本とする。

④このプロセスにおいて話し合った内容は、その都度、文書にまとめておくものとする。

(3)　複数の専門家からなる話し合いの場の設置

上記(1)及び(2)の場合において、方針の決定に際し、

・医療・ケアチームの中で心身の状態等により医療・ケアの内容の決定が困難な場合

・本人と医療・ケアチームとの話し合いの中で、妥当で適切な医療・ケアの内容についての合意が得られない場合

・家族等の中で意見がまとまらない場合や、医療・ケアチームとの話し合いの中で、妥当で適切な医療・ケアの内容についての合意が得られない場合

等については、複数の専門家からなる話し合いの場を別途設置し、医療・ケアチーム以外の者を加えて、方針等についての検討及び助言を行うことが必要である。

出典：厚生労働省ホームページ〈https://www.mhlw.go.jp/content/000503081.pdf〉

【資料14】　意思決定支援を踏まえた成年後見人等事務に関するガイドライン

大阪意思決定支援研究会、平成30年3月

I　総論

1　本ガイドラインの目的について

(1)　本ガイドラインは、

① 　成年後見人・保佐人・補助人（以下総称して「後見人等」という。）が、今まで本人を支えてきた「支援者の輪」に加わり、他の支援者と協働して日常的に意思決定支援をする中で、本人が自分で物事を選択し、決定する力をつけていくための活動（日常生活上の意思決定支援）をする場面で取るべき行為、

② 　本人が日常生活以外の非日常的な生活場面において決定を迫られる事項（居所の決定、

重要な財産行為、周囲の人間関係の変動等）において、後見人等が後見・保佐・補助事務を遂行するに当たり、意思決定支援の観点から求められる行為（非日常生活上の意思決定支援、又はそれが不可能であった場合の代行決定）

の両者について、行動指針を示すものである。

2　基本的な考え方について（以下、項目のみ抜粋）

(1)　意思決定支援の原則

(2)　本ガイドラインで用いられる用語

①意思決定支援　②本人中心主義（person-centered）　③エンパワメント

④チームミーティング、プレミーティング（事前打合せ）⑤意思決定能力

⑥代行決定　⑦最善の利益（best interest）

(3)　家庭裁判所における本ガイドラインの用法

①後見人等の選任、解任、辞任許可　②後見等監督（民法863条）　③後見人報酬　④居住用不動産の処分許可（民法859条の３）

Ⅱ　意思決定支援の手順について

1　環境整備（状況把握・本人及び支援者の輪への参加）

(1)　環境整備の必要性

①「日常生活上の意思決定」の観点から　②「非日常生活上の意思決定」の観点から

2　環境整備の手順

(1)　状況把握

①支援状況の把握　②本人状況の把握　③留意点

(2)　本人及び支援者の輪に参加する

①本人及び支援者との顔合わせ　②課題の把握　③本人の観察

3　意思決定支援

(1)　支援チームの編成

(2)　プレミーティング（事前打合せ）

①出席者の決定とミーティング趣旨の確認等　②共通認識の形成　③プレミーティングにおける検討事項

(3)　チームミーティング

①本人に対する働き掛け　②表明意思の読み取り　③本人意思の解釈・評価について、支援チーム内で意見が分かれた場合

(4)　意思決定能力の判断

①支援メンバーによるアセスメント（評価）②意思決定能力評価のためのチームミーティング　③意思決定能力評価の結果

(5)　代行決定

出典：大阪弁護士会ホームページ〈https://www.osakaben.or.jp/info/2018/2018_0510.php〉

【資料15】　地域における成年後見制度利用促進に向けた体制整備のための手引き

成年後見制度利用促進体制整備委員会、平成30年３月

Ⅰ　いま、地域連携ネットワークを住民の身近に構築していく必要性

1　地域共生社会の推進、個人の権利擁護として〜何のための制度か〜

2　利用者にメリットのある制度とするために〜誰のための制度か〜

3　地域の将来を見通した全体構想、権利擁護・成年後見利用の体制整備を

4　おわりに

Ⅱ　中核機関の役割

　　１　権利擁護支援の地域連携ネットワークにおける中核機関の役割

　　　(1)　地域連携ネットワークにおける中核機関の役割〜「チーム」、「中核機関（３つの検討専門的判断)」「協議会」〜

　　　(2)　「３つの検討・専門的判断」における中核機関の役割

　　　(3)　中核機関の設置により期待される効果

　　２　中核機関の果たす具体的役割

　　　(1)　広報・啓発段階【場面１】

　　　(2)　相談受付・必要な支援策の検討段階（支援方針検討）

　　　　・早期の段階からの権利擁護支援の検討開始【場面２】

　　　　・成年後見制度利用に向けた利用者ニーズの見極め【場面３】

　　　(3)　成年後見制度の利用促進段階（候補者の推薦）

　　　　・本人・親族申立の支援及び市町村長申立を適切に行える体制【場面４】

　　　　・後見開始に向けた本格調整及び申立の実施【場面５】

　　　(4)　後見人等への支援段階（モニタリング・バックアップ）

　　　　・後見開始後の継続的な支援【場面６】

Ⅲ　中核機関等の整備に向けた取り組み

　　１　市町村における中核機関の設置・運営

　　２　地域連携ネットワークの支援機能の整備

　　３　地域連携ネットワークの発展に向けて

　　４　都道府県の役割

〈はじめに〉（抜粋）

●「手引き」作成の背景

　平成28年５月に施行された「成年後見制度の利用の促進に関する法律」において、市町村は「成年後見制度利用促進基本計画（平成29年３月24日閣議決定)」を勘案して、当該市町村の区域における成年後見制度の利用の促進に関する施策についての基本的な計画を定めるよう努めるとともに、中核となる機関の設立等に係る支援その他の必要な措置を講ずるよう努めることとされています。

　本「手引き」は、平成29年度厚生労働省老人保健事業推進費等補助金（老人保健健康増進等事業分）として、特にこれから体制整備を進める市町村が取り組みを開始する際に参考にしていただけるよう作成したものです。

●「手引き」のねらい

　成年後見制度利用促進の体制整備は、中核機関の設置、成年後見制度利用促進基本計画の策定、条例の制定と審議会の設置等、複数の項目にわたっています。本「手引き」では、各市町村の成年後見制度利用促進の体制整備を中心となって推進する主体となる中核機関の設置に重点をおいています。

　中核機関を設置・運営しはじめることで、地域の関係機関が連携し協働する「地域連携ネットワーク」が動きはじめ、その地域内の権利擁護・成年後見に関する課題に対応する取り組みを支援する内容となっています。

出典：厚生労働省ホームページ〈https://www.mhlw.go.jp/file/06-Seisakujouhou-12000000-Shakaiengokyoku-Shakai/taisei_seibi_tebiki_1.pdf〉

【資料16】 認知症の人の日常生活・社会生活における意思決定支援ガイドライン

厚生労働省、平成30年6月

Ⅰ　はじめに

　1　ガイドライン策定の背景

○成年後見制度の利用の促進に関する法律を受け設置された成年後見制度利用促進委員会におい
　て、「障害者や認知症の人の特性に応じた適切な配慮を行うことができるよう、意思決定の支
　援の在り方についての指針の策定に向けた検討等が進められるべき」と指摘があり、成年後見
　制度利用促進委員会の議論を経て作成された成年後見制度利用促進基本計画において、「意思
　決定の支援の在り方についての指針の策定に向けた検討等が進められるべき」とされた。

○これを受け、認知症の人の意思決定支援に関する指針策定のため平成27年度、平成28年度に
　実施した意思決定に関する研究を参考に、平成29年度の老人保健健康増進等事業において、認
　知症の人の意思決定支援に関する検討を行い、「認知症の人の日常生活・社会生活における意
　思決定支援ガイドライン」を策定した。

○本ガイドラインは、日常生活や社会生活等において認知症の人の意思が適切に反映された生活
　が送れるよう、認知症の人の意思決定に関わる人が、認知症の人の意思をできるかぎり丁寧に
　くみ取るために、認知症の人の意思決定を支援する標準的なプロセスや留意点を記載したもの
　である。

　2　ガイドラインの趣旨（略）

Ⅱ　基本的考え方

　1　誰の意思決定支援のためのガイドラインか（略）

　2　誰による意思決定支援のガイドラインか（略）

　3　意思決定支援とは何か（支援の定義）

○認知症の人であっても、その能力を最大限活かして、日常生活や社会生活に関して自らの意思
　に基づいた生活を送ることができるようにするために行う、意思決定支援者による本人支援を
　いう（※注記あり　本人の意思決定能力が欠けている場合の、いわゆる「代理代行決定」のルー
　ルを示すものではない）。

○本ガイドラインでいう意思決定支援とは、認知症の人の意思決定をプロセスとして支援するも
　ので、通常、そのプロセスは、本人が意思を形成することの支援と、本人が意思を表明するこ
　との支援を中心とし、本人が意思を実現するための支援を含む。

Ⅲ　認知症の人の特性を踏まえた意思決定支援の基本原則（以下、項目のみ抜粋）

　1　本人の意思の尊重

　2　本人の意思決定能力への配慮

　3　チームによる早期からの継続的支援

Ⅳ　意思決定支援のプロセス

　1　意思決定支援の人的・物的環境の整備

　（1）　意思決定支援者の態度

　（2）　意思決定支援者との信頼関係と立ち会う人との関係性への配慮

　（3）　意思決定支援と環境

　2　適切な意思決定プロセスの確保

　（1）　本人が意思を形成することの支援（意思形成支援）

　（2）　本人が意思を表明することの支援（意思表明支援）

　（3）　本人が意思を実現することの支援（意思実現支援）

　3　意思決定支援プロセスにおける家族

(1)　家族も本人の意思決定支援者であること

(2)　家族への支援

　4　日常生活や社会生活における意思決定支援

　5　意思決定支援チームと会議（話し合い）

Ⅴ　認知症への理解とガイドラインの普及と改訂

Ⅵ　事例に基づく意思決定支援のポイント

　　出典：厚生労働省ホームページ〈https://www.mhlw.go.jp/file/06-Seisakujouhou-12300000-Rou

　　kenkyoku/0000212396.pdf〉

【資料17】　成年後見制度における診断書作成の手引／本人情報シート作成の手引

最高裁判所事務総局家庭局、平成31年4月

〈7～10頁〉

二　成年後見制度における診断書作成の手引

1　診断書の位置付け

(1)　診断書の必要性について

　家庭裁判所は、補助及び任意後見の利用開始に当たっては、医師の意見を聴かなければならないとされておりますので、申立人に対して、申立書とともに、本人の精神の状態について記載された医師の診断書の提出をお願いしています。

　後見及び保佐については、原則として医師等の鑑定を必要とするとされていますが、診断書の記載等から明らかに必要がないと認められる場合には鑑定は不要とされていますので、鑑定の要否を検討するためにも、まずは、補助・任意後見の場合と同様、医師の診断書の提出をお願いしています。

　　※　本人が診断を拒否しているなど、様々な事情によって診断書の作成・提出が困難な場合には、診断書の添付がなくても申立てを行うことは可能です。その場合、多くのケースでは、申立人が鑑定を行うための費用を一時的に負担して手続が進められます。

　　※　鑑定書を作成する上での留意事項（鑑定書書式・記載ガイドライン・記載例等）については、「成年後見制度における鑑定書作成の手引」を参考にしてください（最寄りの家庭裁判所又は後見ポータルサイト（http://www.courts.go.jp/koukenp/）で入手することができます。）。

(2)　診断書書式について

　成年後見制度は精神上の障害によって判断能力が低下している者を対象としており、家庭裁判所は、医師の作成した診断書等を参考に、本人について、精神上の障害の有無や判断能力の低下の有無・程度について判断することになります。

　家庭裁判所の審理に必要な情報は、「診断書（成年後見制度用）」の書式を利用して診断書を作成していただくことによって記載することができます。本人や親族等から依頼があった場合には、本書式を利用して診断書を作成いただきますようお願いします。

(3)　診断書記載ガイドライン及び診断書記載例

　診断書記載ガイドラインは、後見関係事件の手続で家庭裁判所が判断する際の資料となる診断書の記載の一般的な基準を示したもので、それぞれの記載事項の意味や記載の要領を示しています。

　診断書記載例は、診断書を作成する上での参考とするために、後見等の手続において比較的多く現れると考えられる症例を想定して、診断書記載ガイドラインに沿って作成したものです。

後見ポータルサイト（http://www.courts.go.jp/koukenp/）から、「診断書書式」（Word 形式）のダウンロードができます。

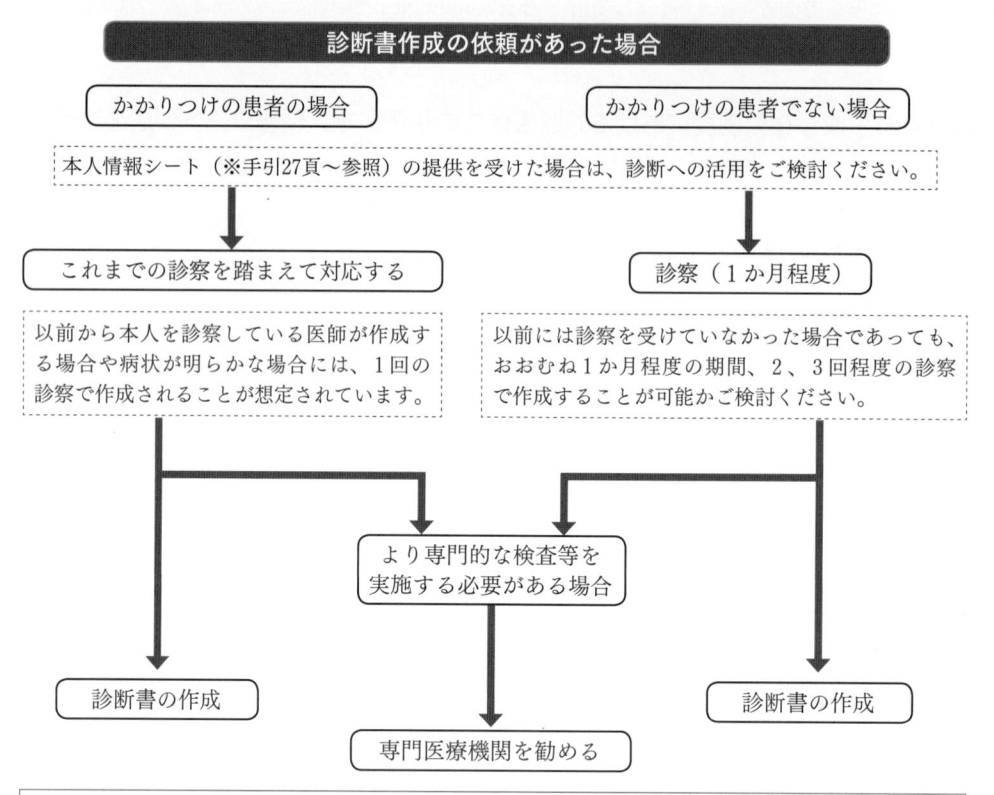

診断書作成の依頼があった場合

かかりつけの患者の場合 / **かかりつけの患者でない場合**

本人情報シート（※手引27頁～参照）の提供を受けた場合は、診断への活用をご検討ください。

これまでの診察を踏まえて対応する / 診察（1か月程度）

以前から本人を診察している医師が作成する場合や病状が明らかな場合には、1回の診察で作成されることが想定されています。

以前には診察を受けていなかった場合であっても、おおむね1か月程度の期間、2、3回程度の診察で作成することが可能かご検討ください。

より専門的な検査等を実施する必要がある場合

診断書の作成 / 専門医療機関を勧める / 診断書の作成

・この診断書は、通常の診断書と同様、当事者が医師に依頼して作成されるものであり、診断書作成にかかる費用は、通常の診断書の場合と同様、当事者の負担となります。
・成年後見のための診断書を作成する医師に資格等による限定はありませんが、この診断書は、本人の精神の状況について医学的見地から判断をするものですから、精神神経疾患に関連する診療科を標榜する医師又は主治医等で本人の精神の状況に通じている医師によって作成されるものと考えられます。
・診断書の内容についてさらに確認したい点がある場合には家庭裁判所から問合せがあることもありますが、診断書を作成した医師に成年後見の手続において証言を求めることは通常は想定されません。

診　断　書（成年後見制度用）　　　　（表　面）

1　氏名　　　　　　　　　　　　　　　　　　　　　　　　男・女

　　　　　　　　　　　　　　年　　　月　　　日生（　　　歳）

　住所

2　医学的診断

　　診断名（※判断能力に影響するものを記載してください。）

　　所見（現病歴，現在症，重症度，現在の精神状態と関連する既往症・合併症など）

　　各種検査

　　　長谷川式認知症スケール　　（□　　　点（　　　年　月　　日実施）　□　実施不可）

　　　ＭＭＳＥ　　　　　　　　　（□　　　点（　　　年　月　　日実施）　□　実施不可）

　　　脳の萎縮または損傷の有無

　　　　□　あり ⇒（□　部分的にみられる　□　全体的にみられる　□　著しい　□　未実施）

　　　　□　なし

　　　知能検査

　　　その他

　　短期間内に回復する可能性

　　□　回復する可能性は高い　　　　□　回復する可能性は低い　　　□　分からない

　　（特記事項）

3　判断能力についての意見

　□　契約等の意味・内容を自ら理解し，判断することができる。

　□　支援を受けなければ，契約等の意味・内容を自ら理解し，判断することが難しい場合がある。

　□　支援を受けなければ，契約等の意味・内容を自ら理解し，判断することができない。

　□　支援を受けても，契約等の意味・内容を自ら理解し，判断することができない。

（意見）※　慎重な検討を要する事情等があれば，記載してください。

裏面に続く

1/2

173

判定の根拠

(1)　見当識の障害の有無
　　　　□　あり ⇒(□ まれに障害がみられる　□ 障害がみられるときが多い　□ 障害が高度)
　　　　□　なし

(2)　他人との意思疎通の障害の有無
　　　　□　あり ⇒(□ 意思疎通ができないときもある　□ 意思疎通ができないときが多い
　　　　□　意思疎通ができない)
　　　　□　なし

(3)　理解力・判断力の障害の有無
　　　　□　あり ⇒(□ 問題はあるが程度は軽い　□ 問題があり程度は重い　□ 問題が顕著)
　　　　□　なし

(4)　記憶力の障害の有無
　　　　□　あり ⇒(□ 問題はあるが程度は軽い　□ 問題があり程度は重い　□ 問題が顕著)
　　　　□　なし

(5)　その他（※上記以外にも判断能力に関して判定の根拠となる事項等があれば記載してください。）

参考となる事項（本人の心身の状態，日常的・社会的な生活状況等）

※　「本人情報シート」の提供を □ 受けた　　　□ 受けなかった
（受けた場合には，その考慮の有無，考慮した事項等についても記載してください。）

以上のとおり診断します。　　　　　　　　　　　　　　年　　月　　日

　　病院又は診療所の名称・所在地

　　担当診療科名

　　担当医師氏名　　　　　　　　　　　　　　印

【医師の方へ】

※　診断書の記載例等については，後見ポータルサイト（http://www.courts.go.jp/koukenp/）からダウ
　　ンロードできます。
※　参考となる事項欄にある「本人情報シート」とは，本人の判断能力等に関する診断を行う際の補
　　助資料として，本人の介護・福祉担当者が作成するシートです。提供があった場合は，診断への活
　　用を御検討ください。
※　家庭裁判所は，診断書を含む申立人からの提出書類等に基づき，本人の判断能力について判断し
　　ます（事案によって医師による鑑定を実施することがあります。）。

三　本人情報シート作成の手引

1　本人情報シートの位置付け

(1)　本人の家庭的・社会的状況等に関する情報の必要性

　成年後見制度の利用を開始するための申立てに際しては、鑑定の要否等を判断するため、申立書等と併せて、医師の作成した診断書の提出をお願いしています。診断書は、家庭裁判所が本人の判断能力を判断するための重要な資料であり、本人の判断能力について医師に的確に判断していただく必要があると考えております。

　医師に判断能力についての意見を書いていただく際には、従前から、本人に対する問診や家族等からの聞き取り結果、各種の医学的検査の結果等を総合的に検討し、判断がされていたものと思われますが、本人の判断能力の程度等について意見を述べるに当たって、本人の生活状況に関する資料が十分ではないということもあったのではないかと思われます。

　医師により的確に判断していただくためには、本人を支える福祉関係者から、医師に対し、本人の日常及び社会生活に関する客観的な情報を提供した上で、本人の生活上の課題を伝えることが有益ではないかと考えられます。

　そこで、本人を支える福祉の関係者において、本人の生活状況等の情報をまとめたシートを作成していただけるよう、新たに「本人情報シート」の書式を作成することとしました。

　　※　「本人情報シート」の提出が難しい場合には、「本人情報シート」を添付することなく後見等開始の申立てを行うことは可能です。もっとも、本人の判断能力等をより的確に判断するために、多くの事案において、医師が診断する際の補助資料として提供されることが望ましいといえます。

(2)　「本人情報シート」の作成者について

　「本人情報シート」は、医師に本人の生活状況等を客観的に伝えることで、医学的な判断をする際の参考資料として活用されることを想定しています。

　したがって、本人の身近なところで、職務上の立場から支援されている方によって作成されることが望ましいといえ、具体的には、ソーシャルワーカー（社会福祉士、精神保健福祉士等）として本人の支援に関わっている方（介護支援専門員、相談支援専門員、病院・施設の相談員、市町村が設置する地域包括支援センターや、社会福祉協議会等が運営する権利擁護支援センターの職員等）によって作成されることが想定されます。

　親族や本人が作成することは想定していませんので、本人及び親族の方には、申立書に本人の生活状況等を記載していただくことになります。

　ソーシャルワーカーが自らの業務の一環として「本人情報シート」を作成する場合や、当事者間の合意によって定められた作成費用を依頼者が負担する場合もありますので、作成者と依頼者との間で、「本人情報シート」の作成を依頼する際の取扱い等についてご確認ください。

(3)　「本人情報シート」の活用場面

　「本人情報シート」は、医師の診断のための補助資料として活用するほか、以下のような場面で活用することが考えられます。

①　申立て前の成年後見制度の利用の適否に関する検討資料として

　　成年後見制度は、判断能力が十分ではない方を法律的な側面で支援する制度です。法的な課題や福祉的な課題に対応するために成年後見制度を利用することは有益ですが、他方で、本人が抱えている課題によっては、成年後見制度の利用では十分に対応できないことも考えられます。

　　制度利用の適否については、医療・福祉・介護の関係者のみならず、法律関係者も含めて

多職種で検討することが望ましいといえますが、その際、「本人情報シート」によって本人の状況について認識を共有することは、制度利用の適否に関する多職種での検討に資するものと考えられます。

②　家庭裁判所における成年後見人等の選任のための検討資料として

「本人情報シート」は、後見等開始の申立ての際に、申立人から、診断書とともに家庭裁判所に提出していただくことを想定しています。家庭裁判所は、本人の判断能力について審査するとともに、誰を成年後見人等に選任するのかについても検討しますので、「本人情報シート」は、本人の判断能力の判定の際の参考資料として用いられるとともに、本人の身上監護上の課題を把握し、本人にふさわしい成年後見人等を検討するための資料として活用することも考えられます。

③　従前の後見事務の検証と今後の事務方針の策定のための資料として

後見開始後の本人自身の心身の状況や周囲の生活環境の変化に応じて、本人の有する生活上の課題も変化していくものと考えられます。後見人も含む多職種で構成される「チーム」において、後見開始時に作成された「本人情報シート」の内容を確認することによって今まで後見人を中心に進めてきた本人支援のアプローチを検証し、この結果を踏まえて、必要に応じて、本人の能力変化に応じた類型の変更や今まで進めてきた後見事務の方向性について見直したり、あるいは、補助・保佐の場合には付与された代理権・取消権の範囲を再検討したりするなど、今後の本人支援の在り方を検討することも有効であると考えられます。

2　本人情報シート記載ガイドライン及び本人情報シート記載例について

本人情報シート記載ガイドラインは、本人の判断能力等を診断するに当たって、参考となる内容の記載についての一般的な基準を示したものです。記載するに当たってのポイントや留意事項等も含まれていますので、本人情報シートを作成する際に参照してください。

本人情報シート記載例は、実務的に比較的多く見られる事例を想定し、本人情報シート記載ガイドラインに沿って作成したものです。

> 後見ポータルサイト（http://www.courts.go.jp/koukenp/）から、「本人情報シート」（Word形式）のダウンロードができます。

本人情報シート（成年後見制度用）

※ この書面は，本人の判断能力等に関して医師が診断を行う際の補助資料として活用するとともに，家庭裁判所における審理のために提出していただくことを想定しています。

※ この書面は，本人を支える福祉関係者の方によって作成されることを想定しています。

※ 本人情報シートの内容についてさらに確認したい点がある場合には，医師や家庭裁判所から問合せがされることもあります。

作成日＿＿＿＿年＿＿月＿＿日

本人
氏　　名：＿＿＿＿＿＿＿＿＿＿＿
生年月日：＿＿＿＿年＿＿月＿＿日

作成者
氏　　名：＿＿＿＿＿＿＿＿＿＿印
職業(資格)：＿＿＿＿＿＿＿＿＿＿
連 絡 先：＿＿＿＿＿＿＿＿＿＿＿
本人との関係：＿＿＿＿＿＿＿＿＿

1　本人の生活場所について
　□　自宅（自宅での福祉サービスの利用 □ あり □ なし）
　□　施設・病院
　　　→施設・病院の名称　＿＿＿＿＿＿＿＿＿＿＿＿＿＿＿＿＿
　　　　　　　住所　＿＿＿＿＿＿＿＿＿＿＿＿＿＿＿＿＿＿＿＿

2　福祉に関する認定の有無等について
　□　介護認定（認定日：年 月）
　　　□　要支援（1・2）　　□　要介護（1・2・3・4・5）
　　　□　非該当
　□　障害支援区分（認定日：年 月）
　　　□　区分（1・2・3・4・5・6）　　□　非該当
　□　療育手帳・愛の手帳など　　（手帳の名称　　　　　）（判定　　　　　）
　□　精神障害者保健福祉手帳　　（1・2・3　級）

3　本人の日常・社会生活の状況について
　(1)　身体機能・生活機能について
　　　□　支援の必要はない　　□　一部について支援が必要　　□　全面的に支援が必要
　　　（今後，支援等に関する体制の変更や追加的対応が必要な場合は，その内容等）

　(2)　認知機能について
　　　日によって変動することがあるか：□ あり □ なし
　　　（※　ありの場合は，良い状態を念頭に以下のアからエまでチェックしてください。
　　　　エの項目は裏面にあります。）
　　　ア　日常的な行為に関する意思の伝達について
　　　　　□　意思を他者に伝達できる　　□　伝達できない場合がある
　　　　　□　ほとんど伝達できない　　　□　できない
　　　イ　日常的な行為に関する理解について
　　　　　□　理解できる　　　　　　　　□　理解できない場合がある
　　　　　□　ほとんど理解できない　　　□　理解できない
　　　ウ　日常的な行為に関する短期的な記憶について
　　　　　□　記憶できる　　　　　　　　□　記憶していない場合がある
　　　　　□　ほとんど記憶できない　　　□　記憶できない

エ　本人が家族等を認識できているかについて
　　□　正しく認識している　　　□　認識できていないところがある
　　□　ほとんど認識できていない　□　認識できていない

(3)　日常・社会生活上支障となる精神・行動障害について
　　□　支障となる行動はない　　□　支障となる行動はほとんどない
　　□　支障となる行動がときどきある　　□　支障となる行動がある
　　（精神・行動障害に関して支援を必要とする場面があれば，その内容，頻度等）

```



```

(4)　社会・地域との交流頻度について
　　□　週1回以上　　□　月1回以上　　□　月1回未満

(5)　日常の意思決定について
　　□　できる　　□　特別な場合を除いてできる　　□　日常的に困難　　□　できない

(6)　金銭の管理について
　　□　本人が管理している　　□　親族又は第三者の支援を受けて本人が管理している
　　□　親族又は第三者が管理している
　　（支援（管理）を受けている場合には，その内容・支援者（管理者）の氏名等）

```



```

4　本人にとって重要な意思決定が必要となる日常・社会生活上の課題
　（※　課題については，現に生じているものに加え，今後生じ得る課題も記載してください。）

```



```

5　家庭裁判所に成年後見制度の利用について申立てをすることに関する本人の認識
　□　申立てをすることを説明しており，知っている。
　□　申立てをすることを説明したが，理解できていない。
　□　申立てをすることを説明しておらず，知らない。
　□　その他
　　（上記チェックボックスを選択した理由や背景事情等）

```



```

6　本人にとって望ましいと考えられる日常・社会生活上の課題への対応策
　　（※御意見があれば記載してください。）

```



```

成年後見制度利用促進支援機能検討委員会、平成31年3月

第1章　成年後見制度利用促進基本計画と本紙の位置づけ

第2章　支援の実践例

　1　支援の段階と進行管理機能

　(1)　広報・啓発

　(2)　相談受付・アセスメント・支援の検討

　(3)　成年後見制度の利用促進（候補者の推薦）

　(4)　後見人等への支援（モニタリング・バックアップ）

　2　地域連携ネットワークにおける中核機関の役割

　(1)　事務局機能

　(2)　進行管理機能

　(3)　司令塔機能

第3章　支援者に求められる視点と力

　1　支援者に求められる視点と実務・運営に求められる力

　2　支援者に求められる視点

　3　実務・運営に求められる5つの力

　(1)　アセスメント力（見立て力）

　(2)　ファシリテーション力（推進力）

　(3)　マネジメント力（管理力）

　(4)　プレゼンテーション力（提言力）

　(5)　政策形成力

　4　人材育成に向けて

巻末資料（市町村職員・中核機関のための研修（基礎・応用）研修プログラム　ほか）

出典：厚生労働省ホームページ〈https://www.mhlw.go.jp/content/000503061.pdf〉

「市町村職員・中核機関のため研修（基礎・応用）」研修プログラム

種別	目　的	研修科目	講義のねらい（抜粋）
基礎研修 三日間	中核機関の職員および自治体担当職員として、 ・権利擁護支援の基本的な考え方、知識および技術を学ぶ。 ・権利擁護支援の地域連携ネットワークの全体像を学ぶ。	①成年後見制度利用促進と基本計画	○成年後見制度利用促進法がなぜ必要とされたかを、高齢者、障害者等の権利の擁護に関する潮流、制度の運用の場面における市町村の積極的な関与の必要性とあわせて理解する。 ○成年後見制度利用促進基本計画の策定の根拠となっている法律の内容を理解する、他。
		②権利擁護支援の理解	○中核機関の運営にあたって権利擁護支援の必要な人を、支援の対象として理解する。 ○権利擁護支援とは何か、その必要性を理解する、他。
		③意思決定支援（基礎）	○「意思決定支援」の概念を把握する。 ○「意思決定支援」の基本原則・意思決定のプロセスを意識した支援

			の流れと限界を意識する、他。
		④成年後見制度の基礎(1)	○成年後見制度の概要、理念を理解する。 ○成年後見人等の権限・役割・義務を理解する、他。
		⑤成年後見制度の基礎(2)	○申立後審判までの手続の流れを理解する。 ○開始直後の後見等の事務の概要を理解する、他。
		⑥中核機関の役割Ⅰ 地域連携ネットワーク	○地域連携ネットワーク及び中核機関の役割を理解できる。 ○「チーム」、「協議体」、「中核機関」を具体的にイメージできる、他。
		⑦対象者理解・対人援助基礎	○それぞれの特性（認知症、障害等）と成年後見制度との関係を理解する。 ○生活者としての「人」を理解する、他。
		⑧権利擁護支援の広報	○成年後見制度が権利擁護支援の重要な手段であること、早期に発見し支援につなげることが重要であること、制度活用が有効なケースについて、パンフレット作成・配布、研修会・セミナー企画等の広報活動を通じて、関係機関に伝えることができるようになる。 ○制度を活用する可能性がある当事者へ、成年後見制度について説明することができるようになる、他。
		⑨中核機関の役割Ⅱ 権利擁護支援の方針についての検討・専門的判断	○権利擁護支援の方針についての検討について、複数の事例を用いて専門的判断の要素を知る。 ○本人の意思を中心に置いて検討する（支援者都合にならないよう留意する） ○権利擁護支援の課題（法的課題・福祉的課題）を見極め、ニーズを精査する、他。
応用研修　二日間	中核機関の職員として、権利擁護支援の地域連携ネットワークの４つの機能を整備していくため、中核機関の３つの機能（「司令塔機能」、「事務局機能」、「進行管理機能」）を学ぶ。	⑩意思決定支援（応用）	○「意思決定支援」の概念を理解する。 ○「意思決定支援」の基本原則・意思決定のプロセスを意識した支援の流れと限界を理解する、他。
		⑪中核機関の役割Ⅲ 本人にふさわしい利用に向けた検討・専門的判断	○申立てへの支援のポイントを理解する。 ○受任調整におけるポイントを理解する、他。
		⑫中核機関の役割Ⅳ モニタリング・バックアップの検討・専門的判断	○制度利用後の本人の状況把握や支援体制整備を理解する。 ○就任後の成年後見実務を踏まえた上での支援を理解する、他。
		⑬地域連携ネットワークと市町村計画	○市町村計画を策定する意義と効果や、法的根拠、盛り込むことが望

		ましい内容を理解する。 ○市町村計画のパターンと特長、留意点を理解する、他。

※本調査研究事業の報告書（日本社会福祉士会ホームページ（http://www.jacsw.or.jp）に PDF データを掲載）にて、研修プログラムの詳細を掲載しています。

【資料19】　身寄りがない人の入院及び医療に係る意思決定が困難な人への支援に関するガイドライン

「医療現場における成年後見制度への理解及び病院が身元保証
人に求める役割等の実態把握に関する研究」班、令和元年5月

1．ガイドラインの背景・目的

2．ガイドラインの基本的な考え方

　(1)　ガイドラインの支援の対象者

　(2)　ガイドラインにおける「身元保証・身元引受等」の機能・役割

　(3)　身寄りがない人への対応において考えられる支援

　(4)　本人の意思・意向の確認と尊重

　(5)　成年後見制度と「身元保証・身元引受等」

　　　①成年後見制度の相談窓口

　　　②社会福祉協議会の日常生活自立支援事業の相談窓口

3．医療機関における身寄りがない人への具体的対応

　(1)　本人の判断能力が十分な場合

　　　①緊急の連絡先に関すること

　　　②入院計画書に関すること

　　　③入院中に必要な物品の準備に関すること

　　　④入院費等に関すること

　　　⑤退院支援に関すること

　　　⑥（死亡時の）遺体・遺品の引き取り、葬儀等に関すること

　(2)　判断能力が不十分で、成年後見制度を利用している場合

　　　①緊急の連絡先に関すること

　　　②入院計画書に関すること

　　　③入院中に必要な物品の準備に関すること

　　　④入院費等に関すること

　　　⑤退院支援に関すること

　　　⑥（死亡時の）遺体・遺品の引き取り・葬儀等に関すること

　(3)　判断能力が不十分で、成年後見制度を利用していない場合

　　　①緊急の連絡先に関すること

　　　②入院計画書に関すること

　　　③入院中に必要な物品の準備に関すること

　　　④入院費等に関すること

　　　⑤退院支援に関すること

　　　⑥（死亡時の）遺体・遺品の引き取り、葬儀等に関すること

4．医療に係る意思決定が困難な場合に求められること

　(1)　医療・ケアチームや倫理委員会の活用

出典：厚生労働省ホームページ〈https://www.mhlw.go.jp/content/000516181.pdf〉

◎編集・執筆者一覧

《執筆者（執筆順）》

星野　美子（ほしの　よしこ）（序章、第3章事例提供者）

　社会福祉士（東京社会福祉士会）／TRY星野社会福祉士事務所

上山　泰（かみやま　やすし）（第1章）

　新潟大学法学部教授

西原　留美子（にしはら　るみこ）（第2章、第3章、巻末資料）

　社会福祉士（神奈川県社会福祉士会）／東海大学健康科学部社会福祉学科非常勤講師

大輪　典子（おおわ　のりこ）（第2章、第3章事例提供者）

　社会福祉士（東京社会福祉士会）／特定非営利活動法人ソーシャルネット南のかぜ

田邊　寿（たなべ　ひさし）（第3章事例提供者、巻末資料）

　社会福祉士（三重県社会福祉士会）／伊賀市社会福祉協議会地域福祉部部長

酒井　誠（さかい　まこと）（第3章事例提供者）

　社会福祉士（富山県社会福祉士会）／新庄地域包括支援センター

《特別寄稿》

河野　聖夫（こうの　せいお）

　新潟医療福祉大学社会福祉学部社会福祉学科教授

《編　集》

（公社）日本社会福祉士会　権利擁護センターぱあとなあ運営協議会

意思決定支援プロジェクト

〔編集委員一覧〕

委員長　星野　美子（ほしの　よしこ）

　委員　大輪　典子（おおわ　のりこ）

　委員　上山　泰（かみやま　やすし）

　委員　酒井　誠（さかい　まこと）

　委員　田邊　寿（たなべ　ひさし）

　委員　西原　留美子（にしはら　るみこ）

　委員　山崎　智美（やまざき　ともみ）

《編者所在地》

公益社団法人　日本社会福祉士会

　〒160-0004　東京都新宿区四谷1－13　カタオカビル2階

　TEL：03-3355-6541　FAX：03-3355-6543

　http://www.jacsw.or.jp

意思決定支援実践ハンドブック
～「意思決定支援のためのツール」活用と「本人情報シート」作成～

2019年7月20日　　第1刷発行
2023年2月1日　　第2刷発行

定価　本体2,200円＋税

編　者　公益社団法人　日本社会福祉士会
発　行　株式会社　民事法研究会
印　刷　株式会社　太平印刷社

発行所　株式会社　民事法研究会
〒150−0013　東京都渋谷区恵比寿3−7−16
〔営業〕☎03−5798−7257　FAX 03−5798−7258
〔編集〕☎03−5798−7277　FAX 03−5798−7278
http://www.minjiho.com/　info@minjiho.com

カバーデザイン／関野美香　ISBN978-4-86556-303-0 C2036 ¥2200E
本文組版／民事法研究会（Windows10 Pro 64bit+InDesign2019+Fontworks etc.）
落丁・乱丁はおとりかえします。

公益社団法人　成年後見センター・リーガルサポート　編

厚生労働省「市民後見人養成のための基本カリキュラム」対応

債権法改正・相続法改正に対応！　令和2年7月発刊！

市民後見人養成講座〔第3版〕

《全3巻》　　2色刷

テキスト採用自治体多数！（弊社HP参照）

【手引あります！】

　本書をテキストとしてご採用いただいた養成研修実施機関向けに「活用の手引」をご用意しています。

　実施機関や講師がどのようにカリキュラムを組み、どのような内容を取り上げるかを考える際に参考としていただき、『市民後見人養成講座』を効率的に活用していただくことができます。

第1巻　成年後見制度の位置づけと権利擁護	定価 2,530円	（本体 2,300円＋税10%）
第2巻　市民後見人の基礎知識	定価 2,970円	（本体 2,700円＋税10%）
第3巻　市民後見人の実務	定価 1,980円	（本体 1,800円＋税10%）

本書の特色と狙い

▷専門職後見人の全国組織であるリーガルサポートが総力をあげて、市民後見人養成に適するテキストを作成！
リーガルサポートの会員司法書士のほか、厚生労働省、法務省、家庭裁判所、弁護士、社会福祉士、医師、精神保健福祉士などが、それぞれの専門分野で執筆！

▷豊富な実務経験に基づき、単に養成だけでなく、その後の市民後見人としての活動を見据えての必要な知識＝実務に直結する内容を、あますところなく収録！

① **成年後見実務の基本的視点**　みずからの行動指針（倫理）を持ち行動することができる市民後見人を養成することをめざします。

② **就任直後の実務**　法定後見制度の利用に関する手続の流れを学び、制度の理解を深めるとともに、就任直後の職務について、市民後見人が円滑に後見業務をスタートできるよう、実務的な内容に踏み込んで詳細に解説しています。

③ **就任中の実務**　後見人の職務の2本柱である財産管理と身上保護について、具体的手法を詳細に解説しています。

≪第3版での主な変更点≫

　民法改正（債権関係）（民法の一部を改正する法律（平成29年法律第44号））／相続法改正（民法及び家事事件手続法の一部を改正する法律（平成30年法律第72号））

　第2版発刊後、厚生労働省に新たに設置された成年後見制度利用促進室による「成年後見制度の利用促進」を追録

これらを盛り込み、最新の法令・実務に基づき改訂！

発行　民事法研究会

〒150-0013　東京都渋谷区恵比寿3-7-16
（営業）TEL. 03-5798-7257　FAX. 03-5798-7258
http://www.minjiho.com/　info@minjiho.com

◆後見実務に役立つ最新の情報が満載！

〈隔月刊〉
実践 成年後見
年間購読受付中！

成年後見実務に関する最新の情報を提供する唯一の専門雑誌！

●年6回（2月・4月・6月・8月・10月・12月）の隔月刊！

●成年後見制度利用促進基本計画に基づく成年後見の新しい動きに対応！

●年間購読が絶対にお得！【1年9,000円（税・送料込）】

［編集顧問］	新井　誠（中央大学研究開発機構教授・筑波大学名誉教授）
［編集委員］	赤沼康弘（弁護士）　池田惠利子（社会福祉士）　大貫正男（司法書士）
	小嶋珠実（社会福祉士）　高橋　弘（司法書士）　森　徹（弁護士）
［企　画］	公益社団法人 成年後見センター・リーガルサポート

◇バックナンバー特集一覧◇

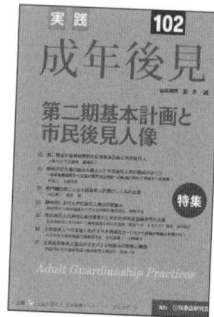

※ 1〜23、25、26、28〜31、34〜38、40〜42、45、63、65、77、85、91号は品切です。
24、27、32、33、39、52号は在庫僅少のため、お申込み時期によっては品切の場合がございます。

発行 ㊕ 民事法研究会

〒150-0013　東京都渋谷区恵比寿3-7-16
（営業）TEL. 03-5798-7257　FAX. 03-5798-7258
http://www.minjiho.com/　info@minjiho.com